rororo

«Kinder brauchen Grenzen» hat seit seinem Erscheinen viele Diskussionen ausgelöst. Im vorliegenden Fortsetzungsband hat der bekannte Familien- und Erziehungsberater Dr. Jan-Uwe Rogge aus den zahlreichen Seminaren mit Pädagogen und Eltern u. a. folgende Fragen aufgegriffen: Was tun bei «schmutzigen» Wörtern, Monsterfiguren und Raufereien? Wie mit Sexualität umgehen? Grenzen ab welchem Alter setzen? Gewalttätige Jungen – friedfertige Mädchen? Wie verhalte ich mich bei Trauer und Tod? Unterschiede zwischen Konsequenz und Strafe? Wie gehe ich mit eigenen Fehlern um? Kinder brauchen Rituale und Orientierung. Dabei müssen Partnerschaft und Autorität kein Widerspruch sein. Das zeigen die vielen anschaulichen, zum Teil auch amüsanten Beispiele und konkreten Vorschläge in diesem Buch. Sie führen zum besseren Verständnis der Kinder und zu einem gelasseneren Umgang miteinander im Erziehungsalltag.

JAN-UWE ROGGE

ELTERN SETZEN GRENZEN

PARTNERSCHAFT UND KLARHEIT IN DER ERZIEHUNG

ROWOHLT TASCHENBUCH VERLAG

Meinen Eltern, die Grenzen setzten
und mir die Freiheit ließen,
ganz eigene Wege zu finden und zu gehen.

Neuausgabe Januar 2010

Originalausgabe
Veröffentlicht im Rowohlt Taschenbuch Verlag,
Reinbek bei Hamburg, April 1995

Illustrationen Uwe Schildmeier
Herausgegeben von Bernhard Schön und Bernd Gottwald
Umschlaggestaltung ZERO Werbeagentur, München
(Foto: Paul/F1 online)
Satz Proforma und Info Text (InDesign)
Gesamtherstellung CPI – Clausen & Bosse, Leck
Printed in Germany
ISBN 978 3 499 62598 5

INHALT

3
KINDER UND GRENZERFAHRUNGEN

STATT EINES VORWORTS

Ein Pfarrer kündigt im Anschluss an seine sonntägliche Predigt die Veranstaltungen der kommenden Woche an. Vor ihm sitzt eine Familie, links der Vater, rechts die Mutter, in der Mitte der knapp sechsjährige Roman. Als der Pfarrer besonders auf eine Lesung von Jan-Uwe Rogge mit dem Titel «Kinder können fernsehen» hinweist, sieht dieser, wie ein Lächeln über Romans Gesicht huscht. Roman blickt kurz nach rechts, dann nach links. Die Mimik seiner Eltern verrät nichts. Sie sitzen unbeweglich da.

Als der Pfarrer seine Gemeinde mit Handschlag und persönlichen Worten verabschiedet, kommt auch Roman, seine Eltern gehen einen kleinen Schritt hinter ihm. Roman gibt dem Pfarrer die Hand, hält sie kurz fest. Dann blickt er zu ihm auf: «Herr Pfarrer! Ist das richtig, kommt da einer und sagt, ich kann fernsehen?» Voller Erwartung heften sich seine Augen an die Lippen des Pfarrers: «Ja, Roman, da kommt einer und liest aus seinem Buch ‹Kinder können fernsehen›.» Ein Lächeln spielt um Romans Mund. Seine Augen leuchten. Er dreht sich zu den Eltern, überlegt einen kurzen Augenblick. Dann räuspert er sich, bevor er dem Pfarrer mit Nachdruck in der Stimme sagt: «Herr Pfarrer, sagen Sie meinen Eltern doch, sie müssen da unbedingt hingehen! Sie glauben gar nicht, wie schlimm das bei mir zu Hause mit dem Fernsehen ist. Ich darf fast nicht fernsehen. Und ich bin doch schon groß.» Die Eltern kamen – auch ohne die Fürsprache des Pfarrers.

Jahre später. Eine Lesung aus dem Buch «Kinder brauchen Grenzen». Romans Eltern sind anwesend, sie kommen auf mich zu, begrüßen mich lachend. Sie haben einen Brief dabei. «Von Roman», erklärt die Mutter schmunzelnd.

«Soll ich ihn lesen? Jetzt gleich?», frage ich.

«Wenn Sie wollen! Ich weiß nicht, was darin steht.» Ich bin neugierig, reiße den Umschlag schnell auf, hole einen Brief heraus: «Lieber Herr Rogge», steht da, «Kinder können fernsehen war toll. Ich durfte mehr sehen als vorher. Nicht viel mehr, aber ein bisschen. Das war gut. Aber Sie müssen jetzt mal ein Buch schreiben ‹Eltern brauchen Grenzen›. Meine Mutter hat ‹Kinder brauchen Grenzen› gelesen, und die ist jetzt ganz anders. Du hast so viele Tricks von uns Kindern einfach verraten. Aber ich hab mir schon viele neue ausgedacht, die verrate ich Dir nicht. Und dann weiß Mama nicht, was sie tun soll, weil das ja nicht in Deinem Buch drinsteht. Und manchmal schimpft sie auf Dich, weil das, was Du schreibst, nicht klappt. Dann ist sie wütend – nicht auf mich, auf Dich. Aber Dein Buch ist auch gut, weil irgendwie sind Mama und Papa jetzt besser zu mir. Weil, wenn ich jetzt mal rumnerve, sagen die mal laut: ‹Nein, Roman!› Und wenn Du mal ein Buch schreibst, Eltern brauchen Grenzen, verrat ich Dir eine ganze Menge, wie man Eltern ärgern kann.»

In der Folge meiner Lesungen, Vorträge und Seminare zum Grenzensetzen habe ich eine Vielzahl an Reaktionen bekommen – von Eltern, von Großeltern, von Kindern. Es gab Zustimmung. Ich habe erfahren, wie Eltern meine Lösungen und meinen Rat übernahmen und mit mehr, manchmal weniger Erfolg im Erziehungsalltag umsetzten. Und Eltern haben mir ihre Ideen verraten, die sie selbstbewusst und im Vertrauen auf eigene Fähigkeiten anwandten. Es gab auch Einwände und Kritik, es kamen wenige – meist anonyme – Beschimpfungen. Man äußerte Wünsche nach einer Fortsetzung bzw. inhaltlichen Erweiterung des «Grenzen»-Buches, das einige Bereiche des Familien- und Erziehungsalltags nicht oder nur ganz am Rande thematisiert. Mir waren diese Lücken bewusst. Bücher haben Grenzen, wollen sie lesbar bleiben.

«Eltern setzen Grenzen» greift Fragen auf, die Eltern und Pädagogen während der Lesungen, in Seminaren und Beratungen gestellt haben, auf die ich in «Kinder brauchen Grenzen» eher am Rande eingegangen bin:

» Wie geht man mit Fehlern in der alltäglichen Erziehungspraxis um? Wie bleibt man bei sich selber, ohne dem Erwartungsdruck von außen nachzugeben? Und: Kann man partnerschaftlich erziehen und gleichzeitig eine Autorität für das Kind sein?
» Wo liegen die Unterschiede zwischen Konsequenzen und Strafen? Hält ein Kind unterschiedliche Erziehungsstile, z.B. von Vater und Mutter, aus?
» Häufig werde ich gefragt, ab wann Kindern Grenzen zu setzen sind, würden jüngere Kinder den Sinn von Grenzen doch noch nicht verstehen. Wie kann man also jüngeren Kindern den Sinn von Grenzen verdeutlichen?
» Helfen deutliche und klare Grenzen Kindern bei der Sinnsuche und der Kultivierung ihrer Aggressionen? Führen enge bzw. zu weit gesteckte Grenzen zu zerstörerischen Aggressionen?
» Brauchen Kinder Monsterfiguren und Spiele mit Waffen? Sind Verbote in der Lage, Grenzen zu setzen, oder führen Verbote zu Heimlichkeiten?
» Heranwachsende brauchen Orientierung. Sie wünschen Sinn. Gleichzeitig erleben sie einen unübersichtlichen und unkalkulierbaren Alltag. Welche lebendigen und mit Inhalt gefüllten Rituale können Kindern Halt vermitteln?

- Kinder wachsen in einer Welt auf, die dem Realitätsprinzip verpflichtet ist. Dies überfordert sie. Kinder nehmen Wirklichkeit jedoch ganzheitlich wahr – mit allen Sinnen, durchdrungen von Phantasie, Magie und Mythos. Erwachsene grenzen die magisch-phantastische Sichtweise von Kindern dagegen aus. Sie engen Kinder ein. Magie und Phantasie überschreiten Grenzen, lassen Unmögliches wahr werden. Sie schaffen eine ganz subjektive Wirklichkeit, die Kinder erst lebenstüchtig macht. Welche Chancen bieten magische Kräfte den Kindern, Grenzen zu finden, um mit Alltags- und Beziehungskonflikten auf eine ganz eigene Weise umzugehen?
- Kinder erleben Grenzerfahrungen, die sie erniedrigen. Das Recht des Kindes auf physische Unversehrtheit ist nicht allein durch Kriege oder durch Katastrophen in Frage gestellt. Auch der sexuelle Missbrauch missachtet den Respekt vor dem Körper des Kindes und wird deshalb öffentlich diskutiert. Sexuell missbrauchte Kinder haben das Recht auf umfassende Fürsorge. Genauso wichtig erscheint es, Kinder dabei zu unterstützen, sich und ihren Körper *eigenständig* zu schützen, um selbstbewusst Körpergefühl und Sexualität zu leben. Welche Möglichkeiten bieten sich hier Eltern?
- Krankheit gehört zum Leben wie der Tod. Krankheit und Tod bringen Grenzerfahrungen mit sich, die Kindern vorenthalten werden, weil ihre Eltern Probleme damit haben. Kinder, gerade jüngere Kinder, brechen Tabus, sie brauchen und wollen vielfältige Erfahrungen – und der Tod gehört dazu. Wie können Eltern auf Fragen nach dem Tod eingehen, ohne Kinder zu überfordern, und sie zugleich in ihrem Wunsch nach Wahrhaftigkeit ernst nehmen?

Die Antworten auf diese Fragen werde ich in Geschichten verdeutlichen – manchmal stillen, manchmal schrillen, manchmal zum Lachen anregenden Situationen und Erlebnissen aus dem Alltag.

«Warum», so bin ich wiederholt gefragt worden, «schreiben Sie lustige Geschichten über so ernsthafte Themen?» – «Was haben Sie gegen Lachen?», entgegne ich dann. Ich bin überzeugt: Lachen befreit, es setzt Erkenntnisse in Gang. Lachen erleichtert es, sich in seinen Unzulänglichkeiten anzunehmen. Die Geschichten, die ich erzähle, entstammen meinen Beobachtungen aus Praxisberatungen, Seminaren, Alltagssituationen, Rollenspielen und Erzählungen von Eltern und Kindern. Sie sind von mir zusammengefasst, auf den – wie es so schön heißt – Punkt gebracht. Manche Namen und Situationen sind verfremdet, andere Familien und Anlässe sind authentisch wiedergegeben.

«Ihre Geschichten», hielt mir ein Vater anlässlich einer Lesung vor, «sind voller Klischees und Vorurteile. Gut, das brauchen Sie wohl, damit bestimmte Dinge klarwerden.» Er unterbricht, lächelt: «Ich muss Ihnen mal eine *ganz wirkliche* Geschichte erzählen, die mir neulich passiert ist.» Und er fängt an, von dem Besuch eines abendlichen Vortrags über ein pädagogisches Thema zu erzählen. Der Saal sei voll gewesen. Eine gespannte Aufmerksamkeit habe geherrscht. Ein Elternpaar habe in der letzten Reihe gesessen, gemeinsam mit ihren beiden Kindern, vier und fünf Jahre alt. Nach zehn Minuten wären die Kinder aufgestanden, hätten sich von den Eltern gelöst.

«Stellen Sie sich vor», sagt der Vater zu mir, «die haben Legosteine dabeigehabt, damit gespielt. Anfangs leise, dann immer lauter, bis sie schließlich hin und her rannten. Die Eltern haben nichts gesagt.» – «Und Sie?», will ich wissen.

«Ich konnte den Vortrag ja noch verstehen!» Ich lache.

«Ist ja schon gut!», meint er, mit beiden Händen abwinkend.

«Wie ging's weiter?» Ich bin neugierig.

«Die Kinder haben gespielt. Mal lauter, mal leiser. Keiner hat was gesagt!» – «Kannten Sie die Eltern?», frage ich.

«Klar!» – «Und?» Ich ahne, was kommt.

«Er ist Arzt mit therapeutischer Ausbildung, sie Lehrerin.» Ich schmunzle: «Wenn ich diese Geschichte erzählt hätte, was hätten Sie gedacht?» Er, ganz spontan: «Ausgedacht hat er sich die Geschichte. So viele Klischees und Zufälle kann es gar nicht geben.»

Meine Veranstaltungen waren hervorragend besucht, zogen insbesondere jüngere Eltern an. Ja, ich gewann den Eindruck, als ob ich manchmal den Status eines pädagogischen «Gurus» erhielt, der zeigt, wie man Fehler in der Erziehung vermeiden kann, eines Rezeptgebers, der formuliert, wie eine ideale, störungsfreie Erziehung funktioniert. Um es vorwegzunehmen: *Es gibt keine perfekte, ständig reibungslos sich entwickelnde Erziehungsbeziehung.* Zu kompliziert sind die Situationen, zu verschieden sind die Menschen, mal ganz abgesehen von materiellen, sozialen, ökonomischen oder kulturell verschiedenen Rahmenbedingungen. *Deshalb hilft nicht jeder Rat.* Dazu sind die Kinder, die Eltern-Kind-Beziehungen, dazu sind Alltagsabläufe zu unterschiedlich, unvergleichbar, unwägbar.

Als eine Mutter mir erzählte, in Krisensituationen frage sie sich, was ich wohl jetzt sagen würde, stockte mir der Atem. Genau dies will ich nicht. Den anderen Menschen in seinen Fehlern annehmen bedeutet für mich, mir meiner eigenen Fehler bewusst zu sein.

Manche meiner Unzulänglichkeiten mag ich so sehr, dass ich darauf nicht verzichten möchte. Sie sind kleine Geschenke, die mir zeigen, an mir zu arbeiten – aber so, dass ich unverwechselbar bleibe.

Meine Bücher, meine Ideen, meine Geschichten wollen ermutigen, den ganz unverwechselbaren Weg in der Beziehung zu Kindern zu entwickeln, sie wollen nicht abhängig machen von dem Fachmann. Sie möchten Verantwortung an die Eltern zurückgeben, die vielfältigen Erfahrungen der Eltern im Umgang mit ihren Kindern ernst nehmen. Meine Tipps sind vergleichbar mit der Beschreibung von Wanderrouten. Ich biete Wegmarkierungen an, Hinweise, wie das Ziel erreicht werden kann, mal mit Umwegen, mal auf direktem Weg.

Aber gehen müssen die Eltern und Leser allein. Was mich ermutigt, sind Briefe von Eltern, in denen sie über ihren ganz eigenen Weg in der Erziehung selbstbewusst berichten, wie ihnen mein Buch Hilfe war, eine individuelle Erziehungsbeziehung zu entwickeln. Wege in der Erziehung entstehen beim Gehen. Und da das Gehen niemals geradlinig verläuft, vielmehr von Umwegen, Sackgassen, von Stillstand und Rückschritt gekennzeichnet ist, sind Wege nicht im Vorhinein zu planen. Eine Kindererziehung, eine Eltern-Kind-Beziehung, die nach einem festgelegten Plan verlaufen soll, endet nicht selten in Machtkampf, in Chaos, in hilflos-beleidigter Wortlosigkeit. Verlaufen hat da mit Verirren zu tun, weil Verlaufen nicht selten eine Folge davon ist, sich zu sklavisch an vorgedruckte Wanderkarten zu halten.

Meine Ideen wollen anregen – damit sie mit Leben gefüllt, unverwechselbar werden, muss die eigene Erfahrung hinzukommen.

1

GRENZEN SETZEN IST (K)EIN KINDERSPIEL

Kapitel 1

Vom Umgang mit Fehlern

Wenn Sie etwas schreiben oder formulieren, fragen Eltern, hört sich alles einfach an. Aber im Alltag und im Stress vergisst man so vieles! Wie vermeidet man Fehler?

Zugegeben: Es ist manchmal ein Kreuz mit der Kindererziehung. «Egal, wie man's macht», erklärt mir ein Vater, «man macht's falsch. Wenn ich sauer bin, mein Kind anschreie, entwickle ich Schuldgefühle. Obgleich ich nach dem Schreien irgendwie erleichtert bin!» Er schaut mich erstaunt an. «Aber wenn ich mein Kind nicht anschreie, obgleich es nervt, sich nicht an Absprachen hält, dann quäle ich mich noch stärker und frage mich hinterher ständig, warum hast du keine Grenzen gesetzt? Warum bist du ständig das Opfer? Wo bleibst du mit deinen Gefühlen?»

Dieser Vater hat sich eine klassische Falle aufgestellt: Er kann nicht «immer richtig» handeln. Entweder, er stellt seine eigenen Bedürfnisse hintenan, denkt nur an die Befriedigung kindlicher Wünsche. Oder er verstößt gegen seine Prinzipien, indem er z.B. sein Kind anschreit.

In vielen Eltern-Kind-Beziehungen wollen die Eltern perfekt sein – und perfekt meint, einem selbstverordneten Ideal zu entsprechen. Dafür verzichten sie oft darauf, eigene Gefühle zu artikulieren. Eine merkwürdige Situation: Es scheint manchmal befreiender zu sein, spontan etwas Falsches zu tun, z.B. zu schimpfen oder zu schreien, als stunden- und tagelang mit heruntergeklappter Unterlippe durch die Wohnung zu laufen, dem anderen ein beleidigtes Gesicht zu präsentieren, um ihm ohne Worte, aber ebenso nachdrücklich zu zeigen, wie schlecht und unmöglich dieser Mensch ist.

Zweifellos haben alle Familienmitglieder Anspruch darauf, angemessen behandelt zu werden. Aber dies gelingt nicht immer. *Wer die Schwäche hat, Fehler zu begehen, sollte die Stärke besitzen, sich zu entschuldigen* – nicht unwillig, hingenuschelt oder weil «man» es tut, sondern als ernstgemeinte Wiedergutmachung und mit der Absicht, künftig andere Konfliktlösungen zu entwickeln als die ungenießbare Melange aus Zuckerbrot und Peitsche oder wortlos beleidigtem Rückzug.

PERFEKTE LÖSUNGEN PASSEN NICHT

Eine Mutter berichtet: «Ich habe eine Absprache mit meinen Söhnen. Sie sollen mich mittags dreißig Minuten alleine lassen. Ich brauche diese Ruhe. Aber nach zehn Minuten kommt Benjamin, mein Jüngster, vier Jahre, ins Zimmer, weil er Durst hat. Ich hab zu ihm ganz bestimmt gesagt: ‹Du weißt ja, wo alles steht. Geh!› Dann hab ich mit dem Finger zur Tür gewiesen. Ein klassischer Rausschmiss, er ist gegangen. Und ich hab mir gedacht, war das richtig? Gibt es nicht doch eine elegantere Lösung?» Sie denkt einen kleinen Augenblick nach, dann klingt ihre Stimme ganz bestimmt: «Ja, es muss eine bessere Lösung geben, eine, die alle zufriedenstellt!»

Wiederum eine paradoxe Situation: Da führt eine Handlung zum gewünschten Ergebnis. Der Sohn verstößt gegen eine getroffene Absprache, die Mutter besteht auf Einhalten der Absprache. Sie artikuliert ihre Bedürfnisse. Das Kind akzeptiert dies – wenn auch nicht freudestrahlend. Trotzdem ist die Mutter nicht zufrieden; sollte Benjamin etwa sagen: «Mutter, ich danke dir, dass du so konsequent bist»? Mütter, Väter, pädagogisch Handelnde sind anscheinend niemals zufrieden. Sie haben Schwierigkeiten, Grenzen zu setzen, aber unendlich mehr Schwierigkeiten mit den Konsequenzen und die allergrößten Probleme mit den eigenen Gefühlen, die sich aus den vollzogenen Konsequenzen ergeben. Wer Grenzen setzt, konsequent handelt, wird nicht geliebt, vielmehr respektiert und geachtet – manchmal auch gehasst. Diese anderen Seiten gehören zu einer gefühlsmäßig reifen Eltern-Kind-Beziehung.

Aber der Perfektionismus lässt diese Schatten nicht zu.

Perfektionistisches Handeln wirkt sich auch in anderen Bereichen negativ aus. Wenn ich mit Eltern Situationen und Ideen entwickle, Probleme beim Grenzensetzen zu lösen, höre ich schnell den Satz: «Hab ich alles schon versucht. Das klappt nicht!» Aber was hin und wieder nicht funktioniert, muss nicht für alle Zeiten verworfen werden. Eltern – wie andere pädagogisch Handelnde – sind in der Situation eines Schlossers, der ein unbekanntes Schloss zu knacken hat. Wenn er perfekt sein will, hat er Hunderte von Schlüsseln dabei, die er so lange ausprobiert, bis einer passt. Das kann lange dauern, und manchmal passt überhaupt kein Schlüssel. Der clevere Türöffner benutzt deshalb einen Dietrich. Ein Dietrich öffnet ein Schloss, ohne dessen spezifische Einzelheiten bis ins Detail zu kennen. Mal passt ein Dietrich, mal nicht, dann kommt ein anderer zum Einsatz.

Ein unbekanntes Schloss zu öffnen ist mit der Lösung eines Problems vergleichbar. Wenn man lange über dessen Ursachen nachdenkt, kommt man möglicherweise zu einer absolut richtigen Lösung – meist aber nicht, sitzt doch ein kleiner Specht im Hinterkopf, der ständig auf eine bessere Lösung pocht.

NICHT NACH DEM WARUM, SONDERN NACH DEM WOZU FRAGEN

Aus ebendiesem Grunde helfen «Warum?»-Fragen wenig, einen Streit, wie er für Eltern-Kind-Beziehungen üblich ist, aus der Welt zu schaffen. Dies gilt insbesondere bei Heranwachsenden – aber natürlich nicht nur bei ihnen. Auf insistierende «Warum?»-Fragen erhält der Erwachsene ein achselzuckendes «Darum!», ein trotziges «Weil andere Schuld haben!», ein verlegenes Grinsen oder ein leises «Weiß nicht!». Kreativer, weil lösungsorientierter ist die Verwendung von Fragen, die Dietrichen gleichkommen. Diese Vorgehensweise konzentriert sich nicht auf das «Warum?» – «Warum machst du das?» –, *sondern darauf, dass ein Kind so handelt*, z.B. bummelt, andere schlägt.

Daraus ergibt sich eine unterschiedliche Lösungsperspektive: Während «Warum?»-Fragen den Blick nach rückwärts richten, verändern «Wozu?»-Fragen – «Wozu handelt ein Kind so, wie es handelt?» – den Blickwinkel. Es stellt das Kind mit seiner Umgebung in den Mittelpunkt – z.B. ein Kind, das um sich schlägt, um damit Aufmerksamkeit zu bekommen. Solche «Wozu?»-Fragen zwingen den Erwachsenen zu einer genaueren Beobachtung des Kindes: «Was hat das Kind davon, wenn es so handelt, wie es handelt?» «Wozu?»-Fragen bleiben im Hier und Jetzt, in der Gegenwart des Kindes, und bringen eine veränderte zweite Perspektive mit sich: «Wie kann ich gemeinsam mit dem Kind sein störendes Verhalten verändern?» «Welche Lösungen bietet das Kind an, ohne dass es bisher davon wusste?» Und dies geht – einige Übung vorausgesetzt – schneller, als man glaubt.

Peter Rudolf, ein Vater, hört aufmerksam zu, runzelt die Stirn: «Das mit den Dietrichen ist ja alles schön und gut. Aber auch nicht einfach. Also wenn ich jetzt sauer auf meinen zehnjährigen Christoph bin. Er hat sich nicht an Absprachen gehalten.

Also, ganz konkret: Wenn er sein Zimmer nicht aufräumt, seine Klamotten rumliegen lässt, sodass sie zerknittern, dreckig werden, werden sie nicht gewaschen. Er muss das machen. Das ist die Absprache. Gut, ich weiß schon im Vorhinein, dann zieht er ständig die gleichen Sachen an und stinkt dann, oder was weiß ich, was denken die Leute.»

In diesem kurzen Gesprächsausschnitt wird ein weiterer kritischer Punkt perfektionistischer Erziehung thematisiert.

Eltern verzichten deshalb auf Absprache und Konsequenz, weil sie meinen, die Folgen ihres Handelns vorauszusehen. Meist sind es Phantasien darüber, was nicht funktioniert. Die negative Prophezeiung trifft dann nicht selten als eine sich selbst erfüllende Vorhersage ein. Eltern betrachten konsequentes Erziehungshandeln häufig unter problematischen Vorzeichen («Was alles passieren könnte!»), kaum unter einer produktiven Perspektive – dies selbst dann nicht, wenn sich positive Folgen zeigen, sich Eltern in ihrer konsequenten Haltung bestätigt sehen.

Mit den Dietrichen zu arbeiten meint deshalb, mehr von dem zu praktizieren, was funktioniert – «Tue mehr vom Guten!» Das heißt: Entscheidungen für bestimmte pädagogische Handlungsmuster gelten nur für einen bestimmten Zeitraum, dann werden sie ungültig, die Schlösser haben sich verändert, neue Dietriche müssen her. Dies spricht nicht gegen die alten. Sie sind nicht generell überholt, sie passen nur momentan nicht mehr, *müssen deshalb nicht verworfen oder gar weggeworfen werden.* Weil Kinder (und Eltern) sich entwickeln, entwickeln sich auch die Beziehungen. Und damit verändern sich Grenzen. Dieses Gefühl, nicht zur Ruhe zu kommen, ist das «Nervende», wie es eine Mutter ausdrückt. «Da hast du das Kind sauber, dann kommt es auf diese Schimpfwörter aus dem Kindergarten, und kaum hast du das klar, sitzt er auf dem Hausdach und schreit:

‹Ich bin Tarzan.› Und wenn du gut drauf bist, rufst du: ‹Deine Liane ist hier unten! Komm runter!› Und wenn du schlecht drauf bist, machst du alle Fehler der Welt auf einmal. Und so geht's weiter – du denkst morgens beim Aufstehen schon: Was der Tag wohl heute noch bringt?»

WAS IST FALSCH? WAS IST RICHTIG?

Zwei irrationale Überzeugungen rufen jene Probleme hervor, die viele Eltern und pädagogisch Handelnde im Umgang mit Fehlern machen: Ich werde ärgerlich, vielleicht sogar wütend, wenn der Erziehungsalltag nicht so ist, wie ich ihn mir vorstelle oder vorgestellt habe. Natürlich erschweren Frustrationen, die sich aus den elterlichen Erziehungsaufgaben und dem pädagogischen Auftrag ergeben, den Alltag. Aber vielleicht könnte man Frustrationen auch so annehmen: «Es ist blöd, dass mir momentan die permanenten Schwierigkeiten mit dem Kind passieren. Aber ich denke, ich lerne irgendwann, damit umzugehen.» Oder: «Furchtbar, dass mein Kind dauernd so spät einschläft. Aber ich denke, ich finde dafür eine Lösung. Ich lass mir Zeit!»

Weniger die Alltagssituationen frustrieren als die Meinungen und Einstellungen, mit denen man viele Erziehungssituationen betrachtet. Eltern und Pädagogen konstruieren ihre Erziehungsrealität selber, indem sie sie – positiv oder negativ – bewerten. Damit ist ein zweiter irrationaler Grundgedanke angesprochen, der im erzieherischen Handeln auftaucht: Pädagogisch Handelnde gehen davon aus, dass sie jedes Problem unter Kontrolle haben müssen, dass es für jedes Problem in der Erziehung eine immer gültige Lösung geben müsse.

Da viele Menschen schlecht mit Frustrationen umgehen können, deshalb Frustrationen vermeiden, nimmt die Suche nach Rezepten zu, mit denen jede nur denkbare Situation des Alltags scheinbar beherrscht werden kann. Solch ein Perfektionismus versteckt sich hinter Formulierungen wie «Ich sollte …», «Ich müsste …» oder «Ich muss …». Die Psychoanalytikerin Karen Horney hat einmal von der «Tyrannei des Sollte» gesprochen, die einen intoleranten Umgang mit eigenen und den Fehlern der anderen mit sich bringt. Die «Tyrannei des Sollte» führt zu Zwang und Unfreiheit im pädagogischen Handeln, weil man – dem Anspruch nach eigener Vollkommenheit folgend – nichts verkehrt machen will. Zugleich sind damit die Erziehungsbeziehungen negativ berührt, lenkt man die ganze Energie auf die Vermeidung von Fehlern und nicht auf die Kontaktaufnahme, die Beobachtung, die persönliche Ansprache des Kindes. «Ich ärgere mich schwarz, wenn ich Fehler mache. Ich wollte sie nicht machen. Deshalb sollte ich noch mehr lesen und lernen», so der Kommentar eines Vaters zu seinem Erziehungsverhalten.

Der amerikanische Psychotherapeut Albert Ellis spricht von «Mussturbatoren» – «Ich muss», «Alle müssen» … –, die gefühlsmäßig stark belasten, die den Druck auf sich selbst und andere vergrößern. Gelassenheit – zu sich und anderen Menschen – geht darüber verloren. Der Perfektionismus schränkt Lösungen ein: Man sucht nach der theoretisch besten, nicht nach der praktikablen, der lebbaren und der realisierbaren. «Aber diese Haltung», so erzählt Erika Bertram, eine Mutter, «öffnet der Gleichgültigkeit, der Nachlässigkeit, der Gemeinheit gegenüber Kindern Tür und Tor.» Das mag in Einzelfällen sein, in der Regel gibt es Selbstsicherheit und Selbstvertrauen.

«Aber wenn ich daran denke», erklärt mir Johanna Krämer, Mutter zweier Kinder, zehn und zwölf Jahre alt, «was ich in meinem Leben schon alles falsch gemacht habe, dann wird mir übel, ganz schlecht.»

«Wie sind Ihre Kinder?», frage ich.

Sie winkt ab: «Ach, die sind schon o.k.» Frau Krämer hebt ihre Schultern, lächelt: «Die sind wunderbar!»

«Vielleicht haben Sie wunderbare Fehler gemacht!» Sie schaut ungläubig, etwas verständnislos. «Was würden Ihre Kinder sagen, wenn sie hier wären?» Frau Krämer ganz spontan: «Dass ich, glaube ich, absolut normal bin. Mal bin ich der Typ Hexe, mal richtig 'ne Mutter zum Kuscheln.»

Viele Eltern lesen Ratgeber, entdecken dabei die gemachten Fehler in der eigenen Erziehung und «bekommen ein schlechtes Gewissen», wie Frau Krämer an anderer Stelle formuliert.

Falsch ist aber nur dann etwas, wenn man weiß, was richtig ist.

Das allgemeine Wissen über Erziehungsfragen nimmt enorm zu. Das macht Erziehung aber nicht nur leichter, das bedingt auch Handlungsunsicherheiten. Eltern erfahren von den problematischen Auswirkungen bestimmter Erziehungsstile. Sie fühlen sich verunsichert, fragen sich, welche Auswirkungen ihr Handeln wohl bei ihren Kindern bewirkt hat. Und manche Eltern stellen nun fest, dass ein Fehler, der objektiv einer war, vom Kind produktiv verarbeitet worden ist. Denn Kinder sind nicht allein Opfer, sie sind Gestalter ihrer Welt. Dies darf nicht als Freibrief dafür missverstanden werden, den Willen der Kinder zu brechen, Erziehung als Zurichtung zu inszenieren.

Wenn Eltern Kinder regelmäßig sprachlich oder körperlich züchtigen, dann handeln sie falsch: Das Wissen über die verhängnisvollen Folgen, die sprachliche oder körperliche Attacken für die kindliche Entwicklung haben können, ist mittlerweile Allgemeingut. Sätze wie «Ein paar Schläge haben noch nie geschadet» oder «Kleine Kinder sind wie kleine Hunde. Letztere brauchen hin und wieder den Stock» drücken nicht allein fehlenden Respekt vor der kindlichen Persönlichkeit aus, sie beschreiben die Unfähigkeit, nach Möglichkeiten für einen partnerschaftlichen Weg in den Erziehungsbeziehungen zu suchen.

So notwendig mithin die Reflexion über Erziehungsstile ist, so wichtig ist es, mit Sensibilität den Fehlern im pädagogischen Handeln nachzuspüren, um dann an deren Überwindung zu arbeiten. Doch haben solche Prozesse nichts zu tun mit Selbstanklage, Selbstmitleid und Selbstbezichtigungen. Wer Energien in die Vermeidung von Fehlern steckt, wer beim Ärger über gemachte Fehler steckenbleibt, handelt rückwärtsgerichtet – und wird die Fehler ständig wiederholen.

Wichtiger, folgen- und erfolgreicher scheint es, sich einzugestehen: «Fehler gehören zu mir.» Oder: «Ich kann Fehler machen.» Damit nimmt man seine Fehler an, sieht sie als Teil seiner Persönlichkeit und kann nach Wegen suchen, seine Probleme und Konflikte anders zu lösen. Glauben Sie mir: Fehler und Schwierigkeiten in der Erziehung ständig zu vermeiden, ihnen aus dem Weg zu gehen, ist schwieriger, als sich ihnen offensiv und produktiv zu stellen.

Elisabeth Klein erzählt, wie sie sich über Bianca, ihre achtjährige Tochter, «schnell ärgert». «Mal ist es ihre Bummelei am Morgen, dann das unaufgeräumte Zimmer, dann sind es die Hausaufgaben. Alles hab ich ihr tausendmal gesagt. Und sie ununterbrochen: ‹Ja, ja›. Aber es ist das gleiche Lied. Wir rasseln ständig zusammen.» Sie schüttelt bei der Schilderung den Kopf. «Erst bin ich noch ganz ruhig. Sage mir: ‹Nicht schreien, heute nicht!› Das geht auch eine Weile. Aber dann platze ich.» Ihre Arme und Hände schnellen bei der Schilderung jäh in die Luft, einen ausbrechenden Vulkan symbolisierend. «Dann rennt meine Tochter aus dem Zimmer, knallt die Tür zu. Ich bleibe genervt sitzen. Und dann zermartere ich mir den Kopf. Du bist eine blöde Mutter. Du solltest ruhig bleiben. Minutenlang geht das. Manchmal noch länger. Ich zerfließe in Selbstmitleid. So geht das.» Sie unterbricht sich, ihre Augen gehen zur Tür. «Und wenn dann mein Mann nach Hause kommt, schmunzelt der nur: ‹Ihr mit eurem Beziehungsstress.› Oder ganz pädagogischer Klugscheißer: ‹Das kommt, weil du so inkonsequent bist.›» Ihre Augen fixieren einen fernen Punkt, ihre Lippen machen eine Bewegung, als ob sie ihren Mann zermalmen würde. Dann bricht es wie in einem Stakkato aus ihr heraus: «Ich sollte gelassener werden! Ich sollte konsequenter sein! Ich sollte ruhiger werden! Und ich sollte … und ich sollte … und ich sollte … Mein Gott, was ich nicht alles sollte.» Ich warte, bis sie sich beruhigt hat, dann sage ich zu ihr: «Ich kann gelassen sein. Ich kann lassen. Ich kann konsequent sein. Vor allem: Ich kann Fehler machen. Das sind Ihre Sätze.» Sie sieht mich an.

«Aber ich will doch keine Fehler machen, verdammt!» – «Machen Sie keine?» – «Doch!» Sie wirkt ärgerlich: «Natürlich!» – «Also», sage ich. «Ich mache Fehler. Ich kann sie machen. Und ich lebe noch, auch wenn ich Fehler mache!» – «Hab ich verstanden! Denken Sie, ich bin bekloppt? Ist mir doch im Kopf alles klar. Was soll ich machen?» – «Sie können 25 Fehler am Tag machen!» – «Wie viel?», fragt sie mit einer Mischung aus Lachen und Entsetzen.

«25! Wie viel haben Sie heute gemacht?» Sie lächelt, denkt kurz nach: «Viele!» – «Ist ein guter Tag. So wenig Fehler. Und schon so viel Anklagen.» Sie lacht: «Ich wollte mal Richter werden.» – «Nun haben Sie's leichter. Die Richterin und die Beschuldigte sind jeden Tag da!» Sie runzelt die Stirn. «Versteh ich nicht!» – «Sie spielen jeden Tag das von Ihnen gerngesehene Stück: Ich klage mich an!» Sie lacht.

«Was soll ich denn mit den blöden Fehlern machen?» – «Sie sehen, sie annehmen, sie überwinden. Und wenn sie dann verschwunden sind, schnell neue machen. Denken Sie an Ihr Theaterstück. Das gäb's sonst nicht mehr.» – «Aber ich will ganz andere Stücke spielen!» – «Wollen Sie's oder können Sie's?» – «Ich kann's. Hoffentlich!» Wir einigen uns auf ein Vorgehen. Am Abend, wenn sie beginnt, sich Vorwürfe zu machen, wenn sie anfängt, sich über ihre Fehler aufzuregen, solle sie an den «schlimmsten Fehler» des Tages denken, ihm eine Gestalt geben, eine freundliche, keine hässliche Gestalt, eine, die sie gerne anschaut. Dabei könne sie sich sagen: Die gehört zu mir. «Und dann», sage ich zu ihr, «holen Sie sich ein Glas Wein und prosten dem Fehler zu. So fangen Sie an, Ihren Fehler zu genießen.» Sie wählt sich eine kleine Hexe als Gestalt, die wie ein lustiger Troll aussieht. «Das soll helfen?» Sie ist skeptisch, ihrer Mimik und Körperhaltung nach zu urteilen.

Wir treffen uns einige Wochen später wieder. «Es ist wie verhext. Ich kann mich nicht mehr ärgern. Meine Tochter beklagt sich, ich wäre so ruhig, würde gar nicht mehr ausflippen. Und ich brauche auch keine 25 Fehler mehr. Heute habe ich noch gar keinen gemacht. Es ist geradezu unheimlich.» Dann berichtet sie, wie sie sich am Abend in den Sessel setzt, es sich gemütlich macht. «Ich sah mich in Gedanken oben am Richtertisch. Bierernst. Fürchterlich, dachte ich, da muss Bianca ja verrückt werden. Ich sagte zu meiner Richterin: ‹Elisabeth, lächle!› Und sie hat gelächelt. So mochte ich mich viel lieber leiden. Ich habe ihr zugeprostet. Und vor meinem Richter stand mein Fehler. Ich hatte Bianca am Nachmittag aus dem Zimmer geschmissen, weil sie ausfällig wurde. O. k.! Und ich hab in Gedanken zum Fehler gesagt, das war nicht in Ordnung. Aber kein Grund, in

Sack und Asche zu gehen. Am nächsten Tag habe ich mich bei Bianca entschuldigt. ‹Ist schon gut›, hat sie gemurmelt.» Die Mutter denkt nach, lächelt: «Witzig. In den nächsten Tagen, merkte ich, fiel eine Last von mir ab. Ich fühlte mich freier. Und wenn ich mich ärgerte über irgendetwas, sah ich meine Richterin an und sagte: ‹Lächle, Elisabeth!› Das muss auch Bianca mitbekommen haben. Irgendwie hab ich nicht nur innerlich, sondern auch äußerlich geschmunzelt.»

Bianca rückte dann näher an ihre Mutter heran. «Mama, ist irgendetwas mit dir? Früher hast du geschrien, jetzt lachst du. Du bist so ruhig geworden.» Da ist die Mutter ausgeflippt. Sie erinnert sich: «Und da, da ist's mir doch mit einem Male wieder hochgekommen. Voller Wut habe ich geschrien: ‹Kann ich's dir denn nie recht machen!› Oh, Mensch, war ich sauer. Und wissen Sie, was Bianca gesagt hat?» Ich schüttelte den Kopf.

«‹Gott sei Dank, Mama, du bist noch die Alte.›»

Kapitel 2
Erwartungsdruck macht unsicher

«Wenn man Bücher liest, auf Seminaren etwas über Kindererziehung hört, dann klingt das schlüssig und plausibel.» So formulieren Eltern in Briefen. «Aber im Alltagsstress, vor allem wenn noch andere Menschen zuschauen, egal ob nun Freunde oder fremde Menschen, dann klappt nie etwas.»

Doris Rohde kommt mit ihren beiden Kindern zum Einkaufen in den Supermarkt. Benjamin, vier Jahre, und Michael, sechs Jahre, verwandeln sich, so die Mutter, auf dem Parkplatz «in richtige kleine Ungeheuer. Zu Hause sind sie die normalsten Kinder, aber wenn andere da sind …», sie schüttelt ihren Kopf, «… ist es, als ob sie Zuschauer bräuchten.» Zwar fährt sie mit der Hoffnung in den Supermarkt, «heute passiert nichts» – gleichwohl vergeblich. Die Ängste der Mutter vor dem Chaos, das ihre Kinder anrichten, erfüllten sich jedes Mal, also auch heute.

Kaum ist Benjamin aus dem Auto gestiegen, rennt er zum Einkaufswagen, will ihn der Mutter bringen. Michael läuft hinterher, entreißt ihm den Wagen. Geschrei, Gerangel – die Mutter geht dazwischen, nimmt sich Benjamin, setzt ihn – ruck, zuck – in den Wagen; packt Michael an der Hand, zieht ihn, eher heftig als sanft, hinter sich her. Der tritt um sich, zerrt, schreit lauthals: «Lass mich endlich los!»

Benjamin will mittlerweile aus dem Wagen klettern, die Mutter drückt ihn kräftig zurück: «Du tust mir weh. Aua! Aua!» Er weint, nein: er brüllt so laut, als ob man ihn umbringen wolle. Allmählich werden andere Menschen auf den Machtkampf aufmerksam. Vergnügt: «Spannender als Fernsehen», neugierig: «Wie das wohl weitergeht?», kopfschüttelnd: «völlig überfordert», erleichtert: «Gut, dass ich keine kleinen Kinder mehr habe», besserwisserisch-intolerant: «links und rechts was an die Backen, dann sind sie still», sind die höchst unterschiedlichen Reaktionen.

Die Mutter spürt die Blicke, ihr wird heiß, die Gedanken sind nicht mehr klar, sie fühlt Hektik und Ratlosigkeit in sich aufsteigen.

«Und je mehr ich an die anderen Leute dachte, umso mehr verlor ich die Kinder aus dem Blick», so deutet sie später zutreffend die Situation.

Benjamin setzt in der Zwischenzeit auf die schon oft mit Erfolg praktizierte Wasserkraft-Methode – also Tränen in den Augen – und erhält mit weinerlich-trotziger Stimme seine Aufmerksamkeit: «Ich will raus.» Er nervt mit schrillen Quengeltönen so lange, bis die Mutter ihn aus dem Wagen heraushebt: «Aber nicht herumtoben! Hörst du!» Benjamin hört natürlich nicht, denn kaum steht er mit beiden Beinen auf dem Boden, reißt er sich los, verschwindet hinter einem Regal. Michael hinterher.

«Ihr könnt mir helfen. Holt da hinten eure Salzstangen.» Frau Rohde erklärt: «Damit hatte ich gute Erfahrungen gemacht. Wenn ich sie ablenkte, waren sie ruhiger, und ich konnte meine Sachen wenigstens einigermaßen erledigen.» Frau Rohde packt schnell ein paar Lebensmittel ein, weil sie mit «beiden Ohren immer bei den Kindern» ist.

Doch braucht sie dieses Mal nicht beide Ohren: «Ein Schwerhöriger hätte auch ohne Hörgerät meine beiden Kinder noch gehört.» Riesiges Geschrei ertönt jenseits der Regale. Benjamin und Michael streiten sich um Tüten, zanken darüber, wer welche und wie viele zu nehmen habe. Sie zerren, sie stoßen, sie schubsen sich, sie rangeln – bis Benjamin rücklings in einen hohen Stapel mit Chips, Salzstangen und anderem Knabbergebäck fällt. Ein Chaos, ein Auflauf, Tüten über Tüten fallen auf Benjamin, viele liegen über ihm, er erschrickt und schreit.

Die Mutter reißt ihn hoch. Wutentbrannt und außer sich, versetzt sie Michael ein paar heftige Klapse auf den Po.

«Na endlich», hört sie eine Frau neben sich sagen.

«Unmöglich, man schlägt keine Kinder», entrüstet sich eine andere. Nun weint auch Michael – aus Wut, aus Enttäuschung, aus Schmerz. Benjamin befreit sich aus seiner misslichen Lage, rappelt sich hoch, läuft auf seinen Bruder zu, tritt ihm voll gegen das Schienbein – und lächelt. «Bist du denn verrückt geworden», faucht sie Benjamin an, reißt ihn herum, hält ihn mit beiden Händen offensichtlich schmerzhaft am Handgelenk fest.

«Aua! Aua! Mama, du tust mir weh.» Benjamin zappelt, wütet, gleichwohl vergeblich. Der Griff der Mutter bleibt fest, verursacht wohl auch Schmerz – bis eine der Frau Rohde unbekannte Frau sich in den Weg stellt und gereizt meint: «Nun seien Sie nicht so grob!» – «Der hätte ich bald eine gescheuert! Noch ein Wort, und die wäre tot gewesen», erinnert sich Doris Rohde im Nachhinein. Benjamin reißt sich los, geht zwei Schritte zur Frau, baut sich vor ihr auf und streckt ihr seine Zunge heraus. Konsterniert, kopfschüttelnd dreht diese ab.

«Benjamin», ruft die Mutter mit einer Mischung aus Entsetzen und Überraschung. «Das macht man nicht!» «Dabei», so die Mutter beim Nachdenken, «hat er genau das gemacht, was ich mir nicht traute.» «Tja, irgendwie sind wir raus aus dem Supermarkt. Ich war schweißgebadet, spürte beim Verlassen der Halle Tausende Blicke, mitleidig, ärgerlich, wütend …» Benjamin und Michael halfen beim Schieben des Wagens und lächelten sich dabei verschmitzt an.

«Und im Auto waren sie die nettesten Kinder der Welt, *meine* Kinder.» Ihre Augen richten sich nach oben, so als suchten sie dort ihre beiden blonden verlorenen Engel.

Eine Situation, wie sie viele erleben – und für sie ist das eine

Situation voller Stress, an deren Ende Gefühle absoluter Hilflosigkeit stehen. «Es ist», so die Mutter, «als ob sie wirklich Zuschauer bräuchten!» Kinder testen Grenzen durch Versuch und Irrtum aus – dies insbesondere in Situationen, wo ihnen verlässliche Regeln, klare Grenzen fehlen oder in denen Erwachsene unklar, ungekonnt oder unsicher handeln, weniger ihrer Intuition, ihrem Gespür vertrauen, als ihr Erziehungshandeln danach richten, was Umherstehende erwarten.

Kinder haben ein sehr feines Gespür für diese Unsicherheit. Sie fühlen: «Mama oder Papa würden anders handeln, wenn ich mit ihnen allein wäre. Sie nehmen mich nicht ernst, nicht ich bin wichtig, sondern die anderen.» Und da Kinder diesem Gefühl in der Regel keinen sprachlichen Ausdruck verleihen können, verletzen und überschreiten sie so lange Grenzen, bis ihnen Aufmerksamkeit gewiss ist.

Michael und Benjamin hielten sich im Haus an Regeln, sie waren Absprachen und Rituale gewohnt. Auch Doris Rohde verhielt sich in vertrauter Umgebung konsequent.

«Mama ist beim Einkaufen ganz komisch», erzählt Michael einmal und bringt damit die Verhaltensunsicherheit seiner Mutter auf den Punkt.

«Ich will es allen zeigen», entfährt es ihr spontan, als ich die Frage stelle: «Wollen Sie anerkannt sein?» – «Ich will es besonders gut machen!» Und sie fährt fort: «Wissen Sie, ich war zehn Jahre als Erzieherin hier im Kindergarten tätig, habe viele Gespräche mit Eltern über Erziehung geführt und so.» Sie atmet tief aus.

«Tja, und nun will ich's eben allen zeigen, ich kann's nicht nur theoretisch. Ich kann's auch praktisch. Und zu Hause klappt es ja auch, aber wenn Leute da sind, vor allem, die ich kenne.»

In dieser Äußerung kommt eine weitere Variante des Perfektionismus durch, die die Erziehungsbeziehung zwischen Eltern und Kindern mehr als kompliziert gestaltet: Der Versuch, von allen nicht nur anerkannt, sondern geradezu geliebt zu werden, führt zu der fixen Idee, dass es keinen geben darf, der einen ablehnt, der negativ über einen redet. Der eigene Blick konzentriert sich nicht auf Stärken, auf Menschen, die einen mögen – alles fokussiert sich auf jene, die man auch noch von sich und seinen ungeahnten Kompetenzen überzeugen muss.

Die Folge: Man stuft sich herab, verleugnet eigene Bedürfnisse und macht sich in seinem erzieherischen Handeln von anderen abhängig. Man wird fremdgesteuert – dieses Gefühl hat Michael für die Supermarktsituation so ausgedrückt: «Mama ist so komisch.» Und an einer anderen Stelle sagt er: «Die sieht mich gar nicht. Die hört nicht zu.» Doris Rohde handelt nicht so, wie sie möchte, sondern so, wie sie meint, andere würden es von ihr erwarten. Dabei macht sie sich gefühlsmäßig von der Zuwendung anderer, ihr völlig fremder Menschen abhängig. Sie setzt und formuliert nicht mehr jene Grenzen, die sie als bedeutsam erachtet. Sie handelt unsicher, weil sie – indem sie auf eigene Bedürfnisse verzichtet – sich von anderen (vermuteten) Meinungen abhängig macht.

«Was ist das Schlimmste, was Sie sich in einer solchen Situation ausmalen könnten?», frage ich.

«Dass alle schlecht über mich reden!» – «Alle? Der ganze Ort?» Sie grinst: «Na, schon viele!» – «Gibt's noch schlimmere Bilder?», frage ich.

Sie denkt nach, ihre Augen wandern hin und her, dann lacht sie: «Manchmal denk ich mir, die warten im Supermarkt schon auf mich, wie ich dienstags und freitags mit den Kindern komme. Ja, die kaufen nur noch ein, weil ich komme. Ich bin besser als diese komischen Sendungen im Fernsehen, wo nur noch geschrien wird. Wenn ich mir das vorstelle», sie hält die Hände vors Gesicht, «die kommen nur wegen meiner

Action.» – «Stellen Sie sich das einmal vor.» Ich verstärke das Bild: «Tausende von Menschen stehen auf dem Parkplatz vom Supermarkt, in der Stadt hängen Plakate: Am Freitag versucht Frau Rohde ihre Kinder zu erziehen. Eintritt kostenlos. Chaos garantiert. Frau Rohde referiert im Anschluss über Theorie und Praxis in der Kindererziehung.» Sie hat die Hände noch vor dem Gesicht.

«Wahnsinn!», murmelt sie. «Einfach Wahnsinn!» Sie ist still, wirkt nachdenklich.

«Können Sie sich das vorstellen?» – «Was? Ich soll das machen?!» – «Nein! *Vorstellen!* Plakate aufstellen! Alles in Gedanken! Sich vorstellen, wie die Leute Sie auf dem Parkplatz empfangen!» Sie ist still, sagt nichts mehr, ihr Blick geht nach innen, sie schmunzelt: «Ich stell schon Plakate auf den Straßen zum Supermarkt auf!»

Zwei Wochen später, Fortsetzung des Familienseminars. Sie berichtet: «Ich hatte die ganze Straße zum Supermarkt mit den Plakaten vollgestellt. Auf dem Weg dorthin habe ich sie richtig gesehen. Heiß und kalt war mir. Michael und Benjamin waren anders als sonst. Ich glaub, die haben die Plakate auch gesehen. Und je näher ich dem Supermarkt kam, umso aufgeregter wurde ich. Und dann bin ich auf den Parkplatz gefahren, Tausende Menschen waren da. So richtige Geier. Und ich hab alle gegrüßt. Habe ganz generös mit den Händen gewunken. Also, ich muss wohl auch wirklich mit dem Kopf genickt haben, weil Michael meinte: ‹Mama, wen grüßt du denn? Ich seh da keinen.› Da hab ich laut losgelacht. Und der Kleine hat auch gelacht.» – «Und?» – «Ich bin ganz selbstbewusst ausgestiegen, Benjamin trug den Korb, Michael holte den Wagen. Es war ein Friede, die waren ganz anders als sonst!» Frau Rohde ging in den Supermarkt, «ich glaube, einige waren enttäuscht, weil's keine Krise gab». Sie lächelt: «Als wir dann bei den Salzstangen vorbeikamen, streckte Benjamin plötzlich die Zunge raus: ‹Weißt du noch, Mama, neulich!› Michael sagte beim Hinausgehen: ‹Du bist heute so anders, Mama. Du hast richtig gelacht, sonst drehst du immer gleich durch.›» – «Irgendwie musste ich das nun ganz zu Ende bringen», sagte Frau Rohde. «Ich hab mir dann auf dem Parkplatz nochmals die Leute vorgestellt, ins Publikum gewunken. Und das war so automatisch, ich hab wirklich gewunken. Und die Kinder haben auch gewunken. Und wissen Sie, es gibt ja keine Zufälle. Just in dem Moment, wo wir alle drei gewunken haben, kommt diese blöde besserwisserische Kuh von neulich auf den Parkplatz gefahren.

Mein Gott, hab ich gedacht, was die jetzt wohl denkt?» Sie stockt kurz, findet dann selbst ihre Antwort: «Die denkt wohl, ich bin völlig abgedreht. Bin ich ja auch!»

Die Abhängigkeit von anderen blockiert das Handeln, schränkt die Vielfalt von Lösungsmöglichkeiten ein. Subjektive Bewertungen, z.B.: «wenn alle meinen Fehler sehen, dann ist das schlimm», führen zu Selbstvorwürfen, zu einer Sicht der Realität, die mehr mit eigenen Ängsten und Unsicherheiten zu tun hat als mit der die Person umgebenden Wirklichkeit.

Benjamin und Michael haben ihre Mutter nun als authentisch und klar erlebt. Doris Rohde hat ihre schlimmsten Phantasien durchgespielt und dabei festgestellt: Das Leben geht weiter.

Die Dietriche zu Lösungen hat nur sie in der Hand. Gibt sie diese aus der Hand, verliert sie ihre Handlungskompetenzen, macht sich abhängig von anderen, lässt ihre Kinder, die auf sie angewiesen sind, im wahrsten Sinne des Wortes allein.

Kapitel 3
Kinder hören nicht auf «gute» Worte

«Manchmal denke ich, mein Kind versteht mich nicht. Oder will mich nicht verstehen! Es kapiert mich nicht! Und dann sage ich es hundert Mal … Und immer und immer wieder. Am Anfang noch ruhig, aber dann schreie ich doch. Wie bewahre ich Ruhe vor dem Sturm?»

Anne Hausmann erzählt von ihrer neunjährigen Caroline. Anne neigt zum «Labern», zu «unendlichen Erklärungen», wie sie selber sagt. Sie hat Schwierigkeiten, klare Anweisungen zu geben, setzt selbst da keine Grenzen, wo sie notwendig sind.

Eines Abends wollte Caroline nicht ins Bett. Es folgte eine lange Diskussion, die sich zwischen mütterlichem Verständnis und gereiztem Ton hochschaukelte. Die Mutter erklärte in umständlichen, sich wiederholenden Ausführungen, warum es wichtig sei, dass neunjährige Mädchen mindestens neun Stunden schlafen müssten. Je langatmiger die Erklärungen, umso mehr rollte Caroline ihre Augen. Sie zog das Gespräch mit ständigen «Warums» oder einem beharrlichen «Versteh ich nicht!» in die Länge. Obgleich Anne Hausmann einem Nervenzusammenbruch nahe war, blieb sie zumindest äußerlich ruhig, setzte immer wieder von vorne an, um ihre Tochter mit ihren Argumenten zu überzeugen.

Als der Mutter die Argumente auszugehen drohen, hält sich Caroline die Ohren mit den Händen zu, schaut sie fest an: «Mama, ich höre dich nicht. Aber ich mache, was du möchtest.» Sie steht auf, geht aus dem Zimmer, legt sich ins Bett. Die Mutter kommt, um «Gute Nacht» zu sagen. Sie kann es sich aber nicht verkneifen, die Angelegenheit nochmals zu erklären. Da gehen Carolines Hände wieder zu den Ohren: «Ich höre nicht, was du sagst! Aber ich mache es!»

Der andere Morgen. Anne Hausmann sitzt am Frühstückstisch, ist völlig verunsichert, weiß nicht, wie sie ihrer Tochter begegnen soll. Caroline kommt dahergestürmt, fröhlich, selbstbewusst. Anne Hausmann hat sich vorgenommen, die abendliche Situation nochmals zu besprechen. Carolines Hände schnellen zu den Ohren hoch: «Ich hör nix, Mama!» Sie löst die Hände von den Ohren, umfasst ein Glas mit Milch und trinkt es mit hastigen Schlucken aus. «Caroline, davon bekommt man Bauchschmerzen.» Caroline lacht. Schon wieder die Erklärungen!

Carolines Hände gehen zu den Ohren. «Jetzt ist aber Schluss!»

Anne Hausmanns Stimme hat einen schrillen Klang. Caroline wirkt ruhig: «Mama! Ich hör dir nicht mehr zu! Aber ich mache, was du willst!»

Morgendliches Aufstehen, Bummelei beim Anziehen, das liegengelassene Frühstück, unerledigte Hausaufgaben – in solchen alltäglichen Situationen brechen schnell heftige Gefühle aus. Gesichtsverlust, Ärger, Rachegefühle oder beleidigter Rückzug sind die Folge. Dabei verlaufen diese Konflikte nach einem von allen beteiligten Personen – unbewusst – festgelegten Drehbuch: Die Eltern beobachten eine Situation, die für sie klar ist, für die Kinder jedoch nicht. Die Eltern beobachten einen Sachverhalt, der sich für das Kind einleuchtend darstellt, für die Eltern aber missverständlich.

Aus diesem Missverständnis entwickelt sich in kürzester Zeit Beziehungsstress. Die Eltern wollen «ruhig» bleiben, artikulieren aber nicht klar *ihre* Grenzen. Das Kind stört weiter, ist auffällig, will verstanden, besser: angenommen werden. Irgendwann platzt den Eltern der Kragen, sie deuten – mal schreiend, mal wild gestikulierend, mal gefährlich leise zischend – Grenzen an.

Das Kind hält ein, gehorcht, passt sich an – bis am nächsten Tag das neue, alte Spiel von vorn beginnt.

MEHRDEUTIGE BOTSCHAFTEN

Viele Erziehungsbeziehungen zwischen Eltern und Kindern geraten durch die unklare Sprache der Erwachsenen ins Ungleichgewicht. «Ich rede und rede», erzählt mir Gisela Schwarz, «rede mir den Mund fusselig, bemühe mich, freundlich zu sein, aber nichts passiert. Erst wenn ich die böse Hexe spiele, dann hören sie!» Als sie dies entrüstet erzählt, nicken die anderen anwesenden Eltern zustimmend.

Erwachsene verhalten sich – ich hatte es gesagt – gegenüber Kindern unklar. Sie ärgern sich z.B. über die Bummelei, die Unordnung, zeigen mit ihrer Gestik und Mimik jedoch eine – wenn auch verbissen – freundliche Stimmung an. Das Kind hört zwar Fragen wie: «Würdest du bitte aufräumen?», «Könntest du dich vielleicht beeilen?» Doch Fragen setzen keine Grenzen. Das Kind deutet in der Mimik und Gestik des Erwachsenen Zeichen von Anspannung – z.B. schmale Lippen, schmale Augen, Stirnrunzeln –, die fragende Stimme klingt hingegen noch (!) ausgeglichen.

Kinder können mit solch unklaren Botschaften nicht umgehen. Deshalb erzwingen sie durch ihr Handeln einen in sich stimmigen Erwachsenen; soll heißen: Sie akzeptieren erst Grenzen, wenn sie klar artikuliert werden. Sie nehmen den Erwachsenen erst dann an, wenn dieser in Gestik, Stimme und Sinn der Worte übereinstimmt. Mit den Worten des neunjährigen Claudius ausgedrückt: «Wenn ich nicht weiß, was genau läuft, dann mache ich meinen Scheiß weiter. Weil, meine Eltern sind ja immer noch so freundlich. Obgleich ich merk, gleich ist's so weit. Gleich explodiert sie. Und dann platzt sie auch. Gut, denke ich, hab ich doch nicht falschgelegen. Hatte ich doch recht. Ich weiß nicht, aber meine Eltern machen es sich so schwer. Warum sagen sie denn nicht eher ‹Nein!›?»

Claudius formuliert intuitiv, was die Kommunikationspsychologie durch zahlreiche Untersuchungen belegt hat: 55 Prozent der Kommunikation läuft über Körpersprache, über Mimik und Gestik, 38 Prozent läuft über den Stimmklang und die Art des Sprechens, lediglich sieben Prozent vermittelt sich den Kindern über den Inhalt, den Sinn der Worte. Missverständnisse in der Eltern-Kind-Kommunikation haben ihre Ursache in der Unklarheit, mit der viele Erwachsene Absichten und Grenzen formulieren.

KONTAKT AUFNEHMEN

Hinzu kommt ein weiterer, häufig übersehener bzw. wenig beachteter Aspekt. Eltern überschätzen nicht allein die Wirksamkeit ihrer Worte und Anweisungen. Sie unterschätzen zugleich, wie wichtig es ist, sich dem Kind zuzuwenden, Kontakt zu ihm aufzunehmen, wenn sie ihm etwas mitteilen wollen. Kinder – und Erwachsene natürlich auch! – wünschen, angesprochen zu werden, sie wollen sich angesprochen *fühlen.*

Wenn Eltern den Kindern sprachlich Grenzen setzen wollen, sollten sie – auch eingedenk der oben angeführten Untersuchung – folgende Reihenfolge beachten: Kontaktaufnahme mit den Augen, Körperkontakt, dann eine eindeutige Sprache.

Manuela Hard erzählt: «Mein Stefan ist vier. Früher habe ich geredet und geredet. Hör auf! Komm jetzt! Lass das! Das ging und ging und ging ewig weiter. Das fand kein Ende. Tja, und warum sollte er auch aufhören? Ich stand in der Küche, machte irgendetwas, war mit mir oder Dingen beschäftigt, und er tobte da im Wohnzimmer vor sich hin.»

«Was haben Sie verändert?», frage ich.

«Wenn ich etwas möchte, z.B. dass er aufräumt, dann sage ich nicht mehr ‹Räum auf!›, ‹Räum endlich auf!› oder ‹Wann räumst du denn endlich auf?›. Nein, ich gehe hin, hocke mich vor ihn hin, schau in seine Augen, nehme manchmal seine Hände, formuliere einen kurzen knappen Satz: ‹Stefan, ich möchte, dass du aufräumst!› Meistens klappt das. Manchmal rufe ich aus der Entfernung nur ganz deutlich: ‹Stefan!› Dann weiß er Bescheid, und meistens hält er sich dann an die Absprache. Und wenn nicht, dann weiß ich, es geht ihm gar nicht um das Aufräumen. Dann will er mit mir in einen Machtkampf eintreten.» Sie denkt nach: «Vor allem hat das unendliche Labern jetzt aufgehört!»

Manuela Hard hat ihre Priorität auf ein klares, für Stefan verständliches Handeln gelegt: Er *fühlt* sich in Augen- und Körperkontakt angenommen. Er *fühlt*, seine Mutter redet nicht «um den heißen Brei»; sie sagt, was sie erwartet. «Unsere Beziehungen wurden klarer», erinnert sie sich. «Und auch er wurde eindeutiger. Früher erpresste er mich, nötigte mich mit Tränen. Jetzt sagt er klarer: ‹Ich will das! Ich möchte das!› Und wenn ich dann nicht bei der Sache bin, kommt er auf meinen Schoß, sagt ganz bestimmt: ‹Mama!› Und wenn ich dann immer noch nicht zu ihm hinschaue, dreht er mein Gesicht in seine Richtung, damit ich ihn sehen kann.»

Klarheit in der Sprache und Festigkeit im Gefühl lässt gegenseitigen Respekt entstehen. Partnerschaftlichkeit und Gleichwertigkeit in Beziehungen lässt sich nicht in allen Situationen gleichermaßen leben; sie ist das Ergebnis andauernder Bemühungen, ist das Resultat eines Prozesses.

MANCHE FRAGEN NEHMEN KINDER NICHT ERNST

Nicht selten bringen Fragen, die bereits klare Festlegungen enthalten, einen Machtkampf mit sich, weil diese Fragen die Kinder nicht ernst nehmen. Wenn Eltern ihre Kinder z.B. fragen: «Wollen wir heute zu Oma?», die Entscheidung zum Besuch aber längst von den Eltern gefällt ist, so bleibt den Kindern ein angepasstes «Ja!», ein gleichgültiges «Meinetwegen!» oder ein trotziges, selbstbestimmtes «Nein!» übrig.

Wenn Kinder an Entscheidungsprozessen nicht beteiligt sind bzw. werden, dann ist es für das Kind einleuchtender und begreiflicher, das Ergebnis mit fester und freundlicher Stimme mitzuteilen: «Ich möchte heute zu Oma und möchte, dass du mitkommst!» Dies muss nicht zu Begeisterungsstürmen des Kindes führen, zeigt ihm aber die Wünsche, die Bedürfnisse und das Wollen der Eltern an. Vieles spricht dafür, Kinder *am Weg zu einer Entscheidung* zu beteiligen, fördert dies doch auch die Bereitschaft, Mut zu eigenen Entscheidungen zu entwickeln und Verantwortung dafür zu übernehmen. Dann ist es wichtig, mit einem offenen Ausgang in das Gespräch zu gehen: «Ich habe mir überlegt, zu Oma zu gehen. Was meinst du dazu?» Oder: «Hättest du Lust, zur Oma zu gehen?» Oder: «Wir könnten mal wieder Oma besuchen. Was hältst du davon?»

Bedeutsam ist bei diesem Vorgehen, dass keine Vorentscheidung gefallen ist, dass das Kind spürt, an einer Entscheidung mitzuwirken. Es ist mithin wichtig, sich *vor* (!) dem Gespräch darüber klar zu sein: Teilt der Erwachsene dem Kind eine bereits getroffene Entscheidung mit, oder will der Erwachsene gemeinsam mit dem Kind zu einer Lösung kommen, die alle an der Situation Beteiligten zufriedenstellt.

ICH-BOTSCHAFTEN

Nicht nur Kinder, auch Erwachsene können mit pauschalen Vorwürfen schlecht umgehen. Sätze wie: «Du räumst nie auf!», «Du bummelst nur!», «Du kommst immer zu spät!», «Du bist immer nur noch frech!» entmutigen Kinder nicht nur, sie bringen Erwachsene dazu, Kinder nur noch unter bestimmten negativen Gesichtspunkten zu betrachten. Kinder entwickeln umgekehrt Minderwertigkeitsgefühle, Wünsche nach Rache und Vergeltung, d.h., sie treten mit den anklagenden Eltern in einen Machtkampf ein, machen das familiäre und häusliche Zusammenleben zur Hölle.

Vorwürfe, die mit «nie», «immer», «nur» daherkommen, sind unzulässige Verallgemeinerungen, sie enthalten nicht selten direkte oder indirekte Beschuldigungen, sind Ausdruck dafür, dass Kindern bestimmte Verhaltensweisen zugeschrieben werden.

Nun brauchen Eltern nicht jede Störung oder Auffälligkeit des Kindes hinzunehmen, dies vor allem dann nicht, wenn es sich um nicht eingehaltene Absprachen oder die persönliche Integrität der Eltern handelt. Entscheidend ist mithin, *wie* Eltern Störungen thematisieren. Ich betone nochmals: Vorwürfe, verallgemeinernde Anklagen helfen Kindern nicht.

«Das ist unmöglich, dass du ständig unpünktlich bist», schimpft Robert Holz seinen Sohn an. Hannes verspätet sich tatsächlich häufiger. «Hab's vergessen», versucht er zu beschwichtigen.

«Du vergisst alles. Das ist zum Mäusemelken mit dir.»

«Du bist nur schlecht gelaunt», kontert Hannes.

«Bis eben hatte ich gute Laune.»

«Dein Gesicht sah schon beleidigt aus, als du mich gesehen hast.»

«Jetzt hör aber auf!», erwidert der Vater scharf.

«Was kann ich dafür, dass du so eine blöde Kindheit hattest.»

Mit diesen Worten verlässt Hannes den Raum.

Nicht der Sachkonflikt stand im Mittelpunkt dieser Auseinandersetzung, sondern eine «Beziehungskiste». Mit der Formulierung «Das ist unmöglich!» thematisiert der Vater nicht den Sachaspekt, greift vielmehr seinen Sohn direkt an. Dieser wiederum empfindet den Satz «Das ist unmöglich!» als «Du bist unmöglich!» bzw. «Weil ich zu spät komme, bin ich unmöglich». Aus dem unbedingt zu klärenden Konflikt erwächst ein sprachlicher Clinch, werden Vorwürfe, die den anderen treffen sollen und die dann nicht selten in beleidigter Wortlosigkeit oder in Rachegelüsten enden.

«Aber wie kann ich das lösen? Wie komme ich da raus, dass es ständig diese Formen annimmt?» Hannes' Vater ist verzweifelt.

Die Zauberformel lautet, Ich-Botschaften zu formulieren bzw. zu lernen, sich darin auszudrücken. Ich-Botschaften benennen den Sachverhalt, geben Auskünfte über Gefühle und sprechen – falls erforderlich und notwendig – die Konsequenzen an, die sich aus nicht eingehaltenen Absprachen ergeben können, z.B.: «Ich finde es nicht in Ordnung, wenn du länger als abgesprochen wegbleibst. Ich mache mir wirkliche Sorgen.» Sind vorher Absprachen getroffen worden, dann könnte so fortgesetzt werden: «Wir hatten abgesprochen, dass du anrufst, wenn was dazwischengekommen ist. Und ich hatte gesagt, wenn du das nicht machst, dass du dann morgen deinen Freund nicht besuchen kannst. Du warst einverstanden.»

Ich-Botschaften legen Wert auf vier wichtige, miteinander zusammenhängende Aspekte:

» Der Vater artikuliert seine Position. Er beschreibt die Situation, wie er sie sieht, spricht seine Gefühle an;
» er beschuldigt seinen Sohn weder direkt noch indirekt, trennt somit die Sache von der Beziehungsebene;
» Gestik, Mimik, Stimme und Sinn der Worte stimmen überein;
» und, wichtig: Sind in einem vorherigen Gespräch bereits Konsequenzen thematisiert worden, so sind diese nun umzusetzen.

Doch erwarten Sie, wenn Sie Konsequenzen umsetzen, nicht angepasstes Verhalten Ihrer Kinder, vielmehr Reibung, Widerstand, Drohung oder Rückzug.

Nun werden solche Hinweise auf Ich-Botschaften in Kommunikations- und Partnerschaftsseminaren oft gegeben, in Rollenspielen oder an konkreten Beispielen aus dem Alltag veranschaulicht. Auffällig ist, dass viele Eltern trotzdem Anklagen in Ich-Botschaften unterbringen oder dass sie mit ihren Kindern in einen «therapeutischen Dialog» verfallen.

Wenn jemand seinem Kind mit sanfter Stimme und freundlichem Blick ein «Ich bin wütend, weil du so spät kommst» hinsäuselt, dann sendet er dem Kind nicht nur eine doppelte Botschaft, dann hat er auch das Prinzip der Ich-Botschaft missverstanden. Die Ich-Botschaft kommt nur beim anderen an, wenn man sich klar ausdrückt.

Ähnliches gilt für ein weiteres Missverständnis in der Anwendung der Ich-Botschaft. Es hat sich bei vielen Eltern, die es besonders gut meinen wollen, unter dem Deckmantel der Ich-Botschaft eine unsägliche Form der Betroffenheits- und Traurigkeits-«Kultur» entwickelt. «Ich bin jetzt ganz traurig, wenn du das machst», klagt eine Mutter ihre Tochter mit Tremolo in der Stimme an, und sie kann die Tränen nur knapp zurückhalten, weil Sarah zum wiederholten Male ihren Kot an der Klowand verschmiert hat. Hier stimmen Ton, Körperhaltung und Mimik nicht überein. Die Traurigkeit ist aufgesetzt, eine versteckte Anklage ist eingebaut, mit Liebesentzug wird gedroht.

Wie kleinere Kinder solch Betroffenheitskultur bereits verinnerlicht haben, damit aber nicht mehr zu sich und ihren Gefühlen stehen können, zeigt eine Situation, die ich in einem Kindergarten erlebte und die mich sprachlos machte. Der knapp sechsjährige Knut hatte dem gleichaltrigen Simon bei einer Rangelei einen gezielten Boxschlag auf die Nase versetzt, weil Simon ihn zuvor schmerzhaft gebissen hatte. Simons Nase blutete stark, eine Schramme war auf seiner Wange zu sehen. Simon schaute Knut beleidigt an und sagte doch tatsächlich: «Ich bin betroffen. Ich muss mit dir darüber reden!»

Kapitel 4
Von der Entmutigung durch Grenzen

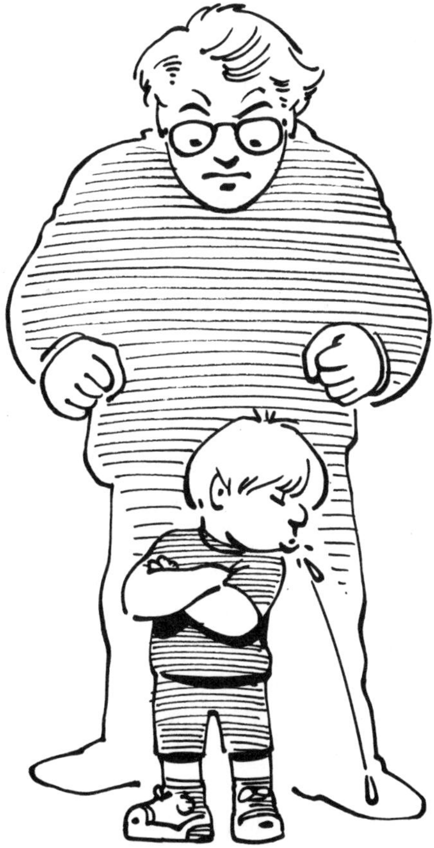

«Sie gehen davon aus», so wollen Eltern von mir wissen, «dass Kinder an Konfliktlösungen konstruktiv mitarbeiten wollen, dass Kinder vernünftig sind. Nun erleben wir aber häufig Kinder, denen ist alles egal. Die zucken nur die Schultern, wenn man sie um Mitarbeit bei Konfliktlösungen bittet. Was bedeutet dies?» «Sie setzen», so kritisierte ein Vater, «immer ganz rational denkende Kinder voraus. Sie gehen davon aus, dass Kinder mithelfen *wollen*! Aber wenn ich meinen fünfjährigen Sohn beim Streit um Mithilfe bitte, wenn ich also vorgehe, wie Sie es an verschiedenen Stellen beschreiben, dann ernte ich mal Achselzucken, höre ich ‹Ist mir doch egal› oder bemerke ich eine Haltung, die ein ‹Mach deinen Scheiß doch allein› ausdrückt.»

Manche Eltern sind rat- und hilflos, weil sie keinen Zugang zu ihren Kindern finden. Sie erleben Heranwachsende als bockig, unkooperativ. Daraus entsteht mal wortloser Rückzug der Eltern, mal das Gefühl von Minderwertigkeit oder erzieherischer Unfähigkeit – «Warum schaffe ich es nie?», «Warum habe ich nur solche Kinder?» – oder anklagende Vorwürfe an die Kinder – «Müsst ihr mich denn immer ärgern!»

Hinter kindlicher Verweigerung kann eine Vielzahl von sehr unterschiedlichen Haltungen stehen. Wenn Kinder sich unkooperativ verhalten, in einen Machtkampf, gar in eine Rache- und Vergeltungsbeziehung mit den Eltern eintreten, dann ist es wenig produktiv, sie nach dem «Warum?» ihrer Verhaltensweisen zu befragen. Denn könnten Kinder die Frage «Warum machst du das?» angemessen beantworten, würden sie nicht störend auffällig handeln oder sich verweigernd-trotzig zurückziehen.

Wichtiger, als nach Hintergründen und Ursachen zu suchen,

kann es für Eltern sein, sich zu befragen: «Was drückt mein Kind durch seine Haltung für mich aus?» Eine weitere hilfreiche Frage lautet: «Was hat mein Kind von seinem Verhalten?»

Jedes Kind versucht zunächst, sich situationsangemessen zu verhalten. Erfährt es jedoch im Laufe seiner Entwicklung keine bestärkende Anerkennung für sein Können, kein Lob für seine Fortschritte und seine andauernden Bemühungen, erlebt es keine Ermutigung bei eventuellen Schwierigkeiten und Problemen, dann sucht es sich – ganz im Sinne des Handelns von Versuch und Irrtum – andere Wege, um die Aufmerksamkeit von Erwachsenen, der Eltern und pädagogisch Handelnden zu erhalten: Es stört und zerstört, es macht sich klein und hilflos.

FEHLENDE AUFMERKSAMKEIT ENTMUTIGT

Sarah, sieben Jahre, kommt mittags von der Schule nach Hause. Ihre Mutter ist mit den beiden jüngeren Geschwistern, Patrizia, ein Jahr, und Johannes, zwei Jahre, intensiv beschäftigt. Beim gemeinsamen Mittagessen achtet die Mutter sehr genau auf Patrizias und Johannes' Tischmanieren. Sarah verhält sich unauffällig und berichtet beiläufig davon, wie sie in der Schule von zwei Schülern ständig gehänselt und belästigt wird.

Die Lehrerin würde die Situation in der Schule ständig falsch beurteilen, beim Streit, der schnell zu Handgreiflichkeiten führe, gebe sie «ihr immer die ganze Schuld». «Ich geh nicht mehr in die Schule», erklärt sie der Mutter ganz bestimmt. Zunächst versucht diese, manches von dem Gehörten zu relativieren, «herunterzuspielen». Sarahs Erzählungen werden in den Tagen darauf drastischer, ihre Drohungen, die Schule nicht mehr zu besuchen, trägt sie mit immer größerem Nachdruck vor.

Die Mutter nimmt Kontakt zur Lehrerin auf und erfährt im Gespräch, wie sich Sarah in der Schule wohlfühlt, wie sie durch ihr Sozialverhalten positiv auffällt. Sie schlichtet manchen Streit. Deshalb ist sie bei den Mitschülern und Mitschülerinnen äußerst beliebt. Sarahs Mutter ist einerseits erfreut, andererseits wütend, hat ihre Tochter sie doch belogen. Sie stellt Sarah mittags zur Rede, fragt danach, *warum* sie die Unwahrheit gesagt habe. Sarah streitet alles ab, bezichtigt nun ihrerseits die Lehrerin der Lüge, schreit die Mutter an und verlässt mit dem herausgepressten Satz «Ihr mögt mich doch alle nicht!» den Mittagstisch, schließt sich in ihr Zimmer ein.

In den Tagen nach diesem Gespräch verschärft sich die häusliche Auseinandersetzung zwischen Mutter und älterer Tochter. Sarah versucht, ihren Vater als Koalitionspartner zu gewinnen. Er solle doch mal «richtig mit der Lehrerin» sprechen; Mama «glaubt dieser blöden Pute doch mehr als mir». Der Vater verbündet sich mit seiner Tochter, macht seiner Frau Vorwürfe, sie sei zu leichtgläubig und lenke zu schnell ein. «Ich glaube, ich muss da mal hin.» Als Sarahs Mutter ihrem Mann daraufhin ein ironisches «Mein Herr und Meister, ich danke dir, dass du alle Probleme löst» leise hinzischt, sieht Sarah, die zwischen den beiden Erwachsenen sitzt, gar nicht mal unzufrieden aus. Sie lehnt sich entspannt in ihrem Stuhl zurück.

Als die Müllers diese Situation auf einem Elternseminar vorstellen, frage ich Sarah: «Du kommst nach Hause, und kein Schwein sieht dich, nicht?» Sie sieht mich mit einem kaum wahrnehmbaren Lächeln an. «Könnte es sein, Sarah, dass Mama sich mehr mit dir beschäftigen soll, wenn du nach Hause kommst?» Sie nickt spontan, fühlt sich verstanden, ihr ganzer Körper entspannt sich. «Erzähl mal, wie ist das, wenn du nach Hause kommst?»

Und dann berichtet Sarah detailgenau, wie sie das Haus

betritt, ein Küsschen von der Mama bekommt. Sarah ist entrüstet: «Aber die sieht mich nicht mal richtig! Oder sie fragt einfach nur so: ‹Wie war's in der Schule?› Diese Frage kann ich nicht mehr hören. Fürchterlich!» Sarah fühlt sich nicht an- und ernstgenommen, sie vermag ihre Bedürfnisse aber auch nicht direkt anzusprechen – und sie will es möglicherweise auch nicht. Denn spielt sie die kompetente Tochter, wird sie von der Mutter doch nur mehr oder minder übersehen. So holt sie sich ihre Aufmerksamkeit, indem sie die Fragen nach der Schule auf eine Weise beantwortet, die ihr Beachtung garantiert. Ihre Mutter macht sich Sorgen, will das Problem für ihre Tochter lösen, kümmert sich damit um Sarah.

Diese wiederum hat die Mutter mit ihrer Geschichte im Griff. Und so besteht für sie überhaupt kein Grund, von den «Schauergeschichten» abzulassen. Denn würde Sarah dies tun, wäre die mütterliche Aufmerksamkeit dahin, bliebe Sarah wieder mehr oder minder unbeachtet. Als die Mutter diesen Beziehungsaspekt der Störung nicht erkennt, ihre Tochter vielmehr der Lüge bezichtigt, bringt Sarah den Vater ins Spiel, macht sich zum Gegenstand eines elterlichen Konfliktes. Nun steht sie endgültig im Mittelpunkt. Sie führt ihre Eltern wie Marionetten in einem Spiel vor, dessen Regeln sie beherrscht, dessen Ausgang sie freilich auch nicht kennt.

Als mir Sarah mitteilte, wie allein sie sich fühle, wenn die «Mama sich mit den beiden anderen» beschäftige, frage ich: «Wie wäre es schön kuschelig?» – «Mama soll nur bei mir sein und mich drücken!»

Die Familie entwickelt im Lauf des Beratungsgesprächs ein Begrüßungsritual, das nur Frau Müller und Sarah gehört. Patrizia und Johannes sind in dieser Zeit ausgeschlossen. Während des Mittagessens übernimmt Sarah zudem Verantwortung für ihre beiden Geschwister. Die «Gruselgeschichten» aus der Schule haben bald ein Ende. Sarah braucht sie nicht mehr, weil sie nicht nur persönliche Zuwendung bekommt, sondern durch Zuweisung von Verantwortung – in Erziehungsfragen – in ihrem positiven Sozialverhalten bestätigt wird.

ÜBERFORDERUNG ENTMUTIGT

Wenn «Wozu»-Fragen, die sich die Mutter selbst stellt und beantwortet, keine Erleichterung der Situation bewirken, wenn selbst logische Konsequenzen störende Handlungen nicht ändern, dann kann man zwei weitere Fragen anwenden: «*Kann* mein Kind etwas nicht?» bzw. «*Will* mein Kind etwas nicht?»

Viele Eltern assoziieren bei störend-auffälligem Verhalten ihrer Kinder schnell einen Machtkampf, Renitenz oder Trotz, versuchen, über Drohung, Strafe oder mit physischen – z.B. dem Klaps – wie psychischen Zwängen – z.B. Liebesentzug – Wohlverhalten des Kindes zu erzwingen, Grenzen zu setzen bzw. auf der Einhaltung von Grenzen zu bestehen. Aber Kinder, die bestimmten Aufgaben nicht nachkommen, die vereinbarte Regeln und Rituale nicht einhalten, die festgelegte Grenzen missachten, wollen nicht unbedingt in einen Machtkampf eintreten, wollen sich nicht rächen, gar die Eltern hilflos machen – manche Kinder *können* bestimmte Aufgaben nicht erledigen und überschreiten deshalb Grenzen. Diese Kinder haben *noch* keine entsprechenden Fähigkeiten ausgebildet. Viele Eltern überfordern ihre Kinder, sehen sie als kleine Erwachsene, nehmen die Grenzen ihrer momentanen Fähigkeiten nicht wahr.

Denn Grenzen zeigen Kindern an, was sie können. Und Räume jenseits der Grenzen deuten auf ein «Das-kann-ich-noch-nicht» hin. Grenzen helfen – in vielen Alltagssituationen – dem Kind bei der Orientierung; Grenzen erleichtern es dem Kind, einen Standpunkt zu finden. Überschaubare Grenzen stecken Räume und damit auch Fähigkeiten ab, die Kinder ermutigen *können*, Dinge anzupacken. Grenzen vermitteln den Kindern eine Übersichtlichkeit in unübersichtlichen Situationen: z.B. beim Aufräumen im Kinderzimmer die ersten drei Minuten mithelfen, um «Schneisen zu schlagen».

Patricia Behrendt, Mutter der siebenjährigen Lena, erzählt von den ständigen Auseinandersetzungen, die sie beim morgendlichen Anziehen ihrer Tochter hatte. Lena stand minutenlang vor dem Kleiderschrank, schaute von einem Kleidungsstück zum anderen, unfähig, sich zu entscheiden. Patricia Behrendt kommt hinzu: «Was ist, Lena?»

Lena schweigt, sagt nichts.

«Du hast tausend Sachen zum Anziehen!»

Lena starrt in den Kleiderschrank. Patricia Behrendt zählt auf, die einzelnen Möglichkeiten mit den Fingern vorführend: «Du kannst das anziehen … oder das … oder das.» Sie nimmt die Finger ihrer rechten Hand: «Du ziehst das an … oder das … oder das.» Kurze Pause. «Aber entscheide dich bitte!»

Lena sagt nichts. Nach unendlichen Qualen wählt sie eine Kombination, wirkt unglücklich. Der Stress um die «Klamotten» zieht sich hin; er wirkt sich allmählich auf die Beziehung zwischen Mutter und Tochter aus. Patricia Behrendt: «Ich konnte sie nicht mehr vorm Schrank stehen sehen. Dann drehte sich mir der Magen!»

Eines Morgens drohte die Situation zu eskalieren. Als Lena mal wieder hilflos vor dem Kleiderschrank stand, kam die Mutter dazu, schrie Lena an: «Du hast das zum Anziehen … und das … und das …» Lena schaute hilfesuchend die Mutter an: «Mama, sag mir nur: ‹Lena, zieh das *oder* das an! Dann kann ich mich entscheiden.»

NICHT-WOLLEN? NICHT-KÖNNEN!

Zwei weitere Alltagssituationen zeigen, wie eigene Deutungen die Wirklichkeit verzerren, wie man vorschnell kindliche Störungen als Nicht-Wollen, Bösartigkeit, Unhöflichkeit, Missachtung, ja als Machtkampf missdeutet.

Karin Lampe, Hauptschullehrerin, wundert sich, dass ihr «Guten-Morgen»-Gruß von ihrer Klasse nicht erwidert wird – nur ein unverständliches Gemurmel, mehr oder minder freundlich, ist zu hören. Als sie sich beschwert und Unverständnis über so viel Unfreundlichkeit äußert, entfährt es Harald, elf Jahre: «Was wollen Sie eigentlich?»

«Ich möchte, dass ihr meinen Gruß erwidert. Ich sage doch freundlich ‹Guten Morgen!›.»

Harald, einigermaßen konsterniert: «Dann müssen Sie uns das sagen!»

«Aber das ist doch selbstverständlich!» Karin Lampe wirkt ärgerlich.

Harald ist perplex: «Wieso selbstverständlich?»

«Du sagst doch deinem Vater oder deiner Mutter auch ‹Guten Morgen›!»

Harald lacht schrill: «Den seh ich nicht. Und der redet auch nicht! Der sagt kein freundliches Wort. Das ist ‹Baby-Lallen›, sagt der. Und wenn er das sagt, dann macht er ein kleines Baby nach.»

Karin Lampe redet mit anderen Schülern, erfährt, nur ein kleiner Teil ihrer Klasse erlebt Begrüßungs- und Abschiedsrituale im Hause; kaum ein Schüler hat diese Rituale verinnerlicht, ihre Bedeutung für die zwischenmenschlichen Beziehungen erkannt. Als die Lehrerin ihre Klasse darauf hinweist, wie wichtig ihr eine freundliche Umgangsweise ist, beginnen die Heranwachsenden, ihr Verhalten allmählich zu verändern.

Karin Lampe kommt nach dieser Erfahrung zu der Erkenntnis: «Meine Schüler und Schülerinnen *wollten*, aber sie *konnten* nicht. Das musste ich erst begreifen. Ich denke, man geht zu schnell davon aus, dass Selbstverständlichkeiten heutzutage selbstverständlich sind.» Dieses Beispiel zeigt: Manche Kinder und Jugendliche erfahren im häuslichen Milieu nicht jene Regeln und Rituale, die für ein humanes Miteinander, ein Zusammenleben, das auf gegenseitigem Respekt und gleichwertiger Achtung aufbaut, notwendig sind.

Ich kenne Kinder, in deren Familien gemeinsame Mahlzeiten – ob nun beim Frühstück, beim Mittag- oder beim Abendessen – kaum noch stattfinden; ich erlebe Kinder, die die Vertrautheit des Familiengesprächs nicht erfahren haben und deren Fähigkeit, aktiv zuzuhören, sich auf jemanden einzustellen, ihn in seiner – möglicherweise anderen – Meinung annehmen zu können, nicht ausgebildet ist. Diesen Kindern tut man unrecht, wenn man ihnen vorschnell ein Nicht-Wollen, Gleichgültigkeit oder eine bewusst inszenierte Störung vorwirft. Viele Kinder würden sich auf Rituale und Regeln einlassen, wenn sie sie denn umsetzen *könnten*, wenn sie den Wert von Ritual und Regel verinnerlicht hätten.

Deshalb müssen Kindergarten, Schule, außerhäusliche pädagogische Institutionen – ob das pädagogische Fachpersonal dies nun als zusätzliche Belastung erlebt oder nicht, mag dahingestellt sein – mit den Kindern notwendige Fähigkeiten ausbilden, die das zwischenmenschliche Zusammenleben im Alltag ritualisieren und regeln. Wenn Kinder sich selbst in Beziehungen erleben, verinnerlichen sie das, was sie dort erfahren, schneller. Nur in Beziehungen können Kinder Fähigkeiten und Fertigkeiten ausprobieren.

ENTMUTIGUNG, BEVORMUNDUNG, VERHARMLOSUNG

Eine Lehrerin stellt in einer Beratung ein Kind vor, Johannes, sieben Jahre. Johannes ist – wie sein Vater sagt – «der letzte Trottel. Wenn der was macht, ist sofort Chaos».

Johannes weiß von sich: «Ich werd sowieso nichts mehr. Ich werd Straßenfeger.» Auf konstruktive Lösungen, auf Angebote zur Kooperation und Mitarbeit lässt er sich, so die Lehrerin, nicht mehr ein. Die elterliche Zuschreibung an Johannes, er sei ein Nichtsnutz, ein Versager, konstruiert eine ganz eigene Realität. Johannes wird von den Eltern ausschließlich unter diesem Blickwinkel gesehen, Johannes erlebt diesen mittlerweile ähnlich. Solche Missachtung einer eigenen Persönlichkeit lässt Entmutigung entstehen, und entmutigte Kinder kommen nur schwer aus dem Teufelskreis von Verhaltenszuschreibung und der Bestätigung dieser Zuschreibung heraus. Resignation, Rückzug, Abbruch von Kommunikation können sich in der Folge ebenso ergeben wie zerstörerische, nach außen gerichtete Aggressionen. Solche Kinder haben – wie sie mir im Gespräch berichten – «nichts mehr zu verlieren». Sie schlagen um sich, schädigen sich und andere. «Wenn», so erklärt es mir der zwölfjährige Michael, «ich schon der letzte Arsch bin, dann mach ich's mit anderen auch so.»

Wenn Erziehung diese Kinder zurichtet, ihnen das Recht auf eine eigenständige Persönlichkeit vorenthält, sie in ihrem Selbstwertgefühl beschädigt, dann kann sich auch kein Respekt und keine Achtung für andere Menschen entwickeln. Kinder, die keine Chance auf eine eigene Identität haben, können auch bei anderen Menschen keine Eigenständigkeit und Autonomie zulassen. Aber es existieren noch andere Erziehungsstile, Kinder zu entmutigen.

Die vierjährige Anna hat Eltern, die ihre Erziehungsaufgabe als Rot-Kreuz-Helfer missverstehen, die ununterbrochen im Einsatz sind: Anna war als Dreijährige ein quirlig-aufgewecktes Kind, forsch, sehr fordernd, zupackend. Kein Wunder, wenn ihr manches im ersten Zugriff misslang – ob beim Basteln, beim Bauen, beim Aufräumen, beim Klettern, beim Spielen. Wer Anna jetzt erlebt, hat ein weinerliches Kind vor sich, das sich nichts zutraut. Ständig umgeben von helfenden Händen, die Annas Missgeschicke mit bemitleidender Stimme kommentieren: «Ach, Anna, Schätzchen, das tut mir leid!» – «Ach, Annachen!» – «Dafür bist du noch zu klein!»

Anna erfährt Eltern, die Nähe und Bindung geben möchten, ihre Tochter damit aber unterdrücken, besser: bedrücken. Anna braucht eigenständige Erfahrungen, nur durch eigenes Tun, das auch Frustrationen und Misserfolge mit sich bringen kann, kann sie wachsen.

Neben den selbsternannten Rot-Kreuz-Helfern sind es Schwarz- und Hellseher, die Apokalyptiker oder Besserwisser, die Kinder in ihrem Wunsch nach Eigenständigkeit und unverwechselbaren Handlungen entmutigen.

Bei Tom, sechs Jahre, reiht sich Missgeschick an Missgeschick. Alles, was er anfasst, zerbricht – im wahrsten Sinne des Wortes. «Siehst du, Tom, ich hab's kommen sehen», hört er von seinen Eltern dann mit einer Mischung aus Anklage und Mitleid.

Viele Eltern haben entmutigte Kinder; Kinder, die nicht bereit sind, Verantwortung zu übernehmen oder konstruktiv an Lösungen mitzuarbeiten, weil sie von ihren Eltern nicht ernstgenommen werden. Solche Eltern sehen ihre Kinder unter dem Blickwinkel des Pechvogels, des Tollpatsches, des «kleinen verträumten Trottels», wie Tom von seinen Eltern auch genannt wird. Kinder werden unter dem Blickwinkel des Noch-nicht-

Könnens wahrgenommen und nicht unter einer konstruktiven, die Kinder aufbauenden Perspektive.

Simon, knapp fünf Jahre, hantiert mit dem Messer, will an einem Stück Holz schnitzen. Er rutscht ab, verletzt sich, aus einer kleinen Wunde rinnt Blut. Simon rennt zur Mutter, nicht unbedingt verzweifelt, aber doch traurig, voller Schmerz und Wut darüber, es wieder nicht mit dem Schnitzen geschafft zu haben.

Simons Mutter sieht sich die Wunde an, holt ein Stück Pflaster: «Na, Simon, ist doch nicht ganz so schlimm.» Er kriegt einen freundlichen Klaps auf die Schultern, geht zurück zum Basteltisch, sitzt vor Messer und Holz, als der Vater ins Zimmer kommt, sich das Werkzeug und das Material schnappt: «Das kriegen wir schon hin!» Simon schaut kaum hin, während der Vater bastelt, der nach ein paar Minuten eine kleine Figur fertiggestellt hat: «Na, sei mal nicht traurig. Das passiert eben noch.»

Sowenig es Kinder aufbaut, wenn sie bei Missgeschicken über Gebühr bemitleidet werden, so wenig konstruktiv ist eine Haltung, die die Gefühle des Kindes verkennt und übergeht. Kinder brauchen Grenzen, um zu erfahren, was sie können, und vor allem, was sie noch nicht können. Aus dieser Spannung erwächst der Wunsch, neue Möglichkeiten und Fähigkeiten auszubilden, zu entwickeln und zu verfestigen. Missgeschicke, Misserfolge, kleinere oder größere Unglücke gehören zum Alltag. Was den Kindern in solchen Situationen nicht hilft, ist das Herunterspielen bzw. die Nicht-Annahme ihrer Gefühle – vor allem, wenn es sich um Trauer, Wut oder Verzweiflung handelt. Für Simon *ist* «es schlimm», sich verletzt zu haben; die körperliche Wunde schmerzt vielleicht noch weniger als die seelische, das Erleben einer erneuten Frustration. Und Simon hilft man nicht damit, dass – wie der Vater es formuliert – «wir es schon schaffen». Simon möchte es *allein* schaffen, kann es aber *noch* nicht. Wenn Simon die Verantwortung aus der Hand genommen wird – und dies wortwörtlich –, fühlt er sich als Opfer, das nicht und von niemandem verstanden wird.

Ein Pflaster tut zwar gut, eine vom Vater fertiggeschnitzte Puppe zeigt zwar ein Ergebnis – für Simon wären aufmunternde Worte und eine tröstende Umarmung ebenso hilfreich gewesen wie ein Gespräch darüber, wie man Messer geschickter anfassen kann, um selbständig zum Erfolg zu kommen.

STÖRUNG UND VERNACHLÄSSIGUNG

Jessica, neun Jahre, fällt der Erzieherin im Hort auf. Sie spielt mit dem Essen. Versuche, mit ihr gemeinsam zu Lösungen zu kommen, scheitern. «Sie wartet geradezu unheimlich darauf, bestraft zu werden», wie es die Erzieherin beobachtet. «Erst dann scheint sie glücklich zu sein.» Jessica lebt in einer paradoxen Situation. Sie ist das älteste Kind in einer Geschwisterreihe mit vier jüngeren Kindern, darunter einem Zwillingspärchen. Jessica erfährt zu Hause keine Aufmerksamkeit, keine liebevolle Zuwendung, jene Wärme, jenes Urvertrauen mithin, die notwendig sind, eine Entwicklung zu Eigenständigkeit, zu einer eigenen Identität überhaupt erst zu ermöglichen. Jessica hat dies früh – durch ihr Handeln – begriffen: Nur wenn ich störe, falle ich auf. Jessica erfährt viele Strafen, weniger die körperlichen als vielmehr die seelischen Misshandlungen. Die Eltern schreien sie an, sperren sie in ihr Zimmer. Beim Essen muss sie – falls sie stört – an einem kleinen Extratisch sitzen, darf dann kein Wort sagen. Isst sie ihr Essen nicht auf, muss sie so lange sitzen bleiben, bis der Teller leer ist. Manchmal hockt sie stundenlang vor ihrem Teller.

«Jessica fordert», so die Beschreibung einer Erzieherin, «ständig übervolle Teller. Aber sie weiß, das Essen schaffe ich nie. Und auch wir waren natürlich nicht glücklich darüber und haben dann entsprechend gemeckert. Jetzt bekommt sie kleine Portionen, kann nachfordern – und jetzt spielt sie mit dem Essen. So hat sie uns wieder im Griff.»

Kinder, die keine Beachtung finden, die keine emotionale Zuwendung erleben, fühlen sich schnell vernachlässigt, alleingelassen, entmutigt. Kontaktaufnahme gelingt diesen Kindern ausschließlich über störend-negatives Handeln. So geraten sie in den Mittelpunkt. Bestrafungen erleben sie – paradox genug – als eine zwar schmerzliche, aber überhaupt als eine Form der Nähe. Bestrafungen erzeugen in diesen Kindern das Gefühl von Niederlagen und Unterlegen-Sein, die dann Rache- und Vergeltungsphantasien nahelegen. Das Kind fordert die Bestrafung von Eltern oder pädagogischem Fachpersonal heraus, um in ihnen dann das Gefühl von Minderwertigkeit – «Du bist eine schlechte Mutter!», «Du kannst nur strafen!» – hervorzurufen. Durch Bestrafung entmutigte und entmündigte Kinder lassen sich nur schwer auf konstruktive Konfliktlösungen ein, haben sie doch folgende Überzeugung verinnerlicht: Wenn man positiv und konstruktiv mitarbeitet, steht man nicht mehr im Mittelpunkt.

Nun gibt es Kinder, die arbeiten konstruktiv mit – aber nicht, um Eigenständigkeit und Selbstbewusstsein an den Tag zu legen. Manche Kinder zeigen sich nur deshalb konstruktiv, um gelobt und anerkannt zu werden. Diese Einstellung führt dazu, nicht aus eigener Überzeugung heraus etwas zu machen, sondern deshalb, weil man sich damit bei anderen beliebt machen kann.

Kapitel 5
Partnerschaft und Autorität – kein Widerspruch

«Ich sage den Kindern schon häufig, was sie tun sollen, und dann höre ich: ‹Du bist gemein! Immer muss ich das machen, was du willst!› Aber ich will doch nicht autoritär sein. Wie kann ich das verhindern?»

Bei Familie Karstens gibt es täglich Streit um das abendliche Zähneputzen. Jan-Hendrik, vier Jahre, weigert sich strikt dagegen, und so gibt es jeden Tag zur gleichen Zeit heftige Auseinandersetzungen.

Bei Familie Weber entzünden sich die Konflikte am abendlichen Zubettgehen. Caroline, fünf Jahre, und ihr Bruder Anton, sechs Jahre, wollen um 20.30 Uhr das Wohnzimmer verlassen, die Eltern haben sich «halb acht Uhr zum Ziel» gesetzt. Und so tobt zwischen ihnen und den Kindern eine «richtige Auseinandersetzung», wie es der Vater formuliert. Die Kinder gewinnen häufig, denn «die haben ein großes Repertoire an Verzögerungstechniken, das sie abziehen, und dann ist es schon fast halb neun, bevor sie aus dem Zimmer sind», so die Mutter genervt.

Und in der Familie Stolz bringen die Hausaufgaben den Familienfrieden schon seit Monaten durcheinander. Die Mutter besteht auf 14 Uhr, der neunjährige Bernd will seine Hausaufgaben am späten Nachmittag machen.

Solche Konfliktsituationen kann man beliebig um viele andere alltägliche Reibungspunkte erweitern. Jede Familie – so scheint es – hat ihre ganz spezifische Situation, in der sich die Beteiligten mit unschöner Regelmäßigkeit, freilich mit großer Intensität reiben. Der Ablauf des Konfliktes verläuft zwar nicht nach festgelegten, aber doch eingeschliffenen Spielregeln, einem Ritual gleichend, das mit genau verteilten Rollen, einer ausgeklügelten Dramaturgie und vorauszusehendem

Ausgang abläuft: Eltern bestehen auf Grenzen, die die Kinder anders sehen – und möglicherweise auch erleben. Die – mehr oder minder – klar formulierten Ansprüche der Eltern führen zu Blockaden durch die Kinder. Sie verweigern sich nach dem Motto: «Jetzt erst recht!», oder: «Jetzt nicht!» – je nach Standpunkt und Aussicht auf Erfolg. Dabei fällt auf: Viele Eltern lassen sich schnell die Rolle eines Widerparts zuweisen, reagieren manchmal mit fast kindischem Trotz – unter der Überschrift: «Wir wollen doch mal sehen, wer hier gewinnt!», oder: «Ich hab den längeren Atem!»

Andere Eltern geben wiederum rasch nach, ziehen sich nachdenklich oder mit schlechtem Gewissen zurück: «Hab ich nicht zu viel verlangt?», «Bin ich nicht doch ständig der Bestimmer?», «Nein! Autoritär ist das Letzte, was ich sein möchte!»

ALTERNATIVEN AUFZEIGEN

Vorausgesetzt, es geht bei der kindlichen Blockade nicht um einen inszenierten und aufgebauten Machtkampf, vorausgesetzt, die Eltern-Kind-Beziehungen sind partnerschaftlich, und das Kind handelt nicht aus einem Unterlegenheitsgefühl heraus – dann empfiehlt sich ein Vorgehen, das der Psychotherapeut Paul Watzlawick als «Illusion von Alternativen» umschrieben hat. Denn die Vorgabe eines Rahmens durch die Eltern und ein partnerschaftlicher Erziehungsstil schließen sich keineswegs aus.

Es gibt Situationen, in denen Eltern das Recht haben, etwas von Kindern zu fordern – und dies klar, authentisch, offen, ohne damit Kinder in deren Anspruch auf Recht und Achtung herabzuwürdigen. Und trotz der Forderungen geben diese

Eltern ihren Kindern die Chance, in einem vorher angekündigten und festgelegten Maße mitzuentscheiden – nicht über den Inhalt einer Handlung, aber beispielsweise über das Wann und das Wie.

Frau Karsten kann ihren Sohn fragen: «Willst du die Zähne am Abend um sieben oder halb acht putzen?» Nicht die Sache steht zur Diskussion, Jan-Hendrik hat vielmehr die Chance, über den Zeitpunkt mitzuentscheiden. In ähnlicher Weise könnten Lösungen zum Verlassen des Wohnzimmers durch Caroline und Anton sowie Bernds Erledigung der Hausaufgaben angegangen werden.

Bei dieser Vorgehensweise kann eine unlösbar erscheinende Alltagssituation geklärt werden, dass die Interessen aller Beteiligten berücksichtigt bleiben, ohne dass einer sein Gesicht verliert. Wenn sich in komplizierten alltäglichen Abläufen ständig dieselben Personen durchsetzen – egal, ob es nun die Eltern oder die Kinder sind –, dann entsteht daraus schnell ein Machtkampf. Deshalb *kann* die «Illusion von Alternativen» zugleich als Gradmesser dienen, der Auskunft gibt, ob es in der Eltern-Kind-Auseinandersetzung um eine Sache – z. B. Zähneputzen – oder um das Austesten von Beziehungen geht. Gehen Kinder nicht auf die «Illusion von Alternativen» ein, dann *kann* – muss aber nicht! – es sich bei dem Streit, der sich ständig um eine Sache entzündet, um den Beginn oder den Höhepunkt eines Machtkampfes zwischen Eltern und Kindern handeln. Machtkämpfe sind – wie ich in «Kinder brauchen Grenzen» gezeigt habe – nach klaren Regeln und Ritualen anzugehen und zu beenden.

Viele Kinder spüren, wie sich ihre Eltern unwohl fühlen, wenn sie sich als Vor- und Leitbild, ja sogar als menschliche Autorität darstellen, die durch Erfahrung und Wissen überzeugt. Gleichwertigkeit in der Beziehung zu Kindern – deren Achtung,

Autonomie und das Selbstwertgefühl betreffend – bedeutet aber keineswegs Gleichrangigkeit, ja «Gleichmacherei» an Erfahrung und Wissen. Eltern sind Kindern in mancherlei Hinsicht überlegen. Eltern können Gefahren abschätzen, vorausschauend handeln auf der Basis von bereits gemachten Erfahrungen. Solch biographischer Hintergrund kann fruchtbar und konstruktiv, er kann zugleich blockierend und hemmend sein, wenn der elterliche Erfahrungsüberschuss als Besserwisserei benutzt oder missverstanden wird, wenn mit dem Wissen um Gefahren Eltern ihre Kinder nicht von zu Hause – oder generell – loslassen, wenn Eltern ihre Kinder festhalten und sie damit in deren intellektuellen wie gefühlsmäßigen Entwicklung behindern.

GRENZEN ENTWICKELN SICH

Aussprüche von Kindern wie «Ihr gewinnt immer!», «Ihr habt ständig recht!», «Ich muss immer machen, was ihr wollt!» sind nicht allein Versuche, Eltern ein schlechtes Gewissen zu machen. Sie können zugleich ungelöste Themen der Erziehungsbeziehung andeuten.

Grenzen, Regeln, Rituale werden von Eltern oft zu einem Zeitpunkt festgelegt, zu dem *Eltern* dies für wichtig und notwendig erachten – egal, ob es sich nun um den Zeitpunkt des Zubettgehens, des Nachhausekommens, der Hausaufgaben, ob es sich um Abläufe wie das Aufräumen oder das Zähneputzen und Waschen handelt. So klar und hilfreich es für kleinere Kinder – bis zum dritten/vierten Lebensjahr – ist, wenn Eltern ihre Vorstellungen und Leitlinien, am Kind orientiert, umsetzen, so bedeutsam ist es, diese einmal gezogenen Grenzen dann zu ändern, wenn Kinder durch die versuchten wie vollzogenen Grenzüberschreitungen auf sich aufmerksam machen, wenn Kinder ihren Eltern durch ihr Verhalten anzeigen: «Seht mal, ich bin gewachsen! Ich kann schon was! Traut mir mehr zu!»

Ich betone es nochmals: Jüngeren Kindern fällt es manchmal schwer, Probleme oder Konfliktsituationen, in denen sie sich befinden, sprachlich genau bzw. mit angemessenen Worten darzulegen. *Kinder handeln!* Dies ist eine Problemlösungskompetenz, die *Eltern von ihren Kindern* abschauen und erlernen können: sich nicht in langatmigen Erklärungen und «guten» Worten zu verlieren, sondern stattdessen überzeugend zu handeln. Kindliche Handlungsmuster fallen ins Auge – und das sollen sie auch. Nur so gewinnen die Heranwachsenden Aufmerksamkeit, verbunden mit der Hoffnung, dass die Eltern die gesetzten Zeichen ihrer Kinder angemessen zu deuten wissen.

Viele Kinder spüren: Erwachsene haben in emotionaler Hinsicht Schwierigkeiten mit dem Setzen von Grenzen und noch mehr im Formulieren bzw. der Durchsetzung von Konsequenzen. Manche Kinder nutzen diese Haltung mit gehöriger Schlitzohrigkeit aus.

«Ich muss immer machen, was du sagst!» – solch ein Satz geht nicht spurlos an Eltern vorüber. Manche Mutter, mancher Vater führen dann langatmige Verteidigungsreden ins Feld oder legen Beweise für das Gegenteil vor, andere Eltern werden nachdenklich, bekommen ein schlechtes Gewissen: «Du wolltest doch anders sein als deine Eltern, und nun wirft dir dein Kind genau das vor, was du an deinen Eltern partout nicht leiden konntest!» Die Falle, die ein Kind seinen Eltern – unbewusst, manchmal aber durchaus gezielt – aufstellt, schnappt dann zu: «Eigentlich hat mein Kind ja recht!» Oder: «Kinder müssen doch auch bestimmen!» Und schon lässt man sich von getroffenen Absprachen, vereinbarten Regeln und angekündigten

Konsequenzen abbringen. Als Autorität, als starke Persönlichkeit angesprochen oder betrachtet zu werden, das macht vielen Erwachsenen Unbehagen.

Aber Kinder brauchen klare und feste Bezugspersonen, Kinder fordern Orientierung und Halt. Erziehung hat zu tun mit Beziehung, mit Beziehung zwischen Erwachsenen und Kindern. Und wenn sich Erwachsene aus der Erziehung zurückziehen in der Annahme, Kinder würden sich schon allein zurechtfinden, dann bedeutet dies: Erwachsene ziehen sich aus der Beziehung zurück. Kinder fühlen sich alleingelassen ohne Bindung. Sie brauchen Bindung, brauchen emotionale Zuwendung, um sich zu entwickeln, um Selbstwertgefühl auszubilden und zu einer eigenen Identität zu kommen.

Die andere Seite der Medaille: Zugleich revoltieren Heranwachsende gegen diejenigen, die ihnen Orientierung anzeigen, Bindung geben, Heranwachsende lehnen sich auf, provozieren ihre Eltern. Solche Provokationen sind – Gleichwertigkeit in den bzw. eine stabile Basis der Beziehungen vorausgesetzt – Teil eines Spiels, das die Eltern eine Zeitlang mitspielen und dem sie dann ihre Regeln aufdrücken können: «Ich denke, du kannst viel entscheiden. Aber jetzt möchte ich, dass etwas gemacht wird. Wenn ich für dich deshalb ein autoritärer Knacker bin, kann ich damit leben!»

Wenn Kinder solche Aussagen nicht widerspruchslos hinnehmen, dann zeugt das von Selbstbewusstsein. Für mich sind Reibungen dieser Art natürlicher und altersgemäßer als kindliche Reaktionen, die jedweder Anweisung der Eltern mit einem angepassten «Jawohl, Mama!», «Jawohl, Papa!» begegnen. Kinder möchten erfahren: Gleichberechtigung und Partnerschaft haben nichts zu tun mit «Gleichmacherei». Eltern haben ein Mehr an Erfahrung, Eltern *verkörpern* Wissen, das Kinder erst erwerben müssen. Eltern bieten Bindung und damit Sicherheit.

Kinder fühlen um diese Qualität des «Mehr», sie verlangen sie geradezu von ihren Eltern – wenn auch nicht klag- und kritiklos. Kinder fordern Eltern heraus – dies stellt umgekehrt für die Eltern eine Herausforderung dar, vor der mancher Erwachsene flüchten möchte. Eine solche Flucht ist aber immer eine Flucht vor dem Kind, von dem Kind weg. Erziehung ist Beziehung, und Beziehung ist ohne Reibung nicht denkbar.

EINGEFAHRENE SICHTWEISEN MACHEN BLIND

Sich in bestimmte Blickwinkel zu verrennen oder dort zu verharren – «Ich mache immer …», «Ich darf nie …» – ist nun nicht allein ein Privileg von Kindern, auch Erwachsene entwickeln nicht selten eine Sicht der Dinge, die ihnen kaum Chancen lässt, diese konstruktiv zu verändern.

Mir ist es wichtig, in der Beratung von Eltern, Erzieherinnen oder Lehrerinnen nicht so sehr nach den Gründen kindlicher (Fehl-)Handlungen zu fragen, sondern von der Tatsache auszugehen: Kinder handeln so, wie sie es tun. Und Erwachsene bewerten diese Handlungen. Dabei fällt auf: Es sind häufig nicht die Handlungsmuster, die Eltern verunsichern. Es sind vielmehr die elterlichen *Meinungen* über die kindlichen Handlungsmuster, die verunsichern und beunruhigen. Beratung hat demnach die Aufgabe, Eltern und andere pädagogisch Handelnde zu einer angemesseneren, d.h. wirklichkeitsadäquaten Sicht der Dinge zu verhelfen.

Heiko, Martin, Niko, Paulo und Ronald, alle fast sechs Jahre alt, waren der Schrecken des Kindergartens. Schon am Morgen warten sie vor dem Kindergarten aufeinander. Sobald sie komplett versammelt sind, betreten sie den Kindergarten – «wie eine Gruppe Westernhelden», meint eine Erzieherin. Kaum haben sie den Gruppenraum betreten, fangen sie an zu rangeln, zu toben, zu schreien, «Theater zu machen». Laut und bewegt, nein: *sehr* laut und *äußerst* dynamisch geht es zu, die Nerven und Ohren der Erwachsenen werden strapaziert. Vorsichtige Eingriffe der Erzieherinnen: «Könnt ihr nicht mal leiser sein?», gehen im Getöse unter; Drohungen wie «Ihr fliegt raus, wenn ihr weitermacht» nehmen Heiko und Konsorten nicht mehr ernst, haben sie doch die Erfahrung gemacht, dass solche sprachlichen Attacken ihrer beiden «lieben» Erzieherinnen niemals wirklich durchgehalten werden. Heiko und Paulo haben zudem eine klassische Gegenstrategie entwickelt: Sollte es wirklich mal brenzlig werden, strahlen sie ihre Erzieherinnen mit ihren blauen bzw. braunen Augen an, umschnurren sie wie kuschelige Kater ... und schon ist der angekündigte Rausschmiss schnell vergessen. Was sie übrigens nicht daran hindert, hinterher mit dem Toben umso vehementer weiterzumachen. Hatte die «Fünfergang», wie man die Gruppe im Kindergarten auch umschrieb, voneinander genug, mischten die Jungen die anderen Kinder auf, zogen diese in ihr lautstark-impulsives Spiel mit ein. Besonders die Mädchen verhielten sich zwiespältig zur «Fünfergang»: Einerseits beklagten sie sich über Störungen und Angriffe, andererseits fanden sie es erregend und spannend, in das Spiel der Jungen einbezogen zu werden.

«Die machen mich einfach wütend! Die sind fürchterlich!», erklärt mir die Leiterin des Kindergartens, Pamela Schneider, als sie die Situation in einer Fachberatung vorstellt.

«Was tun Sie, damit die Kinder Sie wütend machen?», frage ich.

Ihre Augen verengen sich, sie runzelt ihre Stirn, ihre Stimme hat einen leicht ungeduldigen Klang: «Ach, jetzt bin ich auch noch schuld!»

«Wenn die Kinder Sie wütend machen, dann schicken Sie mir die Kinder her. Vielleicht finde ich mit ihnen eine Lösung für das Problem. Denn wenn die Kinder die Ursache für Ihre Wut sind, kann ich Ihnen nicht helfen!»

Sie schüttelt heftig den Kopf, meine Idee absolut ablehnend: «Aber, verstehen Sie mich, die sind fürchterlich. Die müssen Sie nur mal sehen, wie die sind.»

«Wie sehen die aus, Ihre Ungeheuer?», frage ich, und schmunzelnd erzählt mir Frau Schneider von «ihren Schlitzohren». Die Augen strahlen, als ob sie von einem Geliebten berichtet.

«Sie mögen die Kinder?»

«Ja. Aber wenn sie doch nur nicht so fürchterlich wären!»

Sie blickt hilfesuchend nach oben: «Ich weiß da nicht mehr weiter», erklärt mir Sonja Ehlers, ihre Kollegin, «sie machen mit uns, was sie wollen.»

Ich sehe die beiden an: «Die Kinder sind Geschenke für sie. Geschenke, die herausfordern!»

Die beiden Erzieherinnen schütteln den Kopf. «Geschenke?» Frau Schneiders Augen verengen sich zu einem kleinen Spalt: «Auf solche Geschenke kann ich verzichten!»

«Glaub ich nicht. Nehmen Sie die Fünfergang mal als Geschenk an!»

«Sie meinen, ich kann von diesen Kindern etwas lernen, neue Erfahrungen machen?»

«Das denke ich!»

Die beiden Erzieherinnen beginnen neugierig zu werden. Ihre angespannte Körperhaltung wird lockerer.

«Wie packen Sie Ihre Geschenke zu Hause ein?», frage ich.

Pamela Schneider überlegt. Sie zögert mit der Antwort. «Wichtig ist für mich eine große Schleife!»

«Welche Farbe?»

«Dunkelrot!» Ihre Kollegin Sonja Ehlers lächelt, obgleich

ihre Stimme noch einen leicht trotzigen Klang hat: «Meine Schleife ist blau!» Kurze Pause. «Aber jetzt sagen Sie uns endlich, was soll der Quatsch!»

«Sie sollen sich die ‹Fünfergang› zu Geschenken machen. Sie mit Schleifen einpacken.»

Die beiden Erzieherinnen brechen in Lachen aus: «Etwa richtig?» In ihr Lachen mischt sich Skepsis.

«Stellen Sie sich vor», sage ich, «morgen steht die Fünfergang vorm Kindergarten. Alle haben Schleifen im Haar, blaue und rote Schleifen, so wie Sie sie mögen. Und dann sagen Sie sich: ‹Das sind meine Geschenke.›»

Mit den Worten «Wenn's denn hilft!» erklären sich die beiden bereit, diese Phantasieübung, die zu einem veränderten Blickwinkel führen soll, am nächsten Morgen zu starten. Pamela Schneider und Sonja Ehlers stehen im Eingangsbereich des Kindergartens, sehen durch die Glastür nach draußen. Sie haben – wie sie später berichten – «mit einem Mal richtig Spaß an der Sache gehabt. Wir hatten richtigen Biss». «Mal sehen, was passiert», erinnert sich Sonja Ehlers. «Und schlimmer hätt's ja auch nicht werden können.»

Die «Fünfergang» versammelt sich. Niko und Ronald kommen als Letzte. Sonja Ehlers schmunzelt.

«Was hast du?» Pamela Schneider ist irritiert.

«Heiko hat 'ne Schleife ... Und Paulo ...» Sie hält sich die Hand vor ihren Mund. Ein ungläubiges Kichern ist zu hören: «Stell dir vor, die haben Schleifen im Haar ... Die haben wirklich Schleifen im Haar ...»

«Meine auch ... dunkelblaue ... Die passen sogar zu Heikos Haar. Der sieht richtig süß aus.»

Sie brechen in Lachen aus, das befreit klingt, so als purzelten Zentnerlasten an Spannung herunter.

Die «Fünfergang» kommt den Weg zum Kindergarten hoch –

in der Vorfreude auf einen actionreichen Vormittag und darauf, mit ihren «lieben» Erzieherinnen das bekannte Spiel in einer weiteren Variante zu erproben. «Unsere Geschenke kommen», Sonja Ehlers lächelt. «Wir sollten sie empfangen.»

«Eigentlich sind sie doch ganz süß … mit ihren Schleifen im Haar …» Strahlend, entspannt, ganz locker gehen die beiden auf ihre fünf Kinder zu. Die wiederum sind irritiert.

«Is' was?», fragt Paulo.

«Warum seid ihr so lustig?» Niko wirkt nachdenklich. Auch Heiko will nicht glauben, was er sieht; war er doch bisher genervt-gestresste Gesichter gewöhnt, wenn er den Kindergarten betrat.

Alle fünf bekommen einen freundschaftlichen Klaps auf die Schultern, Annahme signalisierend. Die fünf wirken konsterniert. Sie schauen sich gegenseitig an, die gewohnten Rituale scheinen mit einem Mal hinfällig zu sein. Als die Erzieherinnen Aufgaben an die fünf Kinder verteilen, um sie durch Verantwortung noch stärker einzubinden, machen diese sofort und bereitwillig mit. «Heut ist irgendwas anders», Ronald wirkt nachdenklich, wiegt seinen Kopf hin und her und weiß (noch) nicht, ob er darüber lachen soll oder sauer sein.

Der Vormittag verläuft so, wie die Erzieherinnen ihn sich bisher nicht vorzustellen trauten. Selbst als die «Fünfergang» eine Zeitlang Wirbel machte, betrachtete Pamela Schneider die «Störungen» mit anderen Augen: «Ich hab sie mir mit Schleifen vorgestellt. Und da konnte ich ihr Spiel eine bestimmte Zeit aushalten.» Und Sonja Ehlers ergänzt: «Sie haben irgendwann von alleine aufgehört.»

Diese Situation verdeutlicht, wie mit einer ungewöhnlichen Technik Grenzen gesetzt werden, dem Umdeuten von Situationen, um sie aus einer anderen Perspektive zu betrachten.

Dadurch gewinnt man Handlungsfähigkeit, überwindet seine Hilflosigkeit:

» Häufig sehen Eltern die Kinder unter einem eingeschränkten und negativen Gesichtspunkt: «Du raubst mir die Nerven ...» – «Du bringst mich ständig auf die Palme ...» Die Ursachen für die Probleme werden in andere Personen hineinverlagert, von denen man gerade dadurch abhängig wird. Erst macht man sich ein Bild von Kindern und deren Handlungen und presst dann die Wirklichkeit in diesen vorgefertigten Rahmen. Aus diesem Raster – z.B. «der Störer», «der Auffällige», «der Aggressive» ... – können die Kinder nur noch schwer ausbrechen. Und zugleich wird alles, was außerhalb des eigenen Rasters und des alltäglich Gewohnten ist, nicht mehr wahrgenommen. Eltern beklagen sich über ihre Kinder, Pädagogen über ihre Schüler in detaillierten Beschreibungen, die freilich eher Abstempelungen und Stigmatisierungen sind, z.B. hyperaktiv, phantasielos, konzentrationsgestört, spielunfähig.
Bei solchen Beschreibungen frage ich: «Was mögen Sie gerade an Ihrem Kind?», oder: «Wo hat denn der Schüler seine Stärken?» Dann folgt seitens des Anklägers nicht selten ein erstaunter Blick, ein längeres Schweigen, die Bitte um eine Denkpause – «Kann ich so schnell nicht sagen!» Manche Erwachsene fühlen sich ertappt, sogar erleichtert darüber, aus gewohnten Beobachtungsrastern gerissen zu werden.
Durch die Erweiterung des Blickfeldes tritt das Kind in seiner ganzen Persönlichkeit vor Augen, möglicherweise mit jenen Anteilen, für die man bisher blind war.

» Viele Erwachsene und Eltern bewerten – ich hatte darauf hingewiesen – nicht die Handlungen, die sie sehen, sie bewerten die Handlungen auf der Grundlage der Meinungen, die sie von diesen Handlungen haben – z.B.: Man schlägt sich nicht, man sagt keine Schimpfworte, man putzt sich die Zähne etc. Die Erzieherinnen lehnen in der oben beschriebenen Situation kindliche Störungen und damit einhergehende zerstörerische Aggressionen ab. Für sie sind diese Handlungen das Gegenteil von dem, was sie sich für ihre Arbeit wünschen. Sie wollen – zu Recht – ein ausgeglichenes und auf gegenseitigem Respekt aufbauendes Miteinander. Jede Handlung, die die Harmonie stört, wird deshalb negativ gedeutet, abgelehnt, abgeblockt, gemaßregelt. Und: Jedes Kind, das stört, wird auf der Basis eines bestimmten Beobachtungsrasters eingeordnet. Das Kind hat kaum Chancen, dieser Zuordnung zu entfliehen. Positive, konstruktive und soziale Persönlichkeitsanteile werden kaum wahrgenommen.

» Es geht bei der Veränderung der Wirklichkeitssicht nicht darum, Schuld anders zu verteilen – nach dem Motto: Nicht das Kind hat die Probleme, sondern die Erwachsenen, die mit dem Kind zu tun haben. Es kommt mir darauf an, dem pädagogisch Handelnden veränderte Perspektiven für sein Handeln zu geben. Solch eine Veränderung führt *möglicherweise* dazu, die Realität anders, d.h. angemessener zu betrachten, um so zu neuen Lösungen für problematische Konfliktsituationen zu kommen.

Als Ausgangspunkt für ein praxis- und lösungsorientiertes Handeln, für Aktionen im Hier und Jetzt ist die Annahme wichtig, dass die Kinder so handeln, wie sie handeln. Es ist bedeutsam, jene Spielregeln zu erkennen, nach denen Kinder ihre Handlungen vollziehen. Und daraus folgt weiter: Wenn die Ursachen für Auffälligkeiten außerhalb meiner Eingriffsmöglichkeiten liegen, dann kann ich störendes Verhalten von Kindern nur schwer ändern.

Wenn man sich jedoch als Teil des Gesamtsystems, z.B. der

Eltern-Kind-Beziehung, mithin als Teil des Spiels betrachtet, dann hat man die Lösungsmöglichkeiten selbst in der Hand. Man ist nicht mehr hilflos seinen Launen oder denen des Kindes ausgeliefert, man hält einen Dietrich – oder mehrere – in der Hand. Schon durch die gewandelte Sichtweise auf Kinder sind Veränderungen möglich, ohne dass die Ursache für das auffällige Verhalten der Kinder in seiner Gänze erkannt ist. Diese Vorgehensweise ist kein Patentrezept, aber sie ist *eine* Möglichkeit, um auf ungewöhnliche Weise einen Zugang zum Kind zu finden, seine Beziehung zu ihm neu zu definieren.

An der Situation der «Fünfergang» veranschaulicht: Nachdem die Erzieherinnen mit pädagogischen Maßnahmen keine passenden, d.h. von den Kindern akzeptierten Grenzen setzen konnten, weil die Maßnahmen ganz offensichtlich an der Realität der Kinder vorbeigingen, waren neue Spielregeln vonnöten. Die bisherigen brachten ausschließlich den Kindern Spaß: Sie wussten, wie sie ihre Erzieherinnen mit einem geringen Maß an Aufwand schnellstmöglich auf die Palme bringen konnten. Die «Erfolge» ihres Tuns waren an Gestik und Mimik von Pamela Schneider und Sonja Ehlers jeden Morgen abzulesen: Die Erzieherinnen wirkten angespannt, sobald sie die «Fünfergang» nur sahen. Daraus entstand eine sich selbst erfüllende Prophezeiung. Dann veränderten die Erzieherinnen ihren Blickwinkel und damit die Spielregeln. Als die Fünfergang das Gefühl hatte, mit all ihren Persönlichkeitsanteilen angenommen zu sein – und dazu gehören auch die ungekonnt-aggressiven –, wurde ihr altes Ritual überflüssig. Das Lachen der Erzieherinnen signalisierte ihnen auf eine andere Weise als bisher Zugehörigkeit und Angenommensein. «Und was hat das alles mit Geschenk zu tun?», fragte Pamela Schneider, als sie mir vom veränderten Verhalten der «Fünfergang» berichtete. «Auf solche Geschenke kann ich nämlich absolut verzichten.»

«Ich denke nicht», meine ich lachend. «Diese Fünfergang war ein Geschenk, weil Sie erfahren haben: Manche Problemlösungen liegen nicht außerhalb meiner Reichweite, ich trage die Lösung in mir. Ich kann sie erkennen, wenn ich will. Aber manchmal bin ich blockiert, und dann brauche ich ein Geschenk – mit dunkelroten Schleifen.»

Kapitel 6
Mitgefühl! Nicht Mitleid!

«Ich kann», so eine Leserin in einem Brief, «nicht zwischen Mitleid und Mitgefühl unterscheiden! Ich komme mir absolut hart und ungerecht vor, wenn ich kein Mitleid zeige. Warum ist Mitleid eine für Kinder so problematische Haltung? Was ist denn an Mitgefühl produktiver?»

Konstantin war knapp fünf Jahre, als seine Mutter plötzlich starb. Er wollte ihren Tod nicht wahrhaben, zog sich dann im Kindergarten von anderen Kindern zurück, saß, wie die Erzieherinnen beobachteten, «nur so da, traurig, verlassen». Konstantin schien unansprechbar, isoliert, kam gleichwohl gerne am Morgen in die Einrichtung.

Die anderen Kinder versuchten, ihn auf ihre Art zu trösten: Sie gingen zu ihm, wollten mit ihm reden, sie boten ihm Spiele an. Konstantin lehnte den Zuspruch meist ab.

Ein «armes Kind, das schon viel mitgemacht hat», dieses Bild nistete sich in den Köpfen der Erzieherinnen, aber auch der anderen Eltern ein. Und je mehr sich die Erwachsenen um Konstantin bemühten, umso intensiver entwickelte sich seine stille Blockade. Konstantin zog sich mehr und mehr zurück, die Puppenecke oder die Kuschelmatratze waren seine Lieblingsplätze.

Nach vielen Wochen löste sich Konstantin aus seiner Einkapselung, ging wieder auf die Kinder, aber mehr noch auf seine Erzieherinnen zu – allerdings in einer Art und Weise, die diese nicht erwartet hatten. Mal trat er kräftig und schmerzhaft zu, mal biss er Kinder, mal kniff er sie, mal ließ er eine Kanonade übelster Schimpfworte los.

Das Kindergartenteam ignorierte zunächst – durchaus angemessen – sein Verhalten. Doch als das Ignorieren nicht half, Kinder fragten, was Konstantin denn wohl habe, versuchte man

Grenzen zu setzen etwa mit folgenden Formulierungen: «Wir sind so nett zu dir, und du bist so!», «Das musst du nicht machen! Was soll das?», «Das macht man nicht!» Auch dies nutzte nichts, vor allem deshalb, weil Mimik, Gestik und Stimmklang der Erzieherinnen Halbherzigkeit ausdrückten: «Der Junge hatte so schlimme Erfahrungen gemacht», berichtet eine Erzieherin, «da konnte ich nicht laut werden, konsequent sein.»

«Und», so ergänzt ihre Kollegin, «an Konsequenzen habe ich niemals gedacht. Die wären mir nicht in den Sinn gekommen. Sie hätten dieses traurige Kind mal sehen sollen, wenn ich nur ganz leise geschimpft habe!»

Konstantins zerstörerisches Verhalten steigerte sich. Er verletzte andere Kinder, zerriss ihre Zeichnungen, zerstörte Basteleien, trat Eltern vors Schienbein, wenn diese ihre Kinder abholen wollten.

Man brachte Konstantin eine schier unvorstellbare Geduld entgegen, weil man ihn als Opfer betrachtete und jede seiner Handlungen stillschweigend mit dem Tod seiner Mutter entschuldigte. «Da kann man nichts machen. Das gibt sich schon!»

Über Monate zogen sich Konstantins Versuche hin, angemessene (!), eben nicht verständnisvoll-tolerierende Aufmerksamkeit zu bekommen – aus seiner Sicht vergeblich. Zwar reagierten die anderen Kinder, die Erzieherinnen und die Eltern zunehmend ungeduldig und gereizt, aber letztlich blieb Konstantin ein Opfer, das es zu bemitleiden galt. Bis er die Notbremse zog: Als er knapp sechs Jahre war, ließ er sich mittags im Kindergarten einschließen, setzte diesen durch eine geschickte Manipulation der Dusche unter Wasser, beschmierte Tapeten und Tische mit Farbe, hinterließ an drei Stellen kleine Häufchen mit Kot, seine Duftmarken sozusagen, kurz: Er inszenierte im Kindergarten ein totales Chaos. Zur Rede gestellt, stritt Konstantin nichts ab. Auf den Vorwurf seiner Erzieherin: «Wir waren so lieb zu dir, haben alles für dich gemacht. Warum tust du so was?», streckte er allerdings die Zunge heraus, trat ihr kräftig auf die Füße und meinte: «Blöde Kuh!»

Eine andere Geschichte. Tom, sechseinhalb Jahre, erlebt eine durch Misshandlung und Zurichtung gekennzeichnete Kindheit: Er wird vom Vater geschlagen, getreten, er wird in eine mit kaltem Wasser gefüllte Wanne gedrückt, wenn er nicht gehorcht. Tom muss in lumpigen, dreckigen Kleidern zur Schule, ihm werden die Haare kurz, fast glatzenartig geschnitten. Die Eltern verweigern ihm sogar Essen und Trinken – besonders dann, wenn er ihre Erwartungen an schulische Leistungen nicht erfüllt hat.

Toms Klassenlehrerin reagiert spontan, als sie von der Situation erfährt. Sie redet mit den Eltern, will Änderung – und als sie diese nicht erreicht, setzt sie die Eltern unter Druck, droht mit dem Jugendamt. Der zuständige Sachbearbeiter bleibt jedoch untätig, denn die Eltern tun die Vorwürfe der Lehrerin und Toms Schilderungen als Hirngespinste ab. Während sie Tom als «Lügner, der er schon immer war» bezeichnen, stellen sie sich als strenge, aber liebevolle Eltern dar – «Uns rutscht schon mal die Hand aus! Aber dann entschuldigen wir uns!» – und finden beim Amt durchaus Verständnis.

Tom reagiert auf die Eingriffe seiner Lehrerin anders, als diese erwartet hatte: Er erzählt nichts mehr von seinem häuslichen Elend. Er verweigert sich, distanziert sich. Durch die Gespräche der Lehrerin verstärkte sich der elterliche Druck auf Tom. Sie hatten harte Strafen angedroht, falls er sich der Lehrerin weiterhin öffnen sollte.

«Was soll ich nur machen?», fragte mich die Lehrerin verzweifelt.

«Tom ist so ein armes Würstchen. Der hat keinen, der ihm hilft.»

«Lassen Sie die Elterngespräche», antworte ich sehr bestimmt. «Konzentrieren Sie sich auf Tom. Geben Sie ihm Energie. Ich denke, er ist kein kleines Würstchen. Er kann sich selbst helfen, wenn Sie ihm das vermitteln!»

«Aber ich bin doch nur drei Stunden mit ihm zusammen. Der geht drauf, wenn ich nicht helfe.»

«Sie gehen drauf mit Ihrer aufopferungsvollen Haltung, mit dieser spontanen Helfermentalität. Sie gehen mit unter, wenn Sie seine Retterin sein wollen. Zeigen Sie Tom, wie er schwimmen kann.» Toms Lehrerin insistiert weiter: «Aber er ist noch zu klein dazu!»

«Bei den Eltern ist er Opfer, bei Ihnen ist er es auch. Er ist Opfer Ihrer engagierten Bemühungen. Aber Tom ist auch Gestalter seiner Welt, er ist ein Kind, das handelt. Machen Sie ihn *handlungsfähig*, indem Sie ihm eine *emotionale* Stütze sind.»

Die Lehrerin begann, über ihre Position nachzudenken. Sie war zwar nicht völlig überzeugt, sah aber auch: Der bisherige Weg hatte sie zunehmend kraft- und mutlos gemacht. In den folgenden Tagen sprach sie mit Tom, erklärte ihm ihr Vorgehen: Sie würde keine weiteren Gespräche mit den Eltern führen. Er könne während der Schulzeit jederzeit zu ihr kommen, um mit ihr zu reden, wenn er einen Gesprächspartner bräuchte.

«Und du redest wirklich nicht mit meinen Eltern?» Skepsis schwang in seinen Worten mit.

«Ich verspreche es dir!»

Tom akzeptierte das Vorgehen seiner Lehrerin. Obgleich die erniedrigende Situation zu Hause unverändert fortbestand, veränderte sich Toms Verhalten in der Schule: Er baute einen sehr intensiven Kontakt zur Lehrerin auf. Zwar hatte sie ihm ihre Telefonnummer gegeben, doch machte Tom keinen Gebrauch davon.

Er suchte vielmehr Kontakt zu drei anderen Jungen seiner

Klasse, die in seiner Nähe wohnten. Dort verbrachte er große Teile des Nachmittags. Toms schulische Leistungen blieben konstant – nicht überragend, aber auch nicht unterdurchschnittlich –, obgleich er «häufig», wie seine Lehrerin beobachtete, «tagelang nur so vor sich hin starrte, sich in die Ruheecke zurückzog oder gedankenverloren wirkte».

Toms Lehrerin empfand sehr widersprüchliche Gefühle während dieser Zeit: «Für mich war es schwierig, mich an die Absprache zu halten. Ständig diese Gedanken an das arme Kind, dass ich helfen muss. Aber ich hab's geschafft, weil Tom mir half. Er zeigte mir, das tut mir gut, wie du mit mir umgehst. Du nimmst mich ernst. Und ich merkte allmählich, wie er alleine zu gehen begann. Ich sah, ich bildete es mir nicht ein, wie er in kleinsten Etappen selbständiger wurde. Er zeigte mir, ich kann alleine. Er hatte, ich wollte es nicht glauben, offensichtlich eine Art gefunden, seine häuslichen Erfahrungen zu verarbeiten.

Ich glaube, er hat gelernt, sich anders zu sehen. Er hat unbewusst erfahren, ich kann mir helfen, ich bin nicht abhängig.

Und mir machte das Mut, mit meinem Stil weiterzumachen. Ich hab zwar ständig die Schiene übers Jugendamt versucht, aber mir war klar, die Lösung kommt nicht von dort. Tom durchschlägt den gordischen Knoten selbst.»

Als Tom das dritte Grundschuljahr fast beendet hatte, er war zu diesem Zeitpunkt zehn Jahre alt, erschien er eines Donnerstags nicht zur Schule. Am Nachmittag klingelte bei der Lehrerin das Telefon. Tom meldete sich. Er erklärte, er habe sich versteckt, komme erst wieder, wenn man für ihn einen Platz in einem Kinderheim garantieren könne. «Ich geh nicht mehr nach Hause. Ich habe keine Eltern mehr. Mir geht es gut. Alles wird gut», sagte er zum Abschluss des Gesprächs. Und dann fügte er hinzu: «Mach dir keine Sorgen.» Tom hatte sich – wie sich später herausstellte – mit der Hilfe eines Freundes in einer komfortablen Waldhütte versteckt, wurde von ihm mit Nahrungsmitteln versorgt.

Die Lehrerin informierte umgehend Jugendamt und Polizei. Dies hatte sie Tom gesagt und darauf hingewiesen, er möge sich gleichfalls dort melden. Eine große Suchaktion lief an, man suchte Tom über Zeitung und Rundfunk. Doch vergeblich. Tom rief bei der Polizei an. Ein Polizist wollte Tom überzeugen, sein Versteck zu verlassen. Als dies nicht gelang, versprach er zu helfen. Man fand schnell einen Platz in einer ambulanten Wohngruppe, doch konnte dieser erst nach einigen Wochen belegt werden. Man teilte dies Tom mit, als er sich Tage später wieder bei der Polizei meldete.

«Bis dahin musst du zu Hause bleiben.» Eine Stunde später verließ Tom seine Hütte und ging zur Polizei, ließ sich nach Hause fahren. Dort empfing man ihn mit einer Mischung aus Eiseskälte und Vorwürfen. Tom wirkte stark und unantastbar, selbstbewusst und stolz, als er tags darauf in die Schule kam.

Er war ein «kleiner Held», wie es eine Schülerin ausdrückte.

Nach drei Wochen erhielt er den versprochenen Platz in der Wohngruppe in einer entfernten Stadt. Am letzten Schultag kam er mit einem Blumenstrauß, überreichte ihn der Lehrerin. Im Strauß lag zerknittert ein kleiner weißer Zettel, darauf waren drei Blumen gemalt und das Wort «Danke!».

Zwei Geschichten mit unterschiedlichen Verläufen, zwei Geschichten mit ganz verschiedenen Haltungen der Erwachsenen: Konstantin wird bemitleidet. Man betrachtet ihn als Opfer, unfähig, selbstbewusst zu handeln. Die Erwachsenen wollen seine Probleme für ihn lösen, sie halten es nicht aus, dass er traurig und verzweifelt ist. Durch übertriebene Nähe und Zuwendung will man ihn fröhlich stimmen, damit er – wie die Erzieherinnen sagen – «auf andere Gedanken kommt». Als er dann durch seine Störungen – unbewusst – darauf hinweisen will, wie unangemessen er dies Verhalten findet, er wirkliche Aufmerksamkeit, aber keine Bemitleidungen bräuchte, als er durch weitere Regelverletzungen wie verzweifelt um Hilfe schreit, fühlt er sich immer noch nicht angenommen. Die wohlmeinenden Erwachsenen entwickeln Verständnis für jede seiner Störungen, anstatt diese durch klare Grenzziehung zu unterbinden.

Ganz anders Toms Geschichte. Auch hier bringt Toms Erziehung, die seine Eltern als Stahlbad und Zurichtung missverstehen, die Lehrerin in eine – durchaus verständliche und nachvollziehbare – Mitleidshaltung. Dieser Blickwinkel hilft Tom jedoch nicht, im Gegenteil: Er erlebt, wie seine Lehrerin Kontakt zu den Eltern aufnimmt, und er deutet dies als eine gegen ihn gerichtete Koalition. Er kapselt sich ab, wirkt hilflos, fühlt sich nun auch von der einzigen Vertrauensperson alleingelassen. Als die Pädagogin Tom anders sieht, wird die Beziehung zwischen ihm und ihr auf eine neue, gefühlsmäßig stabile Basis gestellt. Aus ihrer bemitleidenden Haltung wird eine Haltung des Mitgefühls. Sie betrachtet ihn als Subjekt, als eigenständigen Gestalter seiner Situation. Sie gibt ihm Nähe, vermittelt ihm Sicherheit, sie ist seine Reling, sein Geländer – gehen, laufen oder stehen bleiben kann Tom allein.

Und ein weiterer Gesichtspunkt kommt hinzu: Sie traut Tom zu, seine Geschicke zu bestimmen und zu verändern, ohne ihn zu überfordern. Sie lässt sich auf Toms Tempo, sein Problem eigenständig anzugehen, ein. Sie lernt, ihn so anzunehmen, wie er ist, vor allem denkt sie nicht daran, was Tom wohl alles passieren könne, wenn sie nicht mehr seine Lehrerin ist.

«Das fiel mir am Anfang schwer», erinnert sie sich, «weil ich dachte, was aus ihm wohl in ein paar Jahren wird. Aber damit setzte ich mich unter Druck und ihn wohl auch. Das war's genau, was mich am Anfang hilflos machte. Und in dem Maße, wie ich hilflos wurde, machte ich ihn auch unselbständig.»

Indem die Lehrerin Tom loslassen konnte, entwickelte er Selbstvertrauen und eigene Fähigkeiten. Das Mitgefühl – «Ich bin bei dir!», «Ich gebe dir Unterstützung, aber gehen kannst du!», «Du kannst meine Hand nehmen, wenn du sie brauchst!» – baute Tom auf, ließ Kreativität, Phantasie und Handlungsmöglichkeiten entstehen.

Wer Kinder demgegenüber bemitleidet, macht sie von sich, seinen Fähigkeiten, seinen Gnaden abhängig; wer Kinder bemitleidet, verstärkt sie in ihrer Opferhaltung, ihrer Hilflosigkeit. Wer Kinder in einer Mitleidshaltung gegenübertritt, achtet sie nicht als Persönlichkeit.

Konstantin wollte in seiner Trauer, in seinem Zorn, in seiner Wut, die der schmerzliche Verlust seiner Mutter ausgelöst hatte, nicht blindes Verständnis, er sehnte das Gefühl herbei, angenommen zu sein – wie jedes andere Kind auch. Mitleid nimmt Kinder nicht ernst, es macht ihr Leiden nur intensiver, lässt Hilfeschreie schriller werden. Wird dies verkannt, bleibt dem Kind nichts weiter übrig, als so lange um Aufmerksamkeit zu buhlen, bis die Erwachsenen zum Handeln verpflichtet sind.

Krisensituationen, Konflikte und Probleme lassen sich im Alltag von Kindern nicht vermeiden. Und dies selbst dann nicht, «wenn man es noch so gut meint». Kinder leben in einer Welt voller Konflikte, voller Krisen und Widersprüche. Und auch die kindliche Entwicklung ist voll von Krisen, Umbrüchen, Reibungen und Mehrdeutigkeiten. Wenn dies schon nicht zu verhindern ist, haben Kinder zumindest ein Anrecht darauf, als Subjekte respektiert und geachtet zu werden. Was das Kind mehr denn je braucht, ist Hilfestellung und Unter-Halt, das Mitgefühl einschließt. Kinder brauchen in Krisensituationen das Vertrauen und die Sicherheit, sich mit all ihren Sorgen, Traurigkeiten und Schmerzen angenommen zu *fühlen.* Mit der Gewissheit um Halt hält ein Kind Enttäuschungen und Frustrationen aus. Mitleid dagegen schwächt. Es hilft dem Kind nicht, selbstbewusst und eigentätig ein Problem anzugehen. Mitleid unterschätzt das Kind in seinen schöpferischen Fähigkeiten, Krisen zu bewältigen.

Bei Problemen, die sich aus gesellschaftlichen Rahmenbedingungen ebenso ergeben können wie aus individuellen Entwicklungsprozessen, hilft Mitgefühl. Mitgefühl stärkt.

Mitgefühl bietet Hilfe an, weil es zur Selbsthilfe führt.

Mitgefühl meint, sich in Betroffene einzufühlen, Mitgefühl ermutigt, Probleme anzugehen, sich ihnen zu stellen, nicht vor Problemen davonzulaufen oder sich zu entziehen. Das Mitgefühl gibt Verantwortung zurück, es vermittelt ein: «Du kannst es schaffen! Ich gebe dir Halt, wenn du ihn brauchst!»

Kapitel 7
Konsequenzen sind keine Strafen!

«Sind Konsequenzen nicht doch auch Strafen? Erpresst man die Kinder nicht mit der Wenn-dann-Formulierung? Kinder haben bei Konsequenzen doch auch keine wirkliche Chance, sich zu entscheiden. Erwachsene bestimmen doch immer!»

Michaela Geiger hatte mit ihrem fünfjährigen Robert einen ganzen Nachmittag lang gespielt, hatte sich intensiv um ihn gekümmert. Die Zeit verlief sehr harmonisch. Man vereinbarte, noch fünf Minuten zu spielen. Robert war einverstanden: Als Michaela Geiger das Spiel beenden wollte, bettelte Robert weiter, zögerte mit Weinerlichkeit und Traurigkeit das Ende immer aufs Neue hinaus. Die Mutter wurde ungeduldiger, die bisher ausgeglichene Stimmung drohte umzuschlagen. Als Robert sie wieder einmal mit den Worten nötigte: «Du hast mich nicht lieb», flippte sie, wie sie sich später erinnert, «völlig aus!».

«Was hast du gesagt?», schrie sie mit sich überschlagender Stimme. Robert streckte die Zunge heraus, murmelte einige Worte, die Michaela Geiger nicht genau verstand. Dann schaute Robert seine Mutter an: «Du spielst nie mit mir! Du magst mich nicht!»

Sie springt auf, reißt ihren Sohn vom Stuhl hoch: «Gut, dann such dir 'ne andere Mutter!» Sie ist außer sich. «Und ich will dich hier nicht mehr sehen. Hau ab! Hau ab! Zieh doch aus!» Sie zieht ihn ins Kinderzimmer.

«Los, pack deine Sachen!» Michaela Geiger sieht Roberts kleinen Rucksack in der Ecke des Zimmers liegen, reißt ihn hoch. Robert steht die ganze Zeit wie versteinert herum, unfähig, ein Wort zu sagen. Er ist starr vor Schreck, schockiert über seine Mutter, die die Kommode aufzieht, Pullover, Hosen, Strümpfe,

T-Shirts, alles mehr oder minder wahllos herauszieht, um sie in den kleinen Kinderrucksack zu stopfen.

«Mama!» Roberts Stimme klingt zaghaft.

«Halt die Klappe!» Der Satz kracht wie ein Hieb auf Robert nieder. Er schweigt.

«So, nun komm!» Sie zieht ihn am Arm.

«Ich bring dich jetzt zur Bushaltestelle, und dann fährst du in ein Kinderheim!»

«Nein! Nein! Nein!» Robert erstarrt, setzt sich auf den Boden, legt sich hin. Mit beiden Beinen klammert er sich am Bettgeländer fest. Seine Mutter zieht und zerrt, schreit: «Kommst du endlich. Ich schmeiß dich raus!»

«Ich will doch lieb sein! Nicht ins Heim! Ich will immer lieb sein! Nicht ins Heim! Bitte, Mami, nicht ins Heim!» Roberts Stimme hat einen flehenden Klang. Aber die Mutter lässt ihm keine Chance. Je mehr er sich anklammert, umso heftiger zieht sie – bis er laut vor Schmerzen aufschreit. Sein linker Arm hängt ungelenk herunter, er ist – wie sich später herausstellt – ausgekugelt.

«Da bin ich wieder zur Besinnung gekommen. Als ich Robert da hab liegen sehen, bin ich zusammengebrochen und hab nur noch geheult!»

Das ist eine – sicher sehr drastische – Situation, die aber das Prinzip der Strafe verdeutlicht:

1. Viele Erwachsene warten mit dem Grenzensetzen sehr lange, obgleich sie spüren, Klarheit und Festigkeit sind für eine weitere Klärung der Situation mehr als überfällig.
2. «Gute» Worte setzen keine Grenzen – vielmehr ist ein Handeln notwendig, das sich am Kind und seinen Möglichkeiten orientiert. Wird nicht gehandelt, so erzwingt das Kind dies, indem es seine Störungen fortsetzt. Wird nicht rechtzeitig eingegriffen, kann sich aus der langen Leine, dem Langmut,

der stillschweigenden Duldung eine impulsive Strafaktion entwickeln, die manchmal physische und psychische Verletzungen nach sich zieht.

3. Strafen ändern nichts am störenden Verhalten des Kindes.

Strafen mögen zwar *kurzfristig* eine Situation beenden – «Wenn du jetzt nicht aufhörst, dann werd ich böse!» – oder ein Resultat zeitigen: «Wenn du jetzt nicht Hausaufgaben machst, gibt's kein Fernsehen!» Das ist aber nur ein kurzzeitiges Erfolgserlebnis, denn durch Strafen werden Kindern keine Möglichkeiten aufgezeigt, das störende Verhalten zukünftig anders, vor allem selbständiger zu lösen.

Elterliche Strafaktionen, die ein Kind als Erniedrigung empfindet, führen entweder zu dem Wunsch, sich durch weitere Störungen an den Eltern zu rächen, oder aber zu überangepasstem Verhalten, um sich vor impulsiven elterlichen Strafaktionen zu schützen.

In «Kinder brauchen Grenzen» habe ich an vielen Alltagssituationen – Bummelei, Aufräumen, Schlafengehen, Situationen beim Essen – die Notwendigkeit von Konsequenzen aufgezeigt, wenn abgesprochene Grenzen übertreten werden.

Nina Karl, Mutter der zehnjährigen Nicole, hatte Ärger mit dem Chaos in ihrem Zimmer. Durch klare Absprachen erreichte sie es, dass das Chaos sich zumindest nicht in der gesamten Wohnung ausbreitete. Die Mutter hatte einen «Zaubersack» genäht. Dann informierte sie ihre Tochter: «Alles, was am Morgen unaufgeräumt in der Wohnung herumliegt, kommt in den Zaubersack. Der wird erst nach einer Woche wieder geöffnet. Dann bekommst du deine Sachen zurück. Aber nicht vorher. Wie es in deinem Zimmer aussieht, das ist mir zwar nicht egal. Aber ich werde nicht hineinschauen.» Nicole akzeptierte den Zaubersack. Am nächsten Tag war alles aufgeräumt, am übernächsten

Tag lagen Nicoles Lieblingsjeans und -pullover achtlos herum. Die Mutter ließ sie im Zaubersack verschwinden. Am dritten Morgen suchte Nicole verzweifelt ihre beiden Kleidungsstücke.

Die Mutter erklärte ihr die Situation, Nicole «flippte völlig aus», wollte nicht in die Schule. Nina Karl blieb, wie auch in den folgenden Tagen, konsequent. Als Nicole die Festigkeit ihrer Mutter spürte, änderte sich schnell ihr Handeln.

Zur Absprache gehörte, dass Nicole im eigenen Zimmer ihre eigene Ordnung behalten konnte. Und dies bedeutete – aus der Sicht der Mutter – Chaos. Nicole liebte ihre Anarchie, für sie bedeutete das Gemütlichkeit. Die Mutter akzeptierte dies eine Zeitlang, aber dann «wurde es mir zu bunt. Nicole ließ ihre Sachen, ihre Kleidungsstücke überall herumliegen ... Die zerknitterten, waren schnell dreckig. Ich war ununterbrochen am Waschen und am Bügeln». Sie setzte sich mit Nicole zusammen: «Nicole, ich möchte, dass du wenigstens deine Kleidung in deinem Zimmer ordentlich behandelst. Ich bin nicht deine Waschfrau.

Kleidungsstücke, die am Boden in deinem Zimmer liegen, die deshalb verschmutzen, zerknittern und die du dann nicht mehr anziehen magst, wasche und bügle ich nicht mehr!»

Nicole widersprach der Beobachtung ihrer Mutter entschieden, ließ sich dann aber auf die Abmachung ein.

Zwei Wochen lang achtete Nicole darauf, ihre Hosen, Blusen und Pullover pfleglich zu behandeln. Dann ging der Schlendrian wieder los. Sie legte die zerknitterten, verschmutzten Sachen in den Wäschekorb, um sie von der Mutter säubern zu lassen.

Nina Karl sortierte Nicoles Sachen aus, erinnerte ihre Tochter an die Abmachung.

Eines Morgens kam Nicole zur Mutter: «Ich hab nichts mehr anzuziehen!»

«Zieh das an, was du noch hast!» Nicole schaltete auf stur.

Sie ging in den nächsten vierzehn Tagen in den immergleichen «Klamotten», wie die Mutter feststellte, in die Schule. Nina Karl schmunzelt: «Das war das Schwerste: Was denken wohl die anderen? Bin ich eine Rabenmutter? Und stinkt meine Tochter auch nicht?»

Zudem provozierte Nicole ihre Mutter in den nächsten Tagen mit ihrem Aussehen. «Die dachte wohl, ich halte das nicht aus. Aber ich bin standhaft geblieben. Ich spürte intuitiv, das kannst du durchhalten, und deshalb hat's auch geklappt!»

Nach vierzehn Tagen ging Nicole an den Wäschesack, holte ihre Kleidungsstücke heraus, wusch sie.

«Kannst du mir was bügeln helfen?» Sie schaut ihre Mutter an: «Das kann ich nicht so gut.»

«Klar helfe ich dir!»

«Wir haben das zusammen gebügelt», erinnert sich Nina Karl, «dabei haben wir nochmals über die Situation geredet.»

«Mama, du bist viel strenger geworden. Das hätte ich nicht gedacht von dir!»

An dieser Situation kann der Unterschied zwischen Strafe und Konsequenz anschaulich verdeutlicht werden: Die *Strafe*

- baut auf Anpassung und Gefallsucht
- macht veränderte Handlungsmuster von der Anwesenheit der Bezugspersonen abhängig
- erzeugt Schuldgefühle beim Kind, das Gefühl «Ich bin böse!», und bei den Eltern «Ich erziehe schlecht!»
- führt zu einer Rationalisierung der elterlichen pädagogischen Aggression: «Wenn mein Kind brav wäre, könnte auch ich gut sein!»
- hat jedoch nicht selten Rache- und Vergeltungsphantasien der Kinder zur Folge.

Konsequenzen stehen in grundsätzlichem Zusammenhang

mit dem Tun des Kindes. Sie stellen natürlich Folgen dar, die beim Kind Einsicht wecken sollen.

» Konsequenzen müssen dem Kind *vor* der Grenzüberschreitung klar sein. Das Kind hat die Freiheit: Es kann Grenzen respektieren, Absprachen einhalten, dann treten die Konsequenzen nicht in Kraft. Überschreitet ein Kind Grenzen, missachtet es Absprachen, dann weiß es um die Konsequenzen.
» Auch die Konsequenzen argumentieren mit einer «Wenn-dann»Formulierung. Ähnlichkeiten zur Strafandrohung sind *sprachlich* unverkennbar. Gleichwohl hat die «Wenn-dann»-Verknüpfung bei der Konsequenz einen anderen Zusammenhang. Konsequenz baut darauf auf, dass Kinder an der Beseitigung von Störungen mitarbeiten *wollen.* Bei Konsequenzen geht es nicht um Schuld und Sühne, sie bauen auf einer partnerschaftlichen Erwachsenen-Kind-Beziehung auf, einer Partnerschaft, die Freiheit und Gleichwertigkeit nicht mit Grenzenlosigkeit und «Gleichmacherei» verwechselt.
» Konsequenzen bauen auf gegenseitigem Respekt auf, sie wollen Lösungen durch Einsicht. Konsequenzen haben ein positives Bild vom Kind: Sie gründen darauf, dass Kinder nur dann stören, wenn sie über konstruktive Aktionen *keine* Aufmerksamkeit bekommen.
» Konsequenzen werden in ruhigem Ton formuliert. Dies ist möglich, weil sie im Vorhinein abgesprochen werden.

In folgenden Schritten lassen sich gemeinsam mit dem Kind Konsequenzen entwickeln:

1. Dem Kind wird das Problem beschrieben, die Sachlage dargestellt. Dabei ist auf Ich-Botschaften zu achten.
   Beschuldigungen – «Du bist schlecht!» – sind ebenso zu ver-

meiden wie unzulässige Verallgemeinerungen – «Du machst nie …».

2. Es ist wichtig, dass das Kind die Situation aus seiner Sicht darstellen kann. Aber Verständnis für die Situation des Kindes bedeutet nicht Akzeptanz. Deshalb: Durch Erklärungen der Kinder – «Andere sind schuld» –, durch Beteuerungen – «Ich mache nie mehr …!» – sollte man sich ebenso wenig ablenken lassen wie durch Beleidigungen oder Nötigungen.
3. Die Konsequenzen werden mit Nachdruck aufgezeigt. Dabei müssen Erwachsene sich vergewissern, dass dem Kind die Konsequenzen klar sind. Ein wichtiges Prinzip ist: Die Konsequenzen müssen von den Eltern eingehalten werden. Deshalb sollten sie sich vorher vergewissern, ob die dem Kind angebotenen Konsequenzen sowohl praktisch wie gefühlsmäßig durchzuhalten sind. Sollte das nicht möglich sein, ist nach Konsequenzen zu suchen, die lebbar sind, ohne dass man sich oder die Kinder überfordert.

Die Vielschichtigkeit, mit der man Konsequenzen im pädagogischen Handeln einsetzen kann, macht die nächste Geschichte deutlich.

Gerlinde Tauber, alleinerziehend, besucht mit Mario, sieben Jahre, «gerne mal das Chinarestaurant».

«Aber», so erzählt sie, «das ist in letzter Zeit der absolute Stress.» Sie schildert eine Situation. Kaum hat sie das Lokal betreten, sich an den Tisch gesetzt, schaut Mario sich kurz nach allen Seiten um, lächelt. Seine «Zuschauer» sind ganz offensichtlich schon anwesend.

Während Gerlinde Tauber in der Speisekarte blättert, hat sich Mario bereits entschieden: Er will eine Frühlingsrolle. Deshalb nimmt er unterdessen die Essstäbchen, spielt damit.

«Schau mal, wie Mikado.» Die Mutter blickt weiter in die

Karte. «Schau mal», beharrt Mario. Als er keine Aufmerksamkeit bekommt, stochert er mit den Stäbchen in den Blumen.

«Mario!» Gerlinde Taubers Stimme klingt bestimmt. Doch Mario hört nicht auf, er führt die Stäbchen unter die Vase, die eine Schieflage bekommt.

«Mario, hör auf!» Zögerlich nimmt er die Stäbchen zurück, stupft nun seine Mutter damit.

Kurze Ruhepause, als der Kellner die Bestellung entgegennimmt.

Dann setzt er das Spiel mit den Stäbchen fort. Das ständige «Mario!» beendet nichts. Als es Gerlinde Tauber irgendwann zu bunt wird, entreißt sie ihrem Sohn sein «Spielzeug».

«Aua, du tust mir weh!», schreit er auf. Er klingt weinerlich, schaut seine Mutter wehklagend an, seine Oberlippe ist auf die Unterlippe gepresst, sein Kopf in die Hände gestützt – ganz beleidigte Leberwurst.

«Wie häufig muss ich dir noch sagen, du sollst dich im Lokal benehmen. Zu Hause geht das am Esstisch ja auch!» Er drückt ein paar Tränen heraus. Die Mutter versucht, ihn aufzumuntern, will ihn ablenken. Er ist gut in Form, während sie eine schlechte Tagesform hat. Er nimmt andere Stäbchen, hantiert damit herum, sie lässt ihn, «um bloß Ruhe zu haben. Die anderen Gäste schauten schon zu unserem Tisch herüber». Als die Getränke kommen, benutzt Mario die Stäbchen dazu, um damit in seiner Brause Wellen zu machen. Das Glas kippelt, die Mutter fängt es im letzten Moment noch auf.

«Mario!» Gerlinde Taubers Stimme klingt hart. Mario hört jedoch nur kurz auf, macht dann unverdrossen mit neuem Schwung weiter.

Das «Lass das!», «Hör bitte auf!», «Kannst du dich denn nicht benehmen?», «Muss ich dir alles tausend Mal sagen?» überhört Mario. «Muss ich denn erst richtig böse werden?», fragt die

Mutter drohend. Doch Mario macht weiter, so als wolle er «Au, ja!» ausdrücken.

«Oder müssen wir erst vor die Tür gehen?» In Marios Augen scheint wieder ein «Au ja!» aufzublitzen, in seiner Körperhaltung ein «Gleich hab ich sie so weit!» durchzuscheinen. Noch ist es nicht so weit.

Erst kommt noch die Frühlingsrolle, Mario spielt weiter mit dem Glas und seinen Stäbchen, will nun aber aufhören, stellt sich dabei ungeschickt an, das Glas fällt um, der Inhalt ergießt sich auf seinen Teller und über die Frühlingsrolle. Mario zuckt zusammen.

«Ich hab's dir ja gesagt!» Gerlinde Tauber ist sauer. «Nun isst du das gefälligst auf!», meint sie bestimmt. Mario sitzt beleidigt und stocksteif da, schaut wehleidig drein, rührt nichts von der durchnässten Frühlingsrolle an. Der Kellner kommt, bringt Mario eine neue Frühlingsrolle. Er hat es gut gemeint, die Mutter ist sauer: «Das wär doch nicht nötig gewesen. Wer sich wie ein Schwein benimmt, muss wie ein Schwein essen!»

So etwas lässt sich Mario nicht gefallen, solche Sätze lassen ihn vielmehr zur Hochform auflaufen. Mit funkelnden Augen blickt er die Mutter an, greift mit beiden Händen nach der Rolle und schmeißt sie der Mutter auf ihren Teller. Das Bierglas kippt um, der Inhalt ergießt sich über Gerlinde Taubers Rock. Sie springt instinktiv auf, reißt ihren Sohn vom Stuhl, gibt ihm drei Klapse auf den Hintern. Er schreit, brüllt, sie setzt ihn hin: «Wenn du jetzt nicht gleich ruhig bist …», herrscht sie ihn an. Er schweigt, isst nichts, sie schlingt ihre Mahlzeit hinunter.

«So ähnlich verlaufen unsere Auftritte relativ häufig», erzählt sie auf einem Elternseminar. Mario ist anwesend, gemeinsam suchen wir deshalb nach einer Lösung und entwickeln dabei Wege: Mario darf beim Restaurantbesuch zunächst einige Minuten mit den Stäbchen spielen, dann ist sein Spiel für den

Rest des Essens beendet. Man einigt sich zusätzlich darauf, ein Buch mitzunehmen, das Mutter und Sohn gemeinsam ansehen, und Mario hat dann noch die Idee mit dem Mikadospiel, das man vor dem Essen im Restaurant spielen kann. Beide sind einverstanden. «Und wenn's dann doch nicht klappt?», fragen sie. Mario lächelt: «Es klappt!» Er überlegt einen Augenblick: «Und wenn ich dann trotzdem spiele und nerve, dann rufst du bei Renate an, die kann mich dann abholen. Dann esse ich nicht.»

Auch hier kommen die beiden schnell zu einer Einigung: Fährt Mario im Restaurant mit seinen «Machtspielchen» fort, kann die Mutter ihre Freundin Renate anrufen, um Mario abholen zu lassen. Er bleibt dann so lange bei ihr, bis die Mutter zu Ende gegessen hat. Für Mario ist das eine fühlbare Konsequenz, ist ihm doch das gemeinsame Essen mit der Mutter im Restaurant sehr wichtig.

Die getroffenen Absprachen funktionieren, das Essen verläuft in harmonischen Bahnen – bis Mario eines Tages «wieder seinen Bock kriegt».

«Ich habe ihm zweimal klare Grenzen gesetzt, ihn an die Absprachen erinnert. Er spielte weiter. Ich bin dann aufgestanden, hab Renate angerufen.» Gerlinde Taubers Freundin kam schnell. Als sie das Lokal betrat, war Mario sichtlich erschrocken. Er hörte mit dem Spiel auf. Gerlinde Tauber sagte ganz bestimmt: «Mario, bitte geh!» Mario hatte seine Mutter so konsequent noch nicht erlebt.

«Mario, bitte geh.» Mario stand auf, ließ sich auf den Boden fallen, weinte, wimmerte: «Ich will auch immer wieder brav sein.» Gerlinde Tauber kniete sich zu ihrem Sohn und streichelte ihn: «Mario, ich möchte, dass du gehst. Du warst mit der Absprache einverstanden.» Mario hörte auf der Stelle mit dem Weinen auf, ergriff die Hand von Renate und verließ das Restaurant, ohne einen weiteren Ton zu sagen.

«Wie ging's Ihnen in der Situation?»

«Zuerst gut, dann fürchterlich!»

«Was war furchterregend?»

«Die Reaktion der anderen Gäste. Das waren chinesische Drachen, so kamen sie mir jedenfalls vor, die mich fressen wollten. Gut, dass wir das damals auf dem Elternseminar genau durchgespielt haben!»

«Was haben Sie dann gemacht?»

«Was Sie gesagt haben: einen scharfen Reisschnaps getrunken ... auf mich und meine Konsequenzen!»

«Und was war mit Mario?»

«Mario wartete bei der Freundin auf mich. Als ich in die Wohnung kam, hat er mich nicht begrüßt, mich aus der Distanz beäugt. Aber in seinem Blick spürte ich auch Stolz auf mich. Zu meiner Freundin hatte er während der Heimfahrt vom Restaurant gesagt: ‹Hätt ich nicht von Mama gedacht!› Und dabei hat er wohl immer wieder den Kopf geschüttelt.»

Manchmal ergeben sich Handlungsänderungen jedoch durch Konstellationen, die unvorhersehbar sind. Nicht immer sind Konsequenzen die Folgen pädagogischer Überlegungen.

Isolde Rupert hat «Aufräumstress» mit ihren drei Söhnen, Martin, fünf Jahre, Mike, acht Jahre, und Frederik, zehn Jahre. Sie hielten ihre Mutter in Atem, dies vor allem mit ihrer «schlechten» Angewohnheit, «ihre Kleidung überall in der Wohnung herumliegen zu lassen». Isolde Rupert räumte zuerst alles auf und «den Kindern hinterher! Aber je mehr ich aufräumte, umso mehr ärgerte ich mich. Ich war wirklich nur noch dabei, die Sachen immer wieder in den Kleiderschrank zu hängen. Irgendwann hat es mir gestunken!».

Anlässlich eines Familienseminars entwickelte die Familie mit mir eine Absprache. Sollte diese nicht eingehalten werden, riet ich der Mutter zum «Zaubersack». «Alle Dinge, die in der Wohnung nicht an dem vereinbarten Platz liegen, werden in den Sack gesteckt», erläuterte ich. «Dieser Sack wird erst nach einigen Tagen geöffnet.» Isolde Rupert konnte sich das «gut vorstellen». Die Kinder schienen zunächst skeptisch, ließen sich dann jedoch auf den Zaubersack ein, der allerdings «nach vier Tagen wieder geöffnet» werden sollte. «Sonst», so Frederik, «sehe ich meine Lieblingsjeans ja nie mehr.»

«Und ich meine Schuhe», ergänzte Mike.

«Wenn ihr alles aufräumt, könnt ihr eure Sachen jederzeit anziehen», lachte Isolde Rupert.

«Aber es ist so schwer, Mama», hakte Martin nach. «So schwer, so viele Sachen, an die ich denken muss.» Isolde Rupert blieb konsequent, die Kinder ließen sich darauf ein – auch in der Hoffnung, wie Mike mir später sagte, es werde wohl alles nicht so schlimm werden: «Mama wird leicht weich!»

Monate später treffe ich die Mutter auf einem anderen Seminar wieder. Sie kommt strahlend auf mich zu.

«Es herrscht Ordnung!», ruft sie mir zu. Ich erinnere mich an das Beratungsgespräch.

«Und der Zaubersack?», frage ich, mir innerlich auf die Schulter klopfend: «Das klappt eben doch mit dieser Methode.»

Sie schmunzelt.

«Das mit dem Zaubersack funktionierte zuerst, aber dann schlich sich das alte Verhalten wieder ein. Und irgendwie war's mir auch zu bunt. Ich hab dann wieder aufgeräumt. Das war so, wie's die Kinder vorhergesagt haben.» Das mit dem «Nichtaufräumen wurde immer schlimmer», erinnert sich die Mutter. «Die Kinder haben sich durchgesetzt und regelrecht triumphiert!» Ich sehe sie fragend an.

«Aber die haben nur kurze Zeit triumphiert. Dann haben wir ein weiteres Familienmitglied bekommen, einen jungen

Hund. Und der nahm alles in den Mund und benutzte das als Spielzeug. Aus seinem Mund kam nichts wieder heil zurück. Als Frederik zwei seiner Lieblingshosen zerrissen vorfand, Mike seine Schuhe verstümmelt, da haben sie geflucht und getobt … und von dem Zeitpunkt hatte ich drei richtige Putzteufel im Haus. Alles wanderte an den Platz, an den es gehörte.» Sie sieht mich lächelnd an: «Nichts für ungut mit dem Zaubersack. Das hat Spaß gemacht. Aber wenn der nicht hilft, mein Rat an die Eltern: ein junger Hund mit Vorliebe für Markenklamotten!»

Kapitel 8
Unterschiedliche Erziehungsstile

«Mein Mann und ich sind uns in Erziehungsfragen nicht einig. Er reagiert nachgiebiger oder gelassener als ich! Schadet das den Kindern?» So lautet eine häufiggestellte Frage von Eltern. Kinder erleben in ihrem engeren wie weiteren Umfeld ganz spezifische Erziehungsstile. Eltern besitzen unterschiedliche Vorstellungen, die Großeltern praktizieren wiederum andere als die Eltern. Und in Kindergarten, Schule und Sportverein erfahren Kinder, dass manches von dem, was zu Hause möglich ist, dort nicht läuft. Solcherart sachbezogene Frustrationen sind den Kindern zuzumuten, können von ihnen durchaus produktiv bewältigt werden.

Die Begegnung von Kindern mit ganz unterschiedlichen Erziehungsvorstellungen gehört zu ihrem Alltag. Und genauso alltäglich ist die Erfahrung, dass sich Erziehungsbeziehungen verschieden gestalten: Der Kontakt zu Eltern ist ein anderer als der zur Erzieherin oder Lehrerin, der zu den Großeltern ein anderer als zu Bekannten. Das Kind erfährt unterschiedliche Erziehungsstile, indem es sie als gelebte Modelle spürt. Es lernt zu vergleichen; es erfährt, welches Modell angemessener ist. Die Begegnung mit unterschiedlichen Erziehungsstilen macht Kinder lebenstüchtig, gibt ihnen Selbstbewusstsein und Selbstvertrauen, sich in verschiedenen Situationen des Alltags zurechtzufinden und zu behaupten. Allerdings müssen bei aller Unterschiedlichkeit einige Grundsätze beachtet werden:

1. Kinder müssen wissen, an wen bzw. woran sie sich in Situationen zu halten haben. Besteht hier keine Einigkeit, spielen Kinder die Beteiligten gegeneinander aus.
2. Die Verantwortlichkeit muss den Kindern klar sein. Sonst kann sich das Kind nicht orientieren.

3. Unterschiedliche Einstellungen dürfen von Erwachsenen nicht dazu missbraucht werden, sich beim Kind einzuschmeicheln – «Bei mir darfst du mehr ...» – oder die andere Bezugsperson gefühlsmäßig herabzusetzen – «Ich bin netter zu dir als ...».
   Dies bringt Kinder in Loyalitätskonflikte.
4. Unterschiedliche Erziehungsstile können nur auf der Basis von verbindlichen Grundprinzipien, die für alle Beteiligten gelten, praktiziert werden: Wenn ein Vater auf der Basis eines Laisser-faire-Stils erzieht, die Kinder dagegen ihre Mutter als fest und konsequent erleben, dann kann das dazu führen, dass Kinder ihre Eltern gegeneinander ausspielen.

Einige dieser Prinzipien kann eine Alltagssituation verdeutlichen.

VERANTWORTUNG KLÄREN

Szene in einem Garten. Konrad, sechs Jahre, und Manuel, fünf Jahre, helfen ihrem Vater beim Aufbau eines Holzhauses, das in Fertigteilen angeliefert worden ist. Horst Eberhard, der Vater, haut mit wuchtigen Schlägen Nägel in Bretter. Konrad und Manuel unterstützen ihn. Die Kinder halten zwei kleine Hämmer in der Hand, schlagen ebenfalls Nägel ein. Die Kinder gehen äußerst konzentriert, vorsichtig und gewissenhaft vor. Horst Eberhard hatte es ihnen zuvor genau erklärt:

«Den Hammer haltet ihr so ... die Nägel so ... schlagt nicht zu fest ... ich denke, ihr schafft das schon.»

Begeistert und engagiert gehen die Kinder zur Sache. Sie hantieren geschickt mit den Werkzeugen. Zwar fällt mal ein Nagel herunter, mal der Hammer. Aber der Vater ermutigt seine Kinder weiterzumachen. Und sie geben nicht auf ... bis Heike Eberhard, die Mutter der beiden, in den Garten kommt, ihre Kinder mit dem Werkzeug bei der Arbeit sieht, sofort losschreit: «Was ist denn hier los? Seid ihr denn verrückt geworden!»

Sie sieht, wie Manuel gerade dabei ist, mit einer wuchtigen Bewegung einen Nagel einzuschlagen.

«Manuel, pass auf!» Manuel haut zu und trifft ... seinen Daumen, nicht den Nagel.

«Aua! Aua!», schreit er vor Schmerzen auf.

«Siehst du, ich hab's gesagt, Manuel.» Sie entreißt ihm den Hammer, besieht flüchtig den Daumen, streichelt kurz sein Haar: «Das hast du davon ... Ich geb dir nachher 'ne Salbe.»

Manuel nickt, ein paar Tränen schießen in die Augen. Die Mutter sieht Manuel an.

«Wo ist Papa?», fragt sie entrüstet. Konrad weist mit der Hand hinter eine Holzwand. Mit schnellen Schritten tritt sie zu ihrem Mann.

«Bist du denn verrückt geworden!», brüllt sie los. «Kann man dich denn mit den Kindern nicht ein paar Minuten alleine lassen.» Er kommt nicht zu einer Antwort.

«Du bist völlig verantwortungslos!»

Bevor Frau Eberhard ins Grundsätzliche von Erziehungsfragen abgleitet, kommen Manuel und Konrad hinzu. «Mama!», ruft Konrad sehr laut, seine Mutter übertönend. Sie stockt, sieht zu ihm hinunter: «Was ist?»

«Mama, wir wollten Papa helfen. Und das können wir!» Konrad klingt überzeugend, und Manuel stimmt selbstbewusst zu: «Aber du denkst, wir sind noch klein.»

Die Augen der Mutter verengen sich: «Und wer hat sich auf den Daumen geschlagen? Wer?» Ihre Stimme überschlägt sich.

«Wenn du nicht gekommen wärst, dann hätt' ich den Nagel getroffen!»

«Jetzt bin ich auch noch schuld. Nun hört's aber auf!» Sie lässt sich nicht beruhigen.

«Heike!» Die Stimme ihres Mannes, der bisher gelassen zugesehen hat, klingt ruhig: «Heike! Bitte geh! Lass uns nachher darüber reden.»

Aber Heike Eberhard ist voll in Fahrt: «So ist's immer. Du kneifst mal wieder. Typisch! Typisch! Wenn's wichtig wird, kneifst du!»

Sie schaut ihren Mann wütend an: «Macht euren Scheiß alleine weiter. Aber ich fahr die Kinder nicht ins Krankenhaus, wenn was passiert. Das sag ich dir!», droht sie ihrem Mann.

Dann geht sie schnellen Schrittes von dannen. Manuel schaut Konrad an. Konrad ahmt den hektischen Abgang seiner Mutter nach.

«Konrad! Hör auf!», mahnt der Vater und hebt seinen Zeigefinger: «An die Arbeit. Macht weiter, wie ich es euch gesagt habe. Wenn ihr mich braucht, könnt ihr mich holen.»

Die Verantwortung in dieser Situation war zunächst klar verteilt. Sie lag beim Vater. Und er behielt die Übersicht. Der Vater hatte seine Kinder ermutigt, er vertraute ihnen, mit Hammer und Nägeln angemessen umzugehen.

Der sprachliche Eingriff der Mutter verursachte eine sich selbst erfüllende Prophezeiung. Sie traute ihren Kindern – in dieser Situation – nicht so viel zu und wollte die Gefahr möglichst schnell abwenden. Der missglückte Schlag Manuels scheint ihr recht zu geben. Das entscheidende Problem: Sie greift in die Kompetenzen ihres Mannes ein, will die Verantwortung an sich ziehen. Er rettet die Situation, indem er sich darüber mit seiner Frau in Anwesenheit der Kinder nicht auseinandersetzen will.

Um hier nicht missverstanden zu werden: Eltern können Meinungsverschiedenheiten vor den Kindern austragen, wenn die Kinder danach eine versöhnliche Konfliktlösung erleben. In der oben geschilderten Situation stellt sich die Sachlage aber anders dar: Der Zorn und die Angst der Mutter lassen die Suche nach einer Lösung nicht zu.

Der Vater hat den Kindern durch sein Handeln – nicht durch Worte – ein Modell vorgelebt: Derjenige, der die Verantwortung in einer Situation trägt, ist der Bezugspunkt. Es geht hier nicht darum, der Mutter den Schwarzen Peter zuzuschieben. Dieses Prinzip gilt in einer anderen Situation für den Vater genauso.

Herr Eberhard kochte hin und wieder gern mit seinen Kindern. Es gab dann meist Spaghetti Bolognese.

«Ich finde das sehr gut», sagt die Mutter, «aber hinterher sehen die Küche und die Essecke wie ein Schlachtfeld aus.» Sie überlegt: «Und wer macht alles sauber?» Kurze Pause. «Ich!» Frau Eberhard gerät in Rage: «Mein Mann meint, er hätte seine Schuldigkeit getan, und geht. Und ich steh mit dem Dreck allein da!»

So lustvoll es für die Kinder sein mag, gemeinsam mit dem Vater zu kochen, so wichtig ist es, dass alle drei Beteiligten die Verantwortung nicht allein für den angenehmen Teil des Essgelages tragen, sondern auch die mühsamen Aufräumarbeiten und Säuberungsaktionen übernehmen.

«Aber», meint Frau Eberhard, «ich räum lieber selbst auf. Mein Mann macht mir das nicht gut genug.» Hier wird eine Inkonsequenz sichtbar, die es dem Vater wie den Kindern erleichtert, so weiterzumachen wie bisher. Die Mutter gibt den anderen Familienmitgliedern nicht die Verantwortung für ihr Tun zurück, sie nimmt sie ihnen ab, macht sie unselbständig, während sie selbst sich überfordert.

UNTERSCHIEDE AKZEPTIEREN

Unterschiedliche Einstellungen und Erziehungsstile zu praktizieren schließt ein, Unterschiede zu tolerieren. Vera Krüger hatte sich mit ihrem Mann darauf geeinigt, er sei für die Ordnung im Kinderzimmer verantwortlich. «Ich rassle ständig mit den beiden zusammen. Mein Mann ist da gelassener. Das gebe ich zu.»

Die Arbeitsteilung funktioniert, die gereizte Atmosphäre, die sich am chaotischen Kinderzimmer entzündet, entspannt sich zunehmend – dafür braut sich ein anderes Gewitter zusammen. Vera Krüger hat einen anderen Ordnungsstandard als ihr Mann: «Ich bin großzügiger», sagt er, «aber es sieht auch aufgeräumt aus.»

Als die Krügers diese Situation auf einem Seminar vorstellen, versuchen wir einen Weg zu finden, dass Frau Krüger die Verantwortung an ihren Mann abtreten kann. Als sie sagt: «Wenn ich's nicht seh, dann ist's mir auch egal», entwickelt sie ihre Lösung.

«Dann gehen Sie nicht hinein!», sage ich.

«Oder ich schau nicht so genau hin!», ergänzt sie.

Vera Krüger schaffte es. Das Thema «Aufräumen» wurde unwichtiger, gemeinsam hatte man einen Weg gefunden, wie jeder mit seinem Stil leben konnte.

GROSSELTERN NICHT KORRIGIEREN

Peter Meißner, Vater zweier Kinder, ist sauer auf seine Eltern:

«Die machen alles anders: länger fernsehen, Süßigkeiten und und und. Alles, was die Kinder bei uns nicht tun oder tun dürfen, das dürfen sie dort. Es ist zum Verrücktwerden.»

Großeltern erleben sich häufig in einer widersprüchlichen Position: Einerseits sind sie als Babysitter, als Aufpasser gerne gesehen, andererseits möchten viele Eltern Oma und Opa am liebsten selbst bewachen, damit sie sich ähnlich verhalten wie sie selbst. Dies ist nicht nur eine Überforderung, es nimmt auch dem Kind manchen Erfahrungsschatz.

Großeltern erziehen anders, leben andere Beziehungen zu ihren Enkeln: Manchmal entwickeln Großeltern – nicht mehr gebunden in eine unmittelbare Erziehungsverantwortung – ungeheure Großzügigkeiten, eine angenehme Gelassenheit, sie legen Herzlichkeit und Humor an den Tag; manchmal setzen Großeltern bei ihren Enkeln jene unsägliche Erziehung fort, unter der schon die eigenen Kinder zu leiden hatten. Es ist wenig sinnvoll, ja, es ist belastend, Großeltern verändern zu wollen. Sie haben ihre ganz eigenen Erfahrungen gemacht, die für sie Gültigkeit besitzen.

Und viele Großeltern, so meine Beobachtung, verändern sich – nur bestimmen sie das Tempo dieses Prozesses selbst.

Zudem gilt auch hier: Wer Kinder den Großeltern abgibt, gibt zugleich Verantwortung ab. Das Verhältnis zwischen Enkelkind und Großeltern ist keine Angelegenheit, in die sich Vater und Mutter zu mischen haben, diese Beziehung können nur die unmittelbar Beteiligten – also: Enkelkind und Großeltern – selbst klären.

Zweifellos unterscheiden sich elterliches wie großelterliches Erziehungshandeln. Mein Rat an die Eltern: Vertrauen Sie Ihrem Kind, dass es selbst die Unterschiede erkennt, die Vor- wie Nachteile abwägt. Kinder sind durchaus in der Lage, die spezifischen Erziehungsmodelle zu vergleichen, Verschiedenheiten zu erkennen. Je überzeugender die Eltern ihr Modell vorleben, umso stärker wird das Vertrauen des Kindes – und zugleich wächst auch die Reibung, der kindliche Wunsch nach Auseinandersetzung:

Kinder spielen dann mit den unterschiedlichen Erfahrungen, die sie gemacht haben. Eltern, die diese Spielregeln zu deuten wissen, können souverän handeln; Eltern, die diese Spielregeln verkennen, handeln wenig kindorientiert.

Anja, sieben Jahre, ist stocksauer auf ihre Eltern. Sie durfte zwei Sendungen im Fernsehen sehen, so wie es abgemacht war, so erläutern ihre Eltern, Herr und Frau Krüger.

«Bei Oma kann ich das.» – «Bei Oma, nicht bei uns!» Herr Krüger klingt sehr bestimmt.

«Dann kann ich ja gleich ausziehen!» Herr Krüger ist geschockt, seine Frau nicht: «Anja! Ich mag dich. Du weißt, wir mögen dich gerne hierhaben. Aber wenn du gern zu Oma möchtest, dann rufe ich an. Wenn sie dich haben will, dann kannst du dorthin. Ich helf dir beim Packen. Dann fahr ich dich hin.»

Anja rennt hinaus, es poltert in ihrem Zimmer. Sie sucht ganz offensichtlich etwas in ihrem Schrank.

«Spinnst du?», fragt Herr Krüger seine Frau entrüstet.

«Halt dich da raus. Das übernehme ich jetzt!» Jutta Krüger weiß, was sie will. Sie steht auf, geht ganz gelassen ins Zimmer ihrer Tochter.

«Darf ich dir helfen?»

Keine Antwort.

«Wie lange willst du bleiben?»

«Für immer!»

«Ich denke, du nimmst Sachen für zwei Tage mit, den Rest holst du dann später!»

«Fährst du mich zu Oma?» Anja klingt zögerlich.

«Klar, es ist doch schon dunkel!»

Jutta Krüger hilft ihrer Tochter beim Packen. Kurzer Abschied von ihrem Vater, der seine Frau zurückhalten will.

«Jutta!»

«Arno!» Sie schaut ihren Mann an, als ob sie ihn gleich fressen würde. Er sagt danach kein Wort mehr. Er lässt entnervt seine Arme sinken: «Ist ja schon gut!» Seine Augen blicken hilfesuchend zum Himmel.

Mutter und Tochter fahren wortlos zur Oma. Anja hatte sie kurz telefonisch über ihre Ankunft unterrichtet.

«Was ist denn hier los?», fragt die Oma, als beide ankommen.

«Anja erzählt es dir gleich!» Die Mutter verabschiedet sich ganz zärtlich von ihrer Tochter, gibt ihr einen Kuss.

«Du kannst jederzeit zurückkommen!»

«Ich komm nie mehr! Ihr seid so gemein!», ruft Anja trotzig aus.

Drei Stunden später. Es ist etwa 20.30 Uhr. Anja ruft bei den Eltern an: «Könnt ihr mich abholen?»

«Warum?», fragt die Mutter.

«Ich muss morgen schon um halb sechs aufstehen! Oma kann nicht Auto fahren! Ich müsste mit dem Schulbus fahren, der fährt schon so früh!»

«Anja», sagt die Mutter, «ich hole dich nicht.»

«Ich wollte zynisch sein», erklärte Frau Krüger später, «und sagen: ‹Dann kannst du ja bis halb sechs fernsehen, dann brauchst du gar nicht erst ins Bett gehen. Aber das wäre gemein gewesen!›»

«Gib mir Papa einmal!»

«Der schläft schon!» Das sei gelogen gewesen, aber wenn sie ihren Mann ans Telefon gelassen hätte, der wäre glatt gefahren. Und dann sei alles umsonst gewesen.

Am nächsten Tag kommt Anja aus der Schule. Schön sei es gewesen, so früh aufzustehen. «Und bei Oma hat es Nutella gegeben und nicht deinen komischen Früchtequark.»

«Willst du wieder zu ihr?» Anja gibt keine Antwort, isst still ihr Essen.

«Wie war's bei Oma?»

«Bis drei Uhr in der Nacht habe ich ferngesehen!»

«War's spannend?»

«Oma hat geschlafen!»

«War es spannend?» Frau Krüger bleibt hartnäckig. Anja sagt nichts. Nach dem Mittagessen steht sie auf, streichelt ihre Mutter.

«Holen wir heute Nachmittag die Sachen bei Oma ab?»

Kapitel 9
Grenzen – ab welchem Alter?

«Ab welchem Alter des Kindes kann man Grenzen setzen?», lautet eine häufig gestellte Frage. «Sind jüngere Kinder mit Grenzen nicht überfordert? Verstehen Kinder dann die Notwendigkeit von Grenzen? Sind sie überhaupt fähig, bei Konflikten an der Lösung mitzuarbeiten, wie es bei älteren Kindern möglich ist?»

Viele Erziehende besetzen den Begriff der Grenze – dies habe ich in «Kinder brauchen Grenzen» beschrieben – äußerst negativ: Er steht für Einengung, Hierarchie, Bevormundung, Strafe, fehlende Einfühlung in Kinder. Und mancher Erziehungsalltag gibt dieser Umschreibung leider recht. Dort wird Erziehung als Zurichtung und Brechen des kindlichen Willens missverstanden. Grenzen haben meinem Verständnis nach jedoch unterstützende, schützende und lebenserhaltende Funktionen. Grenzen geben Sicherheit und bedeuten Orientierung am Kind. Kinder wünschen klare Grenzen, weil sie darüber das Gefühl der sozialen Zugehörigkeit, Verlässlichkeit, der Stärke und der Einzigartigkeit erfahren.

Grenzen zu setzen ist Aufgabe der Eltern. Entziehen sie sich dieser Pflicht, dann fordern Kinder Grenzen ein. In ihrem Wunsch nach Halt reiben Kinder sich, machen auf sich aufmerksam – so lange, bis die Eltern endlich ihren Erziehungsaufgaben nachkommen.

Eine grenzenlose Erziehung lässt Kinder allein, sie fühlen sich ohne personale Bezüge. Bei ihnen bildet sich ein Gefühl der Verlassenheit heraus. Durch klare Grenzen spüren Kinder das Gefühl der Zugehörigkeit zu einer Gruppe, zu anderen Menschen, zur Familie. Auf der Basis einer intensiven Bindung kann Selbstvertrauen gedeihen, kann das Kind Beziehungen zu anderen Menschen eingehen. Es lernt, das Gewohnte von ungewohnten, noch nicht gemachten Erfahrungen zu unterscheiden.

Das Kind erlebt eine Orientierung. Diese ist umso stärker, je konkreter Personen moralische und ethische Maßstäbe verkörpern, sie vorleben. Eine emotional stabile Lebensumgebung macht Mut, auf Unbekanntes zuzugehen, vor neuen Erfahrungen nicht zurückzuschrecken. Das Kind erfährt seine individuelle Stärke. Grenzen schaffen Räume, die dem Kind vertraut sind, in denen es sich zurechtfinden kann. Hier übernimmt das Kind Verantwortung, entwickelt es Mut zu eigenständigen Entscheidungen, löst es Probleme, die dann für andere Aufgaben ermutigen. Grenzen zeigen dem Kind an, was es kann, Räume jenseits der Grenzen, was es *noch* nicht kann. Grenzen ermutigen für neue Ziele und zukünftige Planungen.

Das Kind bekommt das Gefühl, einzigartig zu sein. Es entwickelt Achtung vor sich selber, und damit auch vor anderen. Es kann sich von anderen unterscheiden und sich damit in seinem Anderssein akzeptieren. Ohne Grenzen sind Individualität und Identität nicht möglich, ohne Grenzen wird die Ausbildung von Autonomie und Eigenständigkeit behindert.

Deshalb ist die frühe Erfahrung von Grenzen wichtig – allerdings auf der Basis einer gefühlsmäßig intakten Beziehung zwischen Eltern und Kindern, einer Beziehung, die von Offenheit und «normativer Klarheit», so der Erziehungswissenschaftler Otto Speck, geprägt ist. Damit umschreibt er, dass Eltern das vorleben, was sie vermitteln wollen. Nur mit praktischen Modellen kann sich ein Kind auseinandersetzen. Und Grenzensetzen erfordert darüber hinaus Reflexionsfähigkeit. So hilfreich sich Kontrolle und Unterstützung im Kleinkindalter auswirken können, so partnerschaftlich-kooperativ muss der Erziehungsstil sein, wenn die Kinder älter werden. Auch wenn manche erzieherischen Maßgaben zurücktreten, so bleibt es weiterhin

Aufgabe der Eltern, bei Normverstößen wertende Feststellungen zu treffen.

Weil nachgiebiges Erziehungsverhalten oder ein autokratisch-erdrückender Erziehungsstil nicht zu selbstverantwortlichem Handeln führen, keine Eigenständigkeit zulassen, brauchen schon kleinere Kinder Unterstützung, das «Erleben einer normativen Verlässlichkeit», so nochmals Otto Speck. Nur gestaltet sich das Grenzensetzen bei Kindern bis zum dritten Lebensjahr in besonderer Weise. Es ist einfacher und schwieriger zugleich: einfacher, weil die Kinder den Eltern bedingungsloser vertrauen; schwieriger, weil die elterliche Verantwortung größer ist, damit aus dem Grenzensetzen nicht ein Ausnutzen der Unerfahrenheit des Kindes, weit überzogene Reaktionen der Eltern oder zu enge Grenzen werden.

Ständig überangepasstes Verhalten des Kindes, seine auffällige Gefallsucht, die Überreaktion bei Kritik oder Regressionsverhalten – das Zurücksinken in frühkindliche Handlungsmuster – geben den Eltern möglicherweise Hinweise darauf, dass Kleinkindern zu strenge, zu wenig einfühlsame Grenzen gesetzt wurden.

Grenzen für jüngere Kinder zu setzen muss besonders sorgfältig überlegt werden. Konsequente Festigkeit ist nicht zu verwechseln mit Strenge, Härte oder Strafe. Ein lautes Wort, ein unbedachter Klaps lässt sich – trotz vieler Reflexionen – manchmal nicht vermeiden. Die Souveränität des Erwachsenen zeigt sich dann in ernstgemeinter Entschuldigung und Versöhnung – verbunden mit dem Willen, sich zukünftig anders zu verhalten.

Einige Grundsätze sind beim Grenzensetzen mit jüngeren Kindern zu beachten:

1. Eltern nehmen häufig wortreich und wenig klar Kontakt zu den Kindern auf. Finden Eltern nach einem unendlichen

«Labern» keine Einsicht aufseiten der Kinder, sind nicht selten impulsive Reaktionen der Eltern – Brüllen, Schreien, Schläge – die Folge. Wer mit kleineren Kindern redet, muss sich ihnen zuwenden – sie z.B. ansehen, anfassen. Kinder brauchen das *Gefühl* des Angenommenseins. Klarheit und Offenheit schützen vor unüberlegten Strafaktionen.

2. Sätze wie «Das ist gefährlich», «Das ist zu schwer für dich», «Das kannst du noch nicht!» unterstützen Kinder nur selten bei der Einhaltung von Grenzen. Begreifen geht über Greifen – dieser Grundsatz gilt beim Grenzensetzen für jüngere Kinder. Grenzen müssen begrifflich erfassbar und anschaulich erfahrbar sein: Nur eine Hand in der Nähe der brennenden Kerze gibt das Gefühl von Hitze und Wärme.
3. Grenzen haben sich am Kind in seinem Hier und Jetzt, an seiner konkreten Gegenwart auszurichten. Was für andere Kinder gilt, braucht für das eigene Kind nicht zuzutreffen; was für ein Kind in ein oder zwei Jahren als Einengung erfahrbar wird, kann gegenwärtig Hilfestellung und Unterstützung bedeuten.
4. Eltern sprechen jüngere Kinder nicht selten wie kleine Erwachsene an. Sie versuchen sehr rationale Konfliktlösungen und übersehen dabei, welche Chancen in den magisch-mythischen Konfliktlösungen liegen. Diese entsprechen häufig der animistischen Wirklichkeitssicht von Kindern, einer Sichtweise, in der Phantasie und Realität ineinander übergehen.

In Gesprächen mit Eltern fallen drei Problembereiche auf, die ihnen beim Grenzensetzen häufig Minderwertigkeits- und Versagensgefühle machen:

Svenja Krüger, Mutter der zweieinhalbjährigen Maren, klagt darüber, dass sie irgendwann doch ins Schreien verfalle, wenn ihre Tochter «zum hundertsten Male nicht hört, was ich sage.

Ich flippe dann aus. Dann tut's mir auch leid. Aber ich kann's irgendwie nicht ändern!»

Hubert Ranke, Vater des zweijährigen Lars, hat ein anderes Problem: «Ich erkläre alles tausend Mal. Und Lars fragt nur ‹Warum?›. Ich fange nochmal von vorne an, ganz behutsam und sehr einfühlsam, und er fragt dann ‹Warum?›. Ich kann das nicht mehr hören: ‹Warum?› ...» Hubert Ranke hält sich die Ohren zu: «Wann kapiert der das endlich?»

Christiane Schiller, Mutter des knapp dreijährigen Sven, hält es, wie sie formuliert, lange aus, aber «irgendwann knallt's dann. Dann kriegt Sven einen Klaps auf den Po, und dann tut er das, was ich will. Warum geht's eigentlich nicht ohne Klaps? Ich komme mir dann so schlecht vor! Wie kann ich das nur verhindern?»

AUGENKONTAKT UND BERÜHRUNG

Eltern setzen Kindern häufig Grenzen mit Mitteln, die die Kinder entweder kränken, die ihre körperliche Unversehrtheit missachten oder sie überfordern. Kinder wollen erfahren, dass es Eltern mit dem Setzen von Grenzen ernst nehmen. Dabei müssen die Erwachsenen bedenken, dass jüngere Kinder Wirklichkeit anders wahrnehmen. Die Notwendigkeit mancher Grenzen *verstehen* sie *noch* nicht – z.B. bei einer Ampel, die Rot zeigt, stehen zu bleiben; nicht auf die heiße Herdplatte zu fassen etc. –, aber sie *können* sie erfühlen. Hierfür ist eine authentische Haltung der Eltern erforderlich, d.h., Körpersprache und die gesprochenen Anweisungen müssen übereinstimmen. Doppeldeutige Botschaften halten Kinder davon ab, Grenzen einzuhalten.

Je mehr Eltern ihren Kindern mit langen Vorträgen versuchen, Grenzen zu setzen, umso öfter scheitern sie. Kinder brauchen bei manchen Grenzen die körperliche Berührung – nicht die Schläge! –, um zu spüren, dass Eltern fest zu ihrer Haltung stehen.

«Sven hört aber nicht. Er verlangt geradezu nach Schlägen», so nochmals Christiane Schiller, den Faden des Gesprächs aufnehmend. Auf meinen erstaunten Blick hin wiederholt sie: «Sven will wirklich Schläge!»

«Das weiß ich nicht! Aber wenn Sie recht haben: Was ist das für ein Zeichen, das Ihnen Ihr Sohn damit geben will?»

«Ja doch wohl nicht, dass ich ihn schlage!» Sie ist entrüstet.

Ich nicke. Frau Schiller überlegt.

«Was geben Sie ihm, wenn er Klapse bekommt?»

«Körperkontakt!», ruft sie spontan.

«Will er Körperkontakt? Berührung?» Diese Frage lässt sie stutzig werden.

«Aber den bekommt er doch häufig genug.»

«Das nehm ich an. Aber er will Ihre Nähe auch in Konfliktsituationen. Er braucht dann die Berührung, die ihn das ‹Nein!› spüren lässt. Er möchte Berührung, keinen Klaps.»

Körperliche Nähe, Berührung oder gefühlsmäßige Zuwendung sind freilich kein Allheilmittel, von ihnen ist abzuraten, wenn die emotionalen Beziehungen zwischen Eltern und Kindern gestört sind oder wenn die körperliche Nähe – aus der Sicht der Kinder – als Drohung oder gar Strafe empfunden werden kann. Ist jedoch eine angenehme emotionale Basis vorhanden, ist das Kind an positive Körperkontakte gewöhnt, dann *kann* Nähe, *kann* die Berührung – z.B. die Hand auf die Schultern legen, die Hände fest anfassen – ein Kind nicht nur beruhigen. Nähe gibt der durch Worte formulierten Grenze Nach-Druck – und dies ist wörtlich gemeint.

Nach-Druck hat nichts mit Unterdrückung zu tun. Nach-

Druck bedeutet vielmehr freundschaftliche Festigkeit. Denn die Festigkeit, mit der das Kind berührt wird, lässt das Kind die Ernsthaftigkeit der Eltern spüren. Wer jüngeren Kindern Grenzen setzen will, kann den positiven Körperkontakt sehr früh einsetzen. Er ist der beste Schutz vor dem Klaps, der immer dann kommt, wenn die verbalen Argumente ausgehen, man nicht mehr weiterweiß. Berührung und Nähe verhindern einen gefürchteten Widerspruch in der Erziehung: einerseits die lange Toleranz vieler Eltern, die sich im hundertfachen «Lass das!» oder «Nein!» ausdrückt, andererseits die daraus sich ergebenden unkontrollierten Aggressionen von Eltern gegenüber dem Kind.

Unter zwei Voraussetzungen wirkt sich die dargestellte Methode allerdings als äußerst kontraproduktiv aus:

1. Entzieht sich das Kind dem Griff, der Berührung, der körperlichen Nähe, dann müssen Sie es unbedingt in Ruhe lassen. Ein Kind darf nicht gegen seinen Willen umklammert werden. Ist ein Körperkontakt nicht möglich, dann hilft eine Kombination aus Augenkontakt und physischer Nähe. Wichtig: Der Augenkontakt geht vom Erwachsenen aus. Es darf keinen Zwang geben, den Erwachsenen anzuschauen – z.B. «Nun schau mich endlich an!». Das Kind fühlt den Blickkontakt des Erwachsenen auch, wenn es woandershin sieht.
2. Wenden Sie niemals körperliche Nähe und Berührung im Zustand großer Erregung an. Dann ist die Verletzungsgefahr zu groß. Dann sind die Grenzen zu einer körperlichen Misshandlung des Kindes fließend. Berührung, Kontakt und Nähe setzen Sie deshalb bereits im frühen Stadium einer Auseinandersetzung ein, nicht erst dann, wenn die Situation bereits eskaliert ist. Impulsives Schreien, um Grenzen letztlich doch durchzudrücken, gründet sich häufig auf eine zu große

Geduld bzw. manchmal eine Laisser-faire-Haltung. Anstatt das Kind mit einem Wortschwall zu überziehen, der meist doch in Wutausbrüchen endet oder zu beleidigter Wortlosigkeit führt, sind klare und direkte Formulierungen wichtig, um auf gegenseitige Rücksichtnahme hinzuweisen: «Ich finde das nicht o. k., wie du dich mir gegenüber benimmst!»; an Mitgefühl zu erinnern: «Das ist nicht fair, wie du deine Schwester behandelst!»

Es gibt Situationen, in denen man das Setzen von Grenzen nicht durch langatmige Erklärungen aufweichen darf, in denen vielmehr ein kurzes «Nein!» als Ausdruck von «Ich dulde es nicht!» reicht. Wenn ein Kind spürt, es schmerzt, wenn es in eine brennende Kerze fasst, oder es bringt Lebensgefahr mit sich, auf eine vielbefahrene Straße zu laufen, oder es zieht eine Überschwemmung des Tisches nach sich, mit einem gefüllten Teller zu balancieren; wenn die gesamte Situation also eindeutig ist, das Kind aufgrund von Vorauserfahrung darum weiß, dann kann ein «Nein!» angebracht sein, das frei von Zorn, Verachtung und Respektlosigkeit ist, mithin eingebettet in eine Atmosphäre, die Achtung und Respekt gestattet. Das «Nein!» stellt jedoch *eine Ausnahme* im pädagogischen Handeln dar, es ist nicht die Regel. Wird das «Nein!» zur Gewohnheit, nutzt es sich ab: Es gestattet nämlich keinen veränderten Blickwinkel. Allerdings kann es spezifische Kontroversen für eine kurze Zeit beenden, dies gilt insbesondere für nachstehende Situationen:

» bei mangelnder Realitätssicht von Kindern, z.B. bei Verletzungsgefahren, bei Uneinsichtigkeit aufgrund fehlender Erfahrungen,
» bei sprachlichen Grenzüberschreitungen durch Schimpfworte und Kraftausdrücke,
» bei körperlichen Attacken – z.B. Beißen, Kneifen, Spucken etc.,

» bei Situationen, die man vorher mit dem Kind abgesprochen und geklärt hat,
» bei heftiger Erregung des Kindes, um sich durch einen kurzen Appell Gehör zu verschaffen,
» bei äußerst komplizierten Erziehungssituationen, die man aber aufgrund äußerer Umstände – z.B. Besuch, Erwartungsdruck – nicht abschließend klären bzw. erörtern kann, die vielmehr *vorläufig* mit direktivem Appell zu beenden sind.

Das «Nein!» stellt einen pädagogischen Eingriff dar, der an eine konkrete Situation gebunden ist. Er verändert – ich betone es nochmals! – nicht das störende Verhalten, er weist keine Handlungsalternativen auf. Aber dieser Eingriff verschafft vorerst Luft. Wenn dieses «Nein!» nicht abstumpfen, gar in einen Machtkampf umschlagen soll, dann ist es unverzichtbar, dem Kind hinterher – quasi in einer zweiten Phase der Problemlösung – das eigene Handeln *kurz* zu erläutern, um Verständnis für sein Tun zu bitten oder dem Kind Handlungsalternativen anzubieten.

Denken Sie daran: Da Kinder zwischen dem zweiten und dritten Lebensjahr große Entwicklungsprozesse durchlaufen, deuten kindliche Grenzüberschreitungen zugleich darauf hin, dass sich das Kind manchmal entmündigt fühlt, mithin mehr Gelegenheit zu eigenverantwortlichem Tun haben möchte.

Und schließlich ein weiterer Hinweis. Um nicht nur «Nein!» sagen zu müssen, kann mit dem Kind ein bestimmtes Zeichen – z.B. eine Handbewegung oder eine Form des Augenkontakts – ausgemacht werden, das das «Nein!» symbolisiert. Jüngere Kinder brauchen Klarheit und Festigkeit auf der Basis von Freundlichkeit und Verlässlichkeit, sie brauchen Eltern, die kindorientiert handeln, keine Personen, die lange Vorträge halten oder das Kind niederbrüllen.

Es gibt zwei andere Techniken, die zunächst darauf ausgerichtet sind, Situationen zu beenden, sich mithin *nicht* dazu eignen, dem Kind eine veränderte Sichtweise oder Handlungsalternativen aufzuzeigen. Als Dauermethode werden sie von Kindern als Strafe und Herabwürdigung empfunden. Beide Techniken funktionieren nur auf der Grundlage einer gefühlsmäßig festen Beziehung:

Man kann das Kind, wenn es in heftige Erregung gerät, aus der Situation herausnehmen, z. B. mit aller Deutlichkeit des Raumes verweisen: «Ich denke, du gehst jetzt. Nachher unterhalte ich mich weiter!», «Verlass den Raum! In dieser Weise kann ich nicht mit dir reden!» Man kann kein Kind zwingen, den Raum zu verlassen, kein Kind darf mit körperlicher Gewalt zum Verlassen des Raumes gebracht werden. Herausnehmen aus der Situation darf zudem nicht als Isolierung empfunden werden. Sperren Sie Ihr Kind niemals in ein Zimmer oder schließen Sie es gar ein! Dies erzeugt neben heftigen Panikgefühlen starke Vernichtungs- und Verlassensängste.

Geht das Kind auf den Vorschlag nicht ein, dann kann der Erwachsene den Raum verlassen – ohne jede Drohung. Sagen Sie z. B.: «Ich geh jetzt in die Küche. Ich möchte nachher, wenn ich mich beruhigt habe, mit dir die Situation nochmals besprechen.» Sätze wie «Es ist zum Davonlaufen!» oder «Du machst mich nochmal krank mit deinem Trotz!» erzeugen beim Kind Schuldgefühle und Ängste vorm Alleinsein. Wichtig: Der Erwachsene verlässt den Raum, nicht die Wohnung oder das Haus. Er bleibt erreichbar und geht auf sein Gesprächsangebot nach geraumer Zeit *unbedingt* ein.

Manchmal entkrampft Humor die Situation. Humor hat aber nichts mit Sarkasmus und Zynismus zu tun. Waltraud Ebert macht entsprechende Erfahrungen mit ihrer zweieinhalbjährigen Elisa. «Wenn die 'nen Bock hat, sich auf den Boden wirft und rumschreit, nur ‹Nein! Nein! Nein!› brüllt, leg ich mich kurzerhand dazu. Aber natürlich nur, wenn ich gut in Form bin! Die schaut mich verdutzt an, dann lache ich sie an, und wir beide brechen in Lachen aus. Meist hört Elisa dann mit dem Wutanfall auf. Nicht immer, aber sie hat ja auch ein Recht auf ihre Tagesform!»

Die Mutter hat – aus der Sicht ihrer Tochter – überraschend und paradox gehandelt. Einerseits so, wie es Elisa nicht erwartet hat, zum anderen hat sie das störende Verhalten ihrer Tochter überdreht, verstärkt. Auch diese Handlung zeugt von Souveränität, von Festigkeit, sie setzt mit ganz ungewöhnlichen Mitteln Grenzen. Wohlgemerkt: Sie setzt eine Grenze, zeigt Elisa keine Handlungsalternative auf. Dies bleibt nachfolgenden Gesprächen überlassen.

GRENZEN BEGREIFEN

Vielen jüngeren Kindern werden Grenzen gezogen, indem Erwachsene etwas verbieten bzw. auf Gefährdungen hinweisen: «Du kannst die Kerze noch nicht anmachen. Du bist noch zu klein dazu!», «Du kannst das Porzellan noch nicht tragen, das ist zu schwer für dich!» Verbote bringen Reize mit sich, beinhalten Aufforderungen, das Untersagte heimlich zu tun. Und ständige Hinweise wie «Pass auf!», «Sei vorsichtig!» – ich hatte es auf Seite 60ff. beschrieben – bringen Verunsicherungen mit sich, bedeuten für manche Kinder eine sich selbst erfüllende Prophezeiung. Da man Kindern etwas nicht zutraut, trauen sie es sich selbst nicht zu, gehen mit wenig Ermutigung und Selbstverantwortung an eine Sache und scheitern. Kinder brauchen Erfahrungen, an denen sie wachsen, Kinder brauchen Grenzen, die für sie spürbar sind. Zwei ganz unterschiedliche Situationen können dies veranschaulichen.

Ein Wintertag in einer süddeutschen Kleinstadt. Seit Tagen herrscht klirrender Frost. Der Gartenteich der Familie Schmidt ist zugefroren, gleichwohl noch nicht zum Betreten geeignet.

Die Schmidts warnen ihre Kinder, Tom, zweieinhalb, und Jakob, viereinhalb Jahre, davor, das Eis zu betreten. Der Teich hat eine ungeheure Anziehungskraft. Hinweise auf die Gefahren überhören die Kinder. Ermahnungen helfen nicht, Verbote schon gar nicht. Tom und Jakob bringen andere Kinder mit, um ihnen den zugefrorenen Teich zu zeigen. Vorsichtig gehen sie an den Rand des mit Eis bedeckten Gewässers. Sie betreten die Fläche nicht, gleichwohl übt sie auf die Kinder eine ungeheure Anziehungskraft aus.

Dann hört Jakob zufällig davon, das Eis müsse mindestens zehn Zentimeter dick sein, bevor man es betreten könne. «Unser Eis ist dicker», beharrt er. Sein Vater – ermüdet vom vielen Reden – hat mit einem Male eine Idee. Er nimmt seine Kinder mit zum Teich, bepackt mit einem Handbohrer und mit einem Zollstock: «Ich bohr jetzt ein Loch. Wenn das Eis dünner ist als zehn Zentimeter, geht ihr nicht aufs Eis! Verstanden?!»

Jakob nickt, Tom macht keine Anstalten.

«Tom, sag ‹ja›.» Jakob gibt seinem Bruder einen Stoß.

«Ja», meint auch Tom kleinlaut.

Der Vater bohrt ein Loch, nach fünf Zentimetern spürt man das kalte, nicht gefrorene Wasser. Das Loch wird größer gemacht, sodass die Kinder ihre Finger ins Wasser stecken können. «Keinen Schritt aufs Eis!» Die Stimme des Vaters klingt eindeutig. Jakob nickt, Tom tut es mit zeitlicher Verzögerung auch. Man einigt sich darauf, mindestens einen Meter Abstand zum gefrorenen Teich zu halten, jeden zweiten Tag zu bohren, falls das

Frostwetter anhält. Die Kinder halten sich – so beobachten es die Eltern – an die Absprache.

Nach ein paar Tagen war das Eis tragfähig, dann gab es für Jakob und Tom kein Halten mehr.

Petra Friedrich hatte Stress, weil ihre dreijährige Mareike «das Blaue vom Himmel log!». Es war ein Spiel, für die Mutter ein ärgerliches: Mareike «konnte sehr gut flunkern. Sie führte es mir ein ums andere Mal richtig vor!» Argumente halfen nicht, «gute» Worte schon gar nicht. Und wenn «ich ausflippte, hatte ich das Gefühl, sie würde schmunzeln». Petra Friedrich überlegte eine Zeit: «Das war kein Machtkampf. Jedenfalls noch nicht! Das habe ich gespürt. Ich habe geglaubt, Mareike könnte die Folgen ihrer Lügen nicht abschätzen. Sie wüsste nicht, was sie machte!»

Die Mutter erklärte ihrer Tochter, dass sie sich nicht ernst genommen fühle, ihrerseits dazu übergehen würde zu lügen. Als die Zeit fürs Abendessen nahte, sagte Petra Friedrich zu ihrer Tochter: «Heute Abend gibt es nichts zu essen. Ich hab nichts eingekauft.» Mareike stutzte, ging zum Kühlschrank, fand ihn gefüllt vor: «Da ist ja was!»

«Ich hab doch gesagt, ich lüge!» Mareike schaute erstaunt an ihrer Mutter hoch.

Der nächste Morgen. Mareike will ihren Mantel anziehen. «Mareike, den Mantel kannst du heute nicht anziehen. Den hab ich verschenkt!» Mareike rennt zur Garderobe, findet ihr Kleidungsstück. «Da ist er ja!» Das Spiel wiederholte sich in den nächsten Tagen ein paarmal. Und in dem Maße, wie die Mutter ihrer Tochter die Bedeutung von Lügen spürbar machte, ließen Mareikes Lügen nach. Eines Abends, als Petra Friedrich ihrer Tochter «gute Nacht» wünschte, meinte Mareike: «Mama, du sollst nicht mehr lügen!»

«O. k., ich lüg nicht mehr. Und du lügst auch nicht mehr! Abgemacht?»

Mareike nickte. Die Lügen hatten ein Ende – vorerst jedenfalls.

Kinder wünschen sich Anschaulichkeit, konkrete Bilder und Symbole, die ihnen helfen, Grenzen zu erkennen oder sich in abstrakten Vorstellungsgebilden zurechtzufinden. Doch nehmen manche Eltern die Wünsche der Kinder nach Begrifflichkeit und Konkretion nicht ernst genug, im Gegenteil: Eltern spielen fahrlässig mit kindlichen Phantasien, erzeugen mit ihren Vorstellungen nicht selten Angst und Unsicherheit.

Johannes, drei Jahre, hatte wenig Lust auf das abendliche Zähneputzen. Die Eltern setzten all ihre Überredungskünste ein, um ihren Sohn an ein «Putz»-Ritual zu gewöhnen. Doch vergeblich! Die familiären Auseinandersetzungen eskalierten von Tag zu Tag, von Woche zu Woche.

Johannes war den elterlichen Argumenten nicht zugänglich, obgleich sie ihn in immergleichen Vorträgen mit den immerselben Begründungen von der Notwendigkeit des Zähneputzens zu überzeugen versuchten. Johannes hörte sich alles geduldig an, nahm die kleinsten elterlichen Vortragspausen zum Anlass, sein stereotypes «Warum?» anzubringen. Dazu schüttelte er sein Haupt, ein deutliches «Nein!» signalisierend. Und dann ging es wieder von vorne los … Von Bakterien war die Rede, von Viren, von allen möglichen gesundheitlichen Folgen, unterbliebe das Zähneputzen auf Dauer. Ein populärwissenschaftlicher Wortschwall brach über Johannes herein, er ertrug ihn mit geradezu stoischer Ruhe. Einmal fragte er: «Was sind Tieren?»

«Viren!», verbesserte der Vater.

«Was sind das?» Johannes überlegte kurz, suchte nach einer für ihn gültigen Antwort. Dem Vater war klar: Es musste schnell ein passendes Bild her, damit Johannes ihn endlich verstand. «Sind das Teufel?» Johannes' Stimme klang verunsichert.

«Das ist die Lösung», rief sich der Vater innerlich zu, vor Teufeln hatte Johannes eine geradezu höllische Angst. Er fürchtete sich vor ihren kleinen Hörnern, davor, dass sie ihm damit wehtaten. Deshalb lag der Teddybär «Mimi» nachts bei Johannes, verfügte der Bär doch über Fähigkeiten, Johannes vor den Abgesandten der Hölle zu schützen.

«Ja, wie Teufel!», grinste der Vater fast diabolisch. «Die bauen sich Häuser in deinen Zähnen. Die essen dann davon, was in deinen Zähnen hängenbleibt!»

Johannes hörte mit großen Augen zu. Er wollte nun wissen, wie die Teufel und die Wohnungen denn aussähen.

Und schließlich fragte er: «Was ist denn deren Lieblingsspeise?»

«Die essen alles!» Und dann malte der Vater das Bild von den «Zahnteufeln» in schillernden Farben aus. Johannes stand plötzlich auf, sagte kein einziges Wort. Der Vater dachte, sein Sohn würde sich nun auf der Stelle die Zähne putzen. Doch weit gefehlt! Johannes stand am Waschbecken des Badezimmers, den Zahnputzbecher in der Hand, spülte sich den Mund mit viel Wasser immer und immer wieder aus. Die Zahnbürste lag unbenutzt herum.

«Was machst du denn da?» Der Vater stand unschlüssig herum.

«Ich geb den Teufeln Wasser! Die sollen trinken. Ich will meine Teufel im Mund behalten!

«Sag mal, spinnst du?»

Der Vater schien außer sich. «Es ist zum Kotzen», erzählte er mir später, «da will man das besonders gut machen, und dann geht der gesamte Schuss nach hinten los!»

«Was willst du denn mit den Teufeln, verdammte Kiste?»

«Die helfen mir. Wenn die bei mir im Mund wohnen, dann kämpfen die gegen die bösen Teufel, die mich nachts besuchen wollen. Meine Teufel sind viel stärker. Aber die müssen gut essen und trinken!»

Johannes schien zufrieden, er hatte eine Lösung gefunden, der Vater war noch weit – fünfzehn Monate! – davon entfernt.

Eines Tages stand Johannes am Waschbecken, putzte die Zähne, die Eltern glaubten, ihren Augen nicht zu trauen, sie meinten zu träumen, sagten jedoch nichts, um das leidige Zahnputz-Thema nicht wieder aufzuwärmen. Es war ihnen in den vergangenen Monaten schwer genug gefallen, Johannes allmählich in Ruhe zu lassen.

«Ich putz meine Zähne!» Johannes lächelte seine Eltern an. Die nickten. Sie brachten aber keinen Ton über ihre Lippen.

«Wollt ihr nicht wissen, warum?»

«Doch!», brach es aus der Mutter heraus. Johannes überlegte: «Die Teufel helfen mir jetzt nicht mehr. Die sind zu klein gegen meine Monster, die mich jetzt nachts besuchen. Ich hab 'ne Wasserpistole unterm Kopfkissen liegen. Die hilft mir mehr!»

Nun zu einer anderen Situation. Auch sie zeigt, wie das animistische Denken der Kinder von Erwachsenen und Eltern ausgenutzt wird, wie sie mittels konkreter Schreckensbilder Wohlverhalten und Disziplin erreichen wollen. Doch Kinder sind nicht selten noch kreativer, gehen – allen Unsicherheiten zum Trotz – gekonnt und produktiv mit den wenig konstruktiven Argumenten der Erwachsenen um.

Paul, drei Jahre, nuckelte ununterbrochen am Daumen. Paul war ein aufgeweckter Junge, er spielte viel, war ständig in Bewegung, schaute mit seinen braunen funkelnden Augen aufmerksam in die Welt. Paul war ein Sonnyboy, der Liebling seiner Erzieherinnen im Kindergarten – wenn nur sein ewiges

Daumenlutschen nicht gewesen wäre. Erika Baier, Pauls Erzieherin, nervte das. Sie reglementierte Pauls Nuckeln und Lutschen – vergeblich! Je mehr sie intervenierte, umso schneller schnellte Pauls Daumen in den Mund. Eines Tages hatte Erika Baier genug – sie meinte, nun eine «härtere Gangart einschlagen» zu müssen.

«Paul», so erklärte sie ihm eines Tages, «wenn du weiter am Daumen nuckelst, dann bekommst du schiefe Zähne.»

Paul stutzte.

«Paul, du bekommst ganz schiefe Zähne!», beharrte die Erzieherin.

Paul führte den Daumen zum Mund, so automatisch ging das, als ob im Mund ein Magnet stecken würde.

«Paul!» Die Stimme der Erzieherin klang scharf. Pauls Daumen bewegte sich langsam abwärts.

«Paul, du bekommst von deinem Nuckeln wirklich ganz schiefe Zähne!» Es schien, als sei sich die Erzieherin in ihrer Argumentation nicht ganz sicher.

«Wie schiefe Zähne?» Paul blitzte Erika Baier mit seinen Augen an. Sie schien unsicher, ihr fehlten die Worte, ja, es hatte den Anschein, als habe es ihr die Sprache verschlagen.

«Wie schiefe Zähne?», wiederholte Paul ganz freundlich. Erika Baier schlug sich mit einem Mal mit der Hand vor die Stirn, sie lächelte – sie hatte *den* Einfall.

«Wie beim Elefanten die scharfen Stoßzähne!» Mit einem Schwung ihres rechten Armes untermalte sie ihre Worte, lange und schiefe Stoßzähne andeutend. Paul schaute konsterniert: «Wie beim Elefanten die Stoßzähne?» Sie blickte Paul mitleidig an, so als sähe sie diese schon aus seinem Mund wachsen: «Paul, wie die schiefen Stoßzähne beim Elefanten!»

Paul schien sichtlich beeindruckt. Er sagte kein Wort, blickte seinen Daumen an und steckte ihn ganz langsam in die Hosentasche. Paul schüttelte wieder und wieder den Kopf: «So schief wie die Zähne beim Elefanten?» Er konnte es kaum glauben.

Der nächste Morgen. Paul tritt auf seine Erzieherin zu: «Bekommt man vom Daumennuckeln wirklich so schiefe Zähne wie beim Elefanten?» Erika Baier nickte wie aus einem Reflex heraus.

«Sag mal, Erika», fragte Paul, sie mit seinen großen braunen Augen anfunkelnd, «sag mal, Erika, wie kann ein Elefant vom Daumenlutschen schiefe Zähne bekommen? Der hat doch keinen Daumen!»

ERZIEHUNG IM HIER UND JETZT

Lars war knapp drei Jahre, als er die 300 Meter Fußweg von der elterlichen Wohnung zum Haus seiner Großeltern schon allein zurücklegte. Er musste dabei eine kleine Straße überqueren. Dazu benutzte er einen Zebrastreifen. Er blieb stehen, schaute erst nach links, dann nach rechts. Dann streckte er seine rechte Hand aus, überquerte vorsichtig, aber ganz selbstsicher die Straße.

Lars' Mutter, Pia Seibold, war hin und her gerissen. Sie spürte: «Lars kann das! Ich kann ihm da vertrauen!» Aber sie hatte zugleich auch Nachbarn, Verwandte und Bekannte, die ihr Leichtfertigkeit, ja Fahrlässigkeit vorwarfen, ihr Angst machten: «Wenn Lars etwas passiert, dann wirst du nie mehr glücklich!»

«Und in meinen Träumen malte ich mir die allerschrecklichsten Sachen aus! Ich wachte nachts schweißgebadet auf, sah mich vorm Richterstuhl!» Pia Seibold ließ sich verunsichern. Sie verbot Lars den Allein-Gang zu den Großeltern und zu Freunden. Doch Lars sah die mütterliche Grenze nicht ein.

Tag für Tag «büxte» er aus, machte sich auf seinen Weg. Ihm passierte nichts. Kam er jedoch wieder zu Hause an, erwartete ihn ein Donnerwetter, zunehmend hagelte es Sanktionen, die Lars aber nicht von seinem Tun abhielten.

Rolf Seibold, Lars' Vater, griff in die Situation ein, kritisierte seine Frau wegen ihrer Nachgiebigkeit, ihres Langmuts.

«Ich nehme das jetzt in die Hand», meinte er, drohte Lars, ihn in seinem Zimmer einzuschließen, sollte er nochmal ohne Erlaubnis und allein das Haus verlassen. Lars überhörte die Drohung, wusste er doch aufgrund seiner Erfahrung vom inkonsequenten Erziehungsstil seines Vaters. Doch Lars hatte sich diesmal verschätzt: Als er wieder einmal allein aus dem Hause schlich, verspätet zum Abendessen kam, erwartete ihn der wütende Blick des Vaters: «Morgen sperr ich dich ins Zimmer. Dann kommst du nicht raus!» Lars' Mutter führte die Drohung am nächsten Tag aus. Doch Lars öffnete das Fenster, kletterte katzengewandt hinaus, schlich zu seiner Großmutter. Dies wiederholte sich am nächsten Tag. Die Stimmung in der Familie verschlechterte sich zunehmend. Argumenten war Lars nicht zugänglich, ihm passiere nichts, war sein entscheidendes Gegenargument.

«Aber da kann was passieren!»

«Mir nicht!»

«Morgen bleibst du hier!»

«Warum?»

«Du hast mich hoffentlich verstanden!»

Nach dem zehnten «Warum?» flog Lars aus dem Raum, und zwischen den Eltern flogen die Fetzen.

«Ich glaube, wir sind nicht gerecht!», versucht Pia Seibold einzulenken.

«Der spinnt doch!» Rolf Seibold ist zornig. Ein Wort gibt das andere, der Ton wird scharf.

«Damit du's weißt, morgen binde ich Lars an, wenn der wieder abhaut! Mal sehen, wer hier gewinnt. Das wollen wir doch mal sehen!» Pia Seibold versucht – eher matt denn engagiert – ihren Mann von seinem Vorhaben abzubringen. Kein Argument hilft. Der nächste Morgen kommt. Rolf Seibold informiert Lars am Frühstückstisch über sein Vorhaben.

«Wenn du heute gehst, binde ich dich morgen an der Garage an! Verstanden?» Lars nickt beiläufig.

Am Nachmittag geht Lars zu den Großeltern. Am Tag darauf findet sich Lars am Garagentor angebunden, eine sechs Meter lange Leine mit mehreren Knoten um seinen Bauch gebunden. Lars kann kaum glauben, was ihm da passiert ist. Er versucht, die Knoten zu lösen – vergeblich. Lars windet sich hin und her wie ein Löwe im Käfig. Er findet keinen Ausweg, fühlt sich gefesselt, fängt an zu schreien. Immer schriller werden seine Laute – bis der Vater kommt. Lars bittet mit flehender Stimme: «Ich gehe nie wieder weg, wenn du mich losbindest!» Der Vater lässt sich erweichen, löst die Knoten. Nur kurz darauf ist Lars verschwunden, unterwegs zu seinem Freund – und allein.

Der Vater ist hilflos, die Mutter verzweifelt. Sie wissen keinen Ausweg mehr. Die Mutter meint: «Ich lass ihn gehen. Ich vertraue ihm!» Sie überlegt: «Ihm passiert nichts!»

«Und wenn?»

«Ihm passiert nichts!»

Die Mutter stellt diese Situation gemeinsam mit Lars auf einem Familienseminar vor, will wissen, ob sie ihrem Sohn, der mittlerweile knapp vier Jahre ist, den Weg allein zumuten kann. «Ich fühle, er schafft's! Aber mein Kopf sagt, er ist noch zu klein!»

«Ich kann es!», meint Lars selbstbewusst.

Gemeinsam versuchen wir Absprachen, um Pia Seibold wie Lars Sicherheit zu geben: Lars ruft an, wenn er sein Ziel erreicht hat, er verspricht, pünktlich nach Hause zu kommen, immer den gewohnten Weg zu benutzen. Lars lässt sich auf alle Absprachen ein.

Das Familienklima entspannt sich, die Warnungen der Nachbarn hören dagegen nicht auf. Fast scheint es, als warteten sie geradezu auf ein Unglück. Aber nichts passierte. Im Gegenteil: Lars entwickelte sich zu einem selbstbewussten Kind, das sich in der Folgezeit viel zutraute. Auf meine Feststellung während des Beratungsgesprächs: «Lars, dir kann nichts passieren, nicht?», lächelt er, er nickt ganz spontan.

«Ich gehe wie ein Indianer durch die Straßen. Ich schleiche ganz vorsichtig, schau mich um.» Dann greift er in seine Hosentasche, holt ein Abziehbild mit einem Indianer heraus: «Das ist mein Freund. Den hab ich schon ganz lange bei mir.

Der ist ganz stark. Der sagt mir: ‹Lars, du schaffst das!›»

Diese Geschichte stößt bei vielen Zuhörerinnen und Zuhörern, wenn ich sie ihnen vorstelle, auf Widerspruch. Viele meinen, die Mutter habe leichtfertig gehandelt angesichts der vielfältigen Gefahren, die jüngeren Kindern drohen. Pia Seibolds und Lars' Konfliktlösung sind nicht zu verallgemeinern, schon gar nicht vorschnell auf andere Situationen zu übertragen. Aber die Konfliktlösung macht ein Erziehungsverhalten deutlich, das sich am ganz individuellen Verhalten eines Kindes, an einem pädagogischen Handeln im Hier und Jetzt orientiert: Die Mutter hat nicht leichtfertig gehandelt, sondern auf der Grundlage ihrer Beobachtungen. Ihre Beobachtungen gaben ihr das Gespür, Lars schon mehr zutrauen zu können als anderen Kindern in seinem Alter:

» Als Lars bemerkte, seine Eltern orientierten sich in ihrem Erziehungsstil mehr an der Meinung anderer Menschen als an seinen realen Möglichkeiten, trat er mit den Eltern in einen Machtkampf ein. Er machte sie hilflos, spielte mit ihnen, rächte sich bei ihnen für die ständigen Reglementierungen.

» Lars war sich seines Handelns sicher. Er wollte als Lars angenommen sein, als ein Mensch mit ganz unverwechselbaren Zügen, spezifischen Fähigkeiten, Eigenarten und Kompetenzen.

Als die Eltern dies erkannten, ihm vertrauten, sogar mehr vertrauten als anderen Kindern seiner Altersgruppe, ohne ihn deshalb zu überfordern, war er bereit, mit ihnen in eine konstruktive Erziehungsbeziehung zu treten.

Nun zu einer anderen Situation, die ein weiteres Problem des erzieherischen Handelns im Hier und Jetzt berührt. «Darf mein Kind zu mir ins Bett kommen?», fragt Roswitha Heinrichs.

«Heiko ist zwei. Und er kommt fast noch jede Nacht!»

«Was spricht dagegen?», frage ich.

«Wenn er jetzt nicht lernt, allein zu schlafen, dann lernt er es nie. Das hört man doch! Das liest man!» Sie klingt ganz bestimmt, aber da klingt auch Sorge und Anspannung aus ihrer Stimme.

«Haben Sie Probleme damit, wenn Ihr Heiko nachts kommt?»

«Nein!» Sie schüttelt vehement den Kopf.

«Und wie ist es mit Ihrem Mann?»

«Der schläft sowieso wie 'n Bär.»

«Dann lassen Sie Heiko zu sich ins Bett kommen!», rate ich.

«Und wie wird das später?», will sie wissen.

«Später finden Sie einen Weg. Dann ist Heiko größer, dann können Sie das Problem viel klarer lösen, und vor allen Dingen kann er an der Lösung mitarbeiten. Momentan ist er noch zu jung, und wenn Sie mit Zwang arbeiten, schadet das möglicherweise Ihrer Beziehung zu Heiko!»

Aus dieser Situation lassen sich einige verallgemeinerbare Schlussfolgerungen ableiten: Wer jüngeren Kindern Grenzen setzt, setzt sie nicht für alle Zeiten. Grenzen im Hier und Jetzt zu ziehen meint, sie in Abhängigkeit von der kindlichen Entwicklung auch zu verändern. Grenzen sind keine unabänderlichen, allzeit gültigen Markierungen. Je älter Kinder werden, umso eher sind sie zur Mitarbeit bei Konfliktlösungen bereit; je jünger sie sind, umso weniger *können* sie es, weil sie *noch* nicht über entsprechende Fähigkeiten verfügen. Wenn Kinder ihre Nächte – oder Teile davon – im elterlichen Bett verbringen wollen, und Vater wie Mutter haben damit keine Probleme, dann gibt es keinen Grund, dem Kind oder den Kindern diesen Wunsch zu verwehren. Ein Anlass zu verändertem Verhalten ergibt sich dann, wenn Vater oder Mutter sich genervt und gestört *fühlen.*

Ähnliches gilt für das nächtliche Schreien. Auch hier hört man häufig den Vorschlag, kleine Kinder schreien zu lassen.

Abgesehen davon, dass schreiende Kinder nicht zu überhören sind, verinnerlicht das Kind ein problematisches Modell, was sich auf sein Urvertrauen, sein Selbstwertgefühl, seine Bereitschaft, Verantwortung zu übernehmen, nachteilig auswirken kann: «Wenn ich Angst habe, bin ich allein und verlassen! Wenn ich in Not bin, helfen meine Eltern nicht!» Sollte ein Kind seine Eltern mit dem Schreien *später* benutzen, um ihnen Aufmerksamkeit abzunötigen, bleibt noch genügend Zeit, dieses dann störende Handlungsmuster zu ändern – aber gemeinsam. Über das Problem des Schlafengehens, des Durchschlafens gibt es einfühlsame Ratgeber, die die Vielschichtigkeit des Problems deutlich machen (z.B. Friedrich/Friebel, vgl. Seite 317). Werden Kinder mit ihren nächtlichen Streifzügen zum Problem für Eltern, bieten sich eine Vielzahl von einfachen, nachvollziehbaren Rezepten an, die den Charakter von althergebrachten Hausmitteln haben.

1. Das Kind braucht klare Rituale, das betrifft nicht allein den Tagesablauf, das gilt gleichermaßen für das abendliche Zu-

bettgehen. Je klarer, je verlässlicher und konkreter sich das Ritual für Kinder insgesamt darstellt, umso mehr lassen sie sich darauf ein – was kritische Tagesform und damit einhergehende Probleme beim Zubettgehen und Durchschlafen nicht ausschließt.

2. Das Schlafengehen, die Nacht bedeuten für viele Kinder Trennung, Alleinsein, auch seelischen Stress. Dieser ist Kindern – eine emotional gesicherte Basis vorausgesetzt – dann zuzumuten, wenn man natürliche Hilfsmittel zur Hand hat, um Stress abzubauen. Als besonders hilfreich erweist sich ein Schmuseobjekt – z.B. ein Teddy, eine Puppe –, das für ein Kind Verlässlichkeit bedeutet, dem Kind Schutz vor dem Alleinsein signalisiert. Es ist wichtig, dem Kind so früh wie möglich «sein» Schmuseobjekt, in der Fachsprache auch «Übergangsobjekt» genannt, zu ermöglichen. Dieses Objekt dient dem Kind, sich an die Welt, die nächste Umgebung, an unvertraute Situationen, an Trennung und Verlassenwerden zu gewöhnen. Wichtig: Es sollte nur *ein* Objekt sein, an welches das Kind seine Gefühle bindet. Meist ist dieses dann – über längere Zeit hinweg – ein schmutziger, ein riechender, ein abgenuckelter Gegenstand, der zusammen mit dem Kind schon viele Nächte verbracht hat, ihm aber Kraft gibt, die Dunkelheit zu überstehen. Solch ein Objekt kann ermutigen, Konfliktsituationen auszuhalten, sie als beherrschbar zu erleben, Trennungen zu bestehen, teilweise bis in die ältere Kindheit hinein.

Kai, ein elfjähriger «Rabauke», fuhr für fünf Tage in ein Schullandheim: Als er morgens am Bahnhof ankam, lugte aus seinem Rucksack ein Teddy, von ihm «Samson» genannt, mit abgeknabbertem Ohr, einäugig, der Kopf speckig vom vielen nächtlichen Nuckeln.

«Na, Kai, willst du Samson mitnehmen», fragte ich ihn.

«Sie glauben es nicht», erwiderte er ganz ernsthaft. «Ich wollte ihn nicht mitnehmen. Aber Samson hat so lange genervt, bis ich gesagt habe: ‹O.k., dann kommst du mit!›»

Eltern können die Symbolik des Übergangsobjektes unterstützen durch den Einsatz des Schnuffeltuchs, des Kopfkissenüberzugs («Schmusekissen») oder des getragenen Nachthemds der Mutter (vgl. dazu auch die Geschichte «Man denkt zu viel nach» in «Kinder brauchen Grenzen»).

Wenn Kinder nicht in ihrem Bett schlafen wollen, mag es sinnvoll sein, ein Nachthemd in das Kinderbett zu legen, das die Mutter einige Tage getragen hat. Ähnliches gilt für den Kopfkissenbezug, auf den die Mutter ihren Kopf gelegt hat.

Sowohl Nachthemd als auch Kopfkissenbezug haben unverwechselbar den mütterlichen Geruch angenommen. Ein Schnuffeltuch ist leicht herzustellen: Die Mutter legt sich ein Taschentuch oder eine Stoffwindel für einige Tage auf den Bauch, damit es ihren Geruch annimmt. Das Tuch gibt man dem Kind in die Hand oder legt es unter sein Kopfkissen.

Kinder nehmen die Mutter instinktiv über unverwechselbare Gerüche wahr. Ihr ganz eigener Geruch bedeutet Nähe, gibt Bindung, wenn sie körperlich nicht anwesend ist. Der Geruch beruhigt, lässt das Kind schlafen, weil es die Sicherheit spürt, dass die Mutter nur vorübergehend vom Kind getrennt ist. Auch hier gilt: «Hausmittel» funktionieren nicht immer – zu vielschichtig und kompliziert können die Hintergründe für die Schlafstörungen des Kindes sein.

Viele Eltern setzen die bewährten Mittel nach geraumer Zeit ab, weil sie hören, diese seien von einem bestimmten Alter an unangemessen. Ich halte solch ein Phasendenken – vor allem wenn es die emotionale Entwicklung von Kindern anbetrifft – für zu starr und wenig am Kind orientiert. Natürlich kann eine übertriebene Zuwendung zu Schmuseobjekten ein Zeichen für den seelischen Stress oder für eine gefühlsmäßige Störung des Kindes sein. Zunächst sind Schnuffeltuch, Schmusekissen oder Übergangsobjekt jedoch unter einer normalen, der kindlichen Entwicklung angemessenen Perspektive zu betrachten – und dies meint: Das Kind bestimmt das Tempo der Entfernung solcher symbolischen Gegenstände selbst, nicht ein wohlmeinender Erwachsener, der vorgibt zu wissen, was für ein Kind das Beste ist.

Falls Kinder zu früh, zu wenig einfühlsam, weil von außen, mithin fremdbestimmt, von ihren Symbolen entwöhnt werden, kann das zur Flucht in andere, weniger konstruktive Symbole führen – statt des Schnuffeltuchs werden Süßigkeiten genommen, statt des Schmusekissens wird ein Beruhigungstee getrunken. Aus einer sehr sinnlichen Bewältigung von gefühlsmäßiger Frustration wird eine orale Befriedigung, d.h., die Bewältigung von Stress wird mit Essen und Trinken verbunden. Damit *können* Abhängigkeiten aufgebaut werden.

MAGISCHE LÖSUNGEN

Schon jüngere Kinder entwickeln Problemlösungen, die Erwachsene häufig überhören, weil sie nicht ihren rationalen Vorstellungen entsprechen. Die Ideen der Kleinen werden häufig belächelt, dabei enthalten sie manchmal grandiose Perspektiven.

Dies soll an zwei Situationen konkretisiert werden, die mir Familie Meinhold auf einem Elternseminar vorstellte.

Lasse, drei Jahre, brachte die Familie durch seine «Unordnung permanent auf die Palme». Das betraf weniger die Situation in seinem Zimmer als vielmehr seine Intensität, das Chaos in das gesamte Haus zu verlagern. Seine Eltern «flippten regelmäßig aus», und – so die Erwachsenen genervt – «stellen Sie sich vor, dann sagt er noch, er mache nicht die Unordnung, sondern das mache Pumuckl, der ihn ständig besuche». Herr Meinhold ist entrüstet: «Also da kann ich richtig ausflippen!»

«Ehrlich!» Seine Frau nickt bestätigend.

Lasse war bei diesem Teil des Gesprächs nicht anwesend. Ich holte ihn hinzu, schickte seine Eltern hinaus, um mir die Situation aus seiner Sicht erzählen zu lassen.

«Was meinst du, hat dein Vater mir wegen der Unordnung gesagt?»

Lasse lächelte mich an: «Das ... das mit dem Pumuckl ...» Kurze Pause. «Pumuckl ist das ja auch!»

Er schaut mich an, will meine Zustimmung.

«Was ist das mit dem Pumuckl?», will ich wissen.

«Also, der kommt und spielt mit mir, und dann geht er irgendwann und lässt alles liegen, und ich muss aufräumen, und dann habe ich keine Lust ... Wer Unordnung macht, muss aufräumen, sagt Papa ... Pumuckl macht das nicht!»

Ich ließ mir Einzelheiten schildern, um ein genaueres Bild zu bekommen. Dann bat ich die Eltern hinein. Für mich war schnell klar: Lasse hatte seine Unordnung, seine «bösen» Anteile an Pumuckl gebunden. Und Lasse war überzeugt, nicht selbst für das Chaos verantwortlich zu sein. Als ich die Eltern fragte, was mir Lasse wohl erzählt habe, rief der Vater spontan aus: «Den Quatsch mit Pumuckl!» Er klingt säuerlich: «Wie immer! Ich kann's nicht mehr hören!»

«Ist aber kein Quatsch!» Dabei ahmt Lasse Pumuckls quiekige Stimme nach.

«Hör auf!», meint die Mutter genervt. «Es reicht, wenn du das zu Hause machst!» Lasse lächelt, er war nun auf dem besten Wege, seinen Eltern ihre Hilflosigkeit vorzuführen. Machtkampf pur! «Lasse», sage ich, «du solltest mal ganz deutlich mit Pumuckl reden. Dich nervt die Unordnung doch auch. Meinst du, du kannst mit ihm reden?» Die Meinholds sehen mich entgeistert an.

«Oder sollen deine Eltern mit Pumuckl reden?» Die beiden schütteln spontan den Kopf, sehen mich völlig konsterniert an.

«Die nicht!», ruft Lasse. «Die verstehen den doch gar nicht!»

«Was wirst du ihm sagen?»

«Ich werde mit ihm schimpfen! Ich werd sagen: Aufräumen, oder er braucht gar nicht mehr zum Spielen zu kommen!»

Die Meinholds sind vom Gang des Gesprächs überrascht, intervenieren nicht mehr. Auf meine Frage, ob sie da mitziehen könnten, nicken sie verhalten: «Wenn's denn hilft!» Als sie den Raum verlassen, habe ich den Eindruck, als ob sie Mitleid mit mir haben wegen des Spielchens, auf das ich mich bei Lasse eingelassen habe.

Vier Wochen später; Fortsetzung des Familienseminars. Die Meinholds kommen strahlend auf mich zu, das Problem mit der Unordnung in der Wohnung habe sich aufgelöst. Lasse mache nur noch in seinem Zimmer Chaos, ansonsten räume er auf.

«Wahnsinnig! Der räumt jetzt auf!» Frau Meinhold lacht, den Sinneswandel ihres Sohnes gleichwohl noch ein wenig skeptisch betrachtend. Lasse kommt auf mich zu.

«Na, Lasse, hast du mit Pumuckl geredet?», frage ich.

«Und ob! Ich hab ihm gesagt: ‹Wenn du nicht aufräumst, spielst du nicht mit mir. In meinem Zimmer kannst du alles liegen lassen. Aber sonst räumst du auf! Ist das klar?!›»

«Und Pumuckl hat dich verstanden?»

Lasse nickt: «Und wie!»

Eine ebenso einfache wie magische und kindgerechte Lösung, die gefunden wurde, weil ich mich auf Lasses Phantasien einließ. Die Kritik der Eltern an der Unordnung konnte Lasse nicht annehmen. Er empfand sie weniger als Kritik an der Sache denn als Kritik an seiner Person. Die Konsequenz: Er inszenierte einen Machtkampf. Und je vehementer die elterlichen Vorwürfe kamen, umso intensiver führte er seine kleinen Rachefeldzüge, die die Eltern allmählich zur Verzweiflung trieben. Die Bedeutung von Lasses Phantasien war mir klar.

Pumuckl verkörperte Lasses polare Sichtweise, die so typisch für jene Altersstufe ist: die Aufspaltung in «gute» –Lasse – und «böse» –Pumuckl – Personen. Eine differenzierte Betrachtung von Personen – aus einer Entweder-oder-Haltung entwickelt sich eine Sowohl-als-auch-Haltung – gewinnen Kinder etwa vom fünften Lebensjahr an. Aber auch danach bleibt die polare Sichtweise noch erhalten. Sie wandelt sich erst allmählich.

Pumuckl diente Lasse als Vehikel, ein magisches Vehikel, dessen Bedeutung für die Eltern auf den ersten Blick nicht zu erkennen war.

Wenn Eltern sich mehr auf eine genauere Beobachtung ihrer jüngeren Kinder einlassen könnten, es lernten, Verständnis für deren magisch-mythische Sichtweisen zu zeigen, dann gelänge es, schon mit zwei- bis vierjährigen Kindern zu ganz überraschenden Konfliktlösungen zu kommen – Lösungen, die nur für begrenzte Zeit Gültigkeit haben, erwirbt das Kind mit zunehmendem Alter doch andere Fähigkeiten, sich mit sich und anderen Personen auseinanderzusetzen. Dann gewinnen Sprache und rationale Herangehensweisen an Gewicht. Dies zeigt die zweite Situation.

Vera Fischer hatte sich vor kurzem von ihrem Mann getrennt. Ihre beiden Kinder Anke, drei Jahre, und Janine, fünf Jahre, lebten bei ihr. In der Trennungsphase bekam Dario, ein überdimensionaler Kuschelbär, der beiden gehörte, besondere Bedeutung für die Kinder. Die Mädchen wiesen Dario einen Platz am Familientisch zu, für ihn wurde extra ein Gedeck aufgetragen. Man wartete auf Dario, bis er mit dem Essen fertig war – und Dario war ein Langsamesser. Morgens bummelte Dario beim Anziehen. Es dauerte unendlich lange Zeit, bis Anke und Janine die passenden Klamotten ausgesucht und ihm angezogen hatten. Selbst ins Restaurant kam Dario mit. Selbstverständlich reservierte die Mutter auf Anraten der Kinder für ihn einen Platz, man legte ihm die Speisekarte vor. Doch Dario war «kein guter Esser. Gott sei Dank», erinnert sich die Mutter, «sonst hätte für ihn auch noch ein Essen bestellt werden müssen. Die Mädchen waren da konsequent».

Man kaufte Dario sogar einen Kindersitz fürs Auto, in dem er angeschnallt mitfuhr. «Es war schon schwer, dies alles auszuhalten», berichtet Vera Fischer. «Die Leute schauten, als ob ich verrückt wäre. Und andere rieten mir, sofort fachliche Hilfe zu holen.»

«Und Sie?»

«Ich hatte den Eindruck, es würde den beiden guttun. Die brauchten das ganz offensichtlich. Ob's nun mit der Trennung zusammenhing oder nicht, wer will das schon wissen.»

«Was hat Sie in Ihrem Gefühl bestärkt?»

«Meine Mutter hatte den Bären eines Tages versteckt, als die beiden bei ihr zu Besuch waren. Der ging das ganze Theater mit Dario auf den Geist. Aber das Theater danach, als Dario verschwunden war, war nix dagegen. Die Mädchen flippten völlig aus. Die ältere hat sogar die Polizei angerufen, Dario sei entführt worden. Und dann standen mit einem Male vier Polizisten vor der Tür. Sie hätten meine Mutter sehen sollen.

Die hat den Mädchen Dario sofort wiedergegeben. Von da an wurde auf den Kuschelbär noch mehr achtgegeben!»

«Wie lange ging das?»

«Über ein Jahr. Eines Tages kamen die Kinder ins Auto – ohne

Dario. ‹Wo ist Dario?›, hab ich gefragt. ‹Will der denn nicht mit?› ‹Der schläft!› Am Mittag habe ich Dario gefunden. Er lag achtlos in der Ecke. Von da an hatte er keine Bedeutung mehr.

Als Erstes flog der Kindersitz für Dario aus dem Auto!»

Der Bär gab den Kindern Sicherheit, er war eingebunden in ein Ritual, das den Mädchen Verlässlichkeit und Sicherheit bot.

Dadurch konnten sie den Trennungsschmerz und damit einhergehende Ängste und Unsicherheiten auf eine ganz selbstbewusste Weise bewältigen. Als sie einen anderen Weg gefunden hatten, nahm die Bedeutung von Dario ab.

Kinder brauchen Magie und Mythen, Phantasiefiguren und ganz eigene Symbole, um auf einer verlässlichen emotionalen Basis Selbstvertrauen und Selbstwertgefühl zu entwickeln.

2

AGGRESSIONEN FORDERN HERAUS

Kapitel 10
Gewalt im Spiel – Spiele der Gewalt

Allenthalben wird darüber geklagt, Heranwachsende seien spielunfähig, gar phantasielos. Und zudem wird darauf hingewiesen, dass in die Spiele der Kinder häufiger und auffälliger Elemente zerstörerischer Gewalt einbezogen sind.

Bleibt angesichts dieser Feststellung die Frage, ob das Kinderspiel in seiner Vielfalt nicht schon immer innere Realität des Kindes symbolisierte, kindliche Gefühle und Entwicklungen und damit Aggressivität und Ängste zum Inhalt hatte. Veränderungen im Kinderspiel – z.B. das zerstörerische Ausleben von Aggressionsphantasien – sollen damit nicht in Abrede gestellt werden.

Auf drei Entwicklungen, in denen sich möglicherweise Veränderungen zeigen, will ich exemplarisch hinweisen:

- » Veränderungen beim spielerischen Umgang mit Aggressionen – am Beispiel von Banden und Straßenkämpfen;
- » Störungen im Körperbewusstsein und in körperlichen Ausdrucksformen von Kindern;
- » den Versuch, Aggressionen als Kraft aus dem Alltag mit pädagogischer Aggression auszugrenzen.

ENTRITUALISIERUNG DER AGGRESSION

Auf einem Elternseminar berichteten Teilnehmer, die ihre Kindheit und Jugend in den fünfziger Jahren erlebten, über ihren Umgang mit Aggressionen.

«Früher», so erzählt Anton Richter mit leuchtenden Augen, «ging's härter zur Sache. Banden und Straßenkämpfe waren angesagt: der eine Straßenzug gegen den anderen, die von der Oberschule gegen die Hilfsschule. So hieß das ja früher noch … Wir verabredeten uns zu einem Zeitpunkt, an einem Ort – unsere Eltern hatten keinen Einblick. Mein Vater war nur sauer, wenn *ich* was auf die Nase bekommen hatte … oder meine Mutter jammerte, wenn der Pullover zerrissen war. Wir haben uns nicht geschont, aber irgendwann war die Prügelei zu Ende. Weil die Kondition ausging, weil es keinen Spaß mehr brachte oder weil Erwachsene kamen und uns anbrüllten.»

«Worin sehen Sie Unterschiede zu heute?»

Er überlegt, dann antwortet er aber ganz spontan: «Ich denke, es gab einen Unterschied, einen ganz wichtigen.

Wenn bei uns einer am Boden lag, war der aus dem Spiel draußen. Auf den wurde nicht mehr eingetreten oder eingeschlagen. Oder wir hatten ein Zeichen ausgemacht, ein ganz bestimmtes Handzeichen, das hieß: Ich will oder kann nicht mehr! Dann hörten wir auf – wehe, wenn man gegen diesen Kodex verstieß, dann fiel die ganze Meute über einen her. Dass es solche Regeln nicht mehr gibt, macht mir Sorgen. Diese herumstromernden Skins, die jeden und alles wahllos verprügeln, das ist eine Verrohung der Sitten, so öffnet man der Zerstörung Tür und Tor und bringt jede harmlose Rangelei in ein schlechtes Licht.»

Andere Väter, aber auch Mütter stimmten diesen Ausführungen mit eigenen Geschichten und Erlebnissen zu – z.B. von Schützenfesten, dem Maibaum-Aufstellen, Tanzveranstaltungen etc. Eine Mutter, die mit fünf Brüdern aufgewachsen war, erzählte von ihren häuslichen Kämpfen. Hart sei es zugegangen, aber herzlich. Manchmal habe es Schrammen gegeben, die Nase habe geblutet, ein Hemd sei eingerissen – alles außerhalb der Sicht- und Reichweite der Eltern: «Die haben nichts, fast nichts mitbekommen.» Wirkliche Verletzungen, «die gab's nicht. Es herrschten unausgesprochene Regeln, an die sich jeder hielt.

Man hatte das Gespür, bis hierher darfst du gehen und nicht weiter.» Sie denkt einen Augenblick nach: «Dieses Gefühl, mit den anderen zu toben, sie zu packen, zu drücken und trotzdem nicht zu verletzen, dieses Gefühl ist meiner Ansicht nach verlorengegangen.»

Nicht allein die subjektiven Berichte, auch wissenschaftliche Untersuchungen über Aggression als Bestandteil einer Jugend- und Kinderkultur kommen zum Schluss: Die ritualisierten Straßenkämpfe zwischen Kinder- und Jugendgruppen, sogenannten Banden, nahmen quantitativ in den letzten vierzig Jahren ab. Im gleichen Zeitraum kann man jedoch einen qualitativen Zuwachs an Sachbeschädigungen und Körperverletzungen in der Folge von gewalttätigen Auseinandersetzungen feststellen.

Die festgelegten Regeln gaben den Auseinandersetzungen früher Halt. Regelverstöße waren – das erlebten die Heranwachsenden – mit fühlbaren Konsequenzen belegt. Man verletzte sich nicht vorsätzlich, man trat und schlug auf einen wehrlos am Boden liegenden Menschen nicht ein. Und diejenigen, die keine Lust an der Fortsetzung des Kampfes hatten bzw. konditionell am Ende waren, ließ man unbehelligt. Hier soll kein Idyll konstruiert werden – nach dem Motto: «Das hat es früher nicht gegeben!» –, hier soll nicht eine vermeintlich harmonischere Vergangenheit gegen ein schlechtes Heute ausgespielt werden. Frühere Jahrzehnte wiesen auch Brutalitäten im zwischenmenschlichen Miteinander auf, Rituale und Regeln wurden nicht eingehalten, ohne Respekt wurde auf den anderen eingeschlagen, Menschenwürde missachtet.

Für uns heute bleibt die Frage, aus welchen Gründen Heranwachsende Rituale nicht mehr praktizieren? In Gesprächen mit Kindern und Jugendlichen fallen zwei Gesichtspunkte auf:

1. Oberstes Erziehungsziel sind humane, auf gegenseitigen Respekt abzielende Erziehungsbeziehungen. Gleichzeitig be-

wertet man Aggressionen ausschließlich als negative Kräfte. Die konstruktive Seite der Aggression – z. B. Produktiv- und Kreativ-Sein, sich abgrenzen, um eigene Identität zu entwickeln – wird in der öffentlichen Diskussion ausgeblendet. Nicht die Verdrängung von Aggression aus dem Alltag kann mithin die Erziehungsperspektive für Kinder sein, vielmehr die konstruktive Seite von der zerstörerisch-menschenverachtenden klar abzugrenzen. Denn um die destruktive Aggression zu beherrschen, ist eine Kultivierung von Aggression, d. h. die Erziehung zu einem gekonnten Umgang mit Aggression, unabdingbar.

Hierfür sind allgemeinverbindliche Rituale und Regeln notwendig. Lebt man diese den Kindern nicht vor, haben sie keine Möglichkeiten, sie als nachvollziehbares und praktizierbares Modell anzunehmen und zu verinnerlichen. Wer Heranwachsende mit ihren aggressiven Persönlichkeitsanteilen alleinlässt, liefert sie einer chaotischen, den anderen Menschen in seiner Würde nicht achtenden Aggression aus. Solch Ausgeliefertsein endet – wie in vielen zerstörerischen Handlungen von Heranwachsenden gegenwärtig sichtbar – in einem blindwütigen Ausleben von Aggressionen, das von Inhumanität geprägt ist.

2. Aggression ist für Heranwachsende – entwicklungsbedingt – faszinierend. Kann Aggression in der Realität nicht – kontrolliert, regelgebunden, ritualisiert und verlässlich – ausgelebt werden, so sucht sich die Faszination ihre Symbole und Gegenstände. Und diese finden Heranwachsende in den Action-Szenarien der Medien.

Im Verlauf von Elternseminaren habe ich Eltern nach gekonnten Aggressionsritualen in der eigenen Familie gefragt: z. B. nach regelmäßigen Rangel- und Kampfzeiten, um Körperkräfte zu erproben, z. B. nach «Kissen- bzw. Polster-Schlachten», um ausgiebig zu toben. Nur in zwei Fünfteln aller Familien fanden sich entsprechende Rituale, obgleich Kinder – wie sie mir erzählten – diese Form des Körper-Erlebnisses besonders gern hatten. Insbesondere Mütter lehnten entsprechende Aktivitäten ab, weil ihre Kinder durch diese Spiele «erst recht aggressiv» bzw. dazu angeleitet würden, im späteren Leben unsozial und destruktiv zu handeln. Welch Missverständnis, welch einseitige Sicht auf Aggression: Sie ist – im ursprünglichen Sinn des Wortes (lateinisch *aggredi*: etwas in Angriff nehmen, auf etwas zugehen) – eine Kraft, sie stellt ein Gefühl dar, das durch Verleugnung und Verdrängung nicht aus der Welt, schon gar nicht aus der Entwicklung von Kindern auszugrenzen ist. Je mehr man elterlicherseits zu einer Angst vor Aggression erzieht oder Aggression mit Verbot und Ausgrenzung belegt, je weniger fühlen sich Kinder mit diesen Persönlichkeitsanteilen angenommen.

Mehr denn je ist eine Aggressionserziehung gefordert – nicht als gleichgültiges Gewährenlassen unter dem Motto: «Lasst Kinder ihre Aggressionen ausleben», vielmehr in Form von Aggressionsritualen und kontrollierten Handlungsmustern, die Respekt und Achtung vor der körperlichen Unversehrtheit anderer Menschen beinhalten. Je lebenszeitlich früher dies praktiziert wird, desto intensiver werden solche Modelle von Kindern als lebbar verinnerlicht.

Aggressionserziehung bedeutet, sich zunehmend körperlicher Auseinandersetzung zu enthalten, um nach altersgerechten Lösungen bei Konflikten zu suchen. Umgekehrt betrachtet: Je jünger Kinder sind – etwa bis zum Beginn des Grundschulalters –, umso stärker werden Reibung und Meinungsverschiedenheiten *auch* körperlich ausgetragen. *Allein* mit Reflexion und sprachlichen Argumenten sind Kinder in dieser Altersstufe noch überfordert.

Dies bedeutet nicht, auf Normen und Werte einer höheren moralischen Stufe in der Erziehung zu verzichten. Ganz im

Gegenteil: Kinder sind zu begleiten, wenn es um angemessenere Konfliktlösungen geht. Dies aber weniger mittels unendlich «guter» Worte als vielmehr durch das Handeln von Erwachsenen: Je eher die Bezugspersonen eine entsprechend höhere moralische Stufe im Alltag leben, umso mehr leben sie Kindern ein Modell vor, ein Modell, das Kinder, wenn sie reifer werden, übernehmen können.

ENTKÖRPERLICHUNG DER ERZIEHUNG

Christopher, sechs Jahre, ist im Kindergarten gefürchtet: Er fällt lange Zeit nicht auf. Aber dann steht er plötzlich auf, geht zu einem anderen Kind: Mal sieht Christopher es an, schaut nur zu – um dann plötzlich kräftig zuzuschlagen, scheinbar ohne Rücksicht auf Schmerz und Verletzungsgefahr. Die Kinder reagieren verschieden: Sie schreien auf, laufen weg, suchen Hilfe, hauen reflexartig zurück. Doch ziehen sich immer mehr Kinder von Christopher zurück. Pädagogische Eingriffe des Teams helfen wenig: Christopher braucht offensichtlich keine zusätzliche Aufmerksamkeit. Die hat er durch viele positive, produktive Aktionen ohnehin. Es läuft kein Machtkampf zwischen den Erzieherinnen und dem Kind. Es fällt zudem auf: Selbst angekündigte Konsequenzen, z.B. nach einem schmerzhaften Angriff für eine überschaubare Zeit an einem Einzeltisch zu spielen, halten Christopher nicht von seinen tätlichen Übergriffen ab.

Die Erzieherinnen sind ratlos, steht Christopher nach einer Attacke wie ein «begossener Pudel hilflos die Schultern zuckend herum», so als wolle er sagen, dies habe er nicht gewollt. Betrachtet man Christopher genauer, wird sein Dilemma deutlich – ein

Dilemma, das auf viele andere Kinder heute übertragen werden kann. Als ich mich mit Christopher über sein «Ausrasten», so seine Mutter, unterhalte, beteuert er ständig, er habe den anderen Kindern keine Schmerzen zufügen wollen.

Eine Erzieherin, die bei dem Gespräch mit Christopher anwesend war, rief angesichts seiner Feststellung: «Kannst du denn nicht so Kontakt aufnehmen, dass du den anderen nicht wehtust?!»

«Nein!», lautet Christophers spontane Antwort.

«Jetzt hör aber auf», sagt die Erzieherin ärgerlich.

Christopher hebt resigniert die Schultern.

«Lassen Sie», beruhige ich sie. «Ich denke, er meint es ehrlich.» Nun ist sie irritiert, wohl auch ärgerlich auf mich.

Ich hatte Christopher im Laufe des Vormittags längere Zeit beobachtet: Er wirkte sehr konzentriert, konnte geschickt basteln, hatte ein auffällig konstruktives Sozialverhalten, ging geradezu liebevoll mit anderen Kindern um. Er schlichtete manchen Streit, konnte mit seinen Argumenten zwischen Kindern vermitteln. Wenn er jedoch umherging, wirkte er schwerfällig, obgleich er eine eher zierliche Statur hat.

Beim Laufen ruderte er, so als fürchte er, aus der Balance zu geraten. Beim Klettern und Turnen wirkte er ungelenk, so als drohe er, aus dem Gleichgewicht zu geraten. Wollte er zu den anderen Kindern körperlichen Kontakt aufnehmen, so sah das ruppig und plump aus. Als die Kinder während eines Spiels sich an die Hände fassen sollten, packte Christopher so stark zu, dass er Schmerzen verursachte. Kinder entzogen sich mit einem lauten «Aua!» dem Zugriff. Christopher schaute – etwas verzweifelt – zuerst das Kind, dann seine Hand an.

Christopher erzählte mir, dass er zu Hause nicht «laut» sein dürfe. Körperliche Aktivitäten wie Rangeln, Toben seien untersagt. Seine Erziehung war – wie ein Gespräch mit den Eltern ergab – sehr «kopflastig». Man redete viel und intensiv, man behandelte Christopher wie einen kleinen Erwachsenen. Ein körperorientiertes Selbstbewusstsein bildete sich bei ihm nicht aus, die Eltern legten keinen Wert darauf. So zeigte sich Christopher intellektuell als äußerst kompetent, im Ausprobieren körperlicher Tätigkeiten wies er erhebliche Defizite auf: Er tobte kaum, er lebte körperliche Gefühle wenig aus. Christopher ging selten – wie seine Mutter in einem Gespräch formulierte – bis «an seine körperlichen Grenzen».

Sie habe dies auch verhindert: «Wenn er so viel rumturnte, dann schwitzte er, und dann wurde er schnell krank!» Und an einer anderen Stelle merkte der Vater an: «Wenn der viel rumturnte und tobte, die Kinder sind so klein, und dann geht schnell was kaputt. Man muss sich eben schon früh beherrschen lernen.»

In Christopher verkörperte sich ein Widerspruch: Er drückte sich brillant aus, konnte intellektuelle Bedürfnisse artikulieren, Streit schlichten – aber er schien körperlich ruhiggestellt, ja stillgelegt, Christopher war regelrecht zur Inkompetenz erzogen, seinen körperlichen Gefühlen Ausdruck zu verleihen. Christophers Geschichte ist durchaus verallgemeinerbar: Viele Kinder verlernen, körperliche Handlungen in ihren positiven wie negativen Wirkungen einzuschätzen. Wenn Kinder nicht durch Tun erfahren, dass z.B. Streicheln andere Empfindungsqualitäten nach sich zieht als kräftiges Zupacken, dann sind sie nicht in der Lage, Muskelkraft situationsangemessen zu gebrauchen: Sie *wollen* angemessenen körperlichen Kontakt aufnehmen, gleichwohl *können* sie es nicht: Aus dem beabsichtigten zärtlichen Knuff wird ein schmerzhafter Schlag.

Solche Defizite sind zu beheben, sie sind nicht unabänderlich:

1. Durch die Einführung körperbetonter Rituale im Alltag,

durch Spiele und Aktivitäten, die körperliche Empfindungen in den Mittelpunkt stellen, die Kinder sinnlich erfahren lassen, wie Massagen mit unterschiedlichen Materialien sich anfühlen, wie sich Streicheln vom festen Griff unterscheidet; durch Toben und Rangeln, durch Spiele in Matsch und Wasser, durch spezifische Sinnesaktivitäten, um Gefühle zu stimulieren (s. Buchhinweise im Literaturverzeichnis).

2. Die Einführung körperbetonter Rituale, wie sie Judo, Karate, aber auch Basketball beinhalten. Selbstverständlich gilt dies gleichermaßen für andere Sportarten, die festgelegten Regeln unterliegen, an die sich der Einzelne, will er nicht ausgeschlossen werden, halten muss. Nachteilig wirken sich beliebte Sportarten wie Fußball oder Handball dann aus, wenn Eltern den Sieg, den Gewinn über das Ausleben körperlicher Bedürfnisse, das für Kinder im Vordergrund steht, stellen. Sportarten wie Judo haben gerade für das Körpergefühl Heranwachsender erkennbare Vorteile: Kinder und Jugendliche spüren ihren Körper, gehen bis an die eigene Leistungsgrenze, sie erleben Rituale und Regeln, die darauf ausgerichtet sind, das Gegenüber nicht zu verletzen und zu zerstören, vielmehr mit ihm in einen fairen Wettstreit zu treten.
3. Die Einführung von Räumen und Zeiten, in denen Kinder körperliche Bedürfnisse ritualisiert ausleben dürfen. In einer Grundschule waren die Pausenaktivitäten der sechs- bis elfjährigen Kinder durch ungekonnte zerstörerische Aggressionen gekennzeichnet. Verletzungen und Sachbeschädigungen waren die Folge. Selbst mit dem Einsatz von mehr Aufsichtspersonal konnte man auffällige Gewalttätigkeiten nicht stoppen. Als man schließlich jegliches Toben, Herumlaufen, ja sogar die Lautstärke durch eine Schulordnung untersagte, verlagerten sich die destruktiven Aggressionen auf Sachen – z.B. durch die Beschädigung des Schulgebäudes

oder der Klassenräume – und den Schulweg. Hier lebten die Kinder ungehindert, ungestüm und chaotisch das aus, was man ihnen regelgerecht verwehrte.

Im Rahmen meines Projekts über «Gewalt in der Schule», das sich mit Maßnahmen zur Gewaltprophylaxe im schulischen Alltag befasste, riet ich der Schulleitung und dem Kollegium, «Rauf-Zonen» auf dem Schulhof einzurichten. Die Reaktionen des Kollegiums wie der Eltern waren äußerst negativ: Man befürchtete eine weitere Eskalation der Gewalt, man kritisierte den Begriff «Rauf-Zone» als Gewaltverherrlichung, man sah Chaos und Anarchie voraus. Die Schüler und Schülerinnen fühlten sich dagegen angesprochen, als man sie um Mithilfe bei der Umsetzung der Idee bat. Schließlich waren sie es, die unter der zerstörerischen Gewalt am heftigsten litten, empfanden sie es doch als einengend und entmutigend, nicht mit ihrer gesamten Persönlichkeit – und dazu gehörten Aggressionsphantasien – von den Erwachsenen angenommen zu sein. Man einigte sich mit allen Beteiligten zunächst für ein halbes Jahr darauf, auf dem Schulhof zwei abgegrenzte Räume, eben «Rauf-Zonen» einzurichten. Hier durfte gerangelt, hier durfte gekämpft werden. Man richtete die Zonen auf den Rasenecken des Schulhofes ein, um die Verletzungsgefahr so gering wie möglich zu halten. Die Zonen waren durch Markierungen vom übrigen Gelände abgetrennt. Für die genannte Fläche galten Regeln, an deren Ausarbeitung die Schüler und Schülerinnen beteiligt waren.

Mit der Einrichtung der «Rauf-Zone» wurden entsprechende Aktivitäten auf dem übrigen Schulgelände untersagt. Wer seine körperlichen Bedürfnisse ausleben wollte, musste dies in den «Rauf-Zonen» machen. Dort galten einige feste Regeln: Es durfte kein Kind gezwungen werden, diesen Raum zu betreten. Die Teilnahme an den Rangeleien war freiwillig. Das Anfassen des Kopfes, Treten, Beißen, Spucken waren ebenso untersagt wie der Versuch, ein anderes Kind vorsätzlich zu schädigen. Zudem führte man ein «Code-Wort» ein. Auf Zuruf dieses Wortes durch die Aufsicht kamen alle Aktivitäten innerhalb der «Rauf-Zone» zum Stillstand. Mit diesem Wort konnten alle Kinder, die mit der Rangelei aufhören wollten, das Ende des Spiels signalisieren.

Und über das «Code-Wort» war es möglich, den Kampfverlauf zu steuern bzw. zu ritualisieren. Verloren Kinder die Kontrolle, weil sie im Eifer der Rangelei Regeln vergaßen, war es dem «Code-Wort» möglich, sie zur Ruhe zu bringen und an die getroffenen Abmachungen zu erinnern.

Nach anfänglichen Schwierigkeiten, die sich als Problem des Kollegiums und der Eltern zeigten (vertrauten diese doch nicht darauf, dass die Kinder sich an die Abmachungen hielten), spielten sich die vereinbarten Rituale und Regeln schnell ein.

Dies galt insbesondere für jene Kinder, die man als «die größten Rabauken» kannte. Sie tobten sich in der Pause aus, gingen völlig aus sich heraus. Die körperbetonten Aktivitäten während der Pause hatten positive Auswirkungen auf das Unterrichtsgeschehen. Störungen, die sich im Unterricht aus angestauten körperlichen Spannungen ergaben, ließen erheblich nach. Der Wechsel aus intellektueller Anspannung während des Unterrichts und körperbetonter Entspannung in der Pause wirkte sich positiv auf das Lehrer-Schüler-Verhältnis aus. Die zerstörerischen Aggressionen minimierten sich. Der Pausenbetrieb gestaltete sich nicht wesentlich leiser, nicht weniger motorisch – dafür aber ritualisiert, und er war von weniger vorsätzlich zerstörerischer Aggression gekennzeichnet. Die Kinder verinnerlichten schnell die vereinbarten Rituale, so sehr, dass einige ältere Schüler bereit waren, die Aufsicht in den «Rauf-Zonen» zu übernehmen.

Indem man die Aufsicht an die Schülerinnen und Schüler

abtrat, gab man ihnen Verantwortung dafür, eigenes Tun selbstbewusst und eigenständig zu gestalten. Durch die «Rauf-Zonen» fühlten die Kinder sich als ganze Persönlichkeiten angenommen.

Grenzüberschreitungen sind normal – auch Verstöße gegen die vereinbarten Regeln und Rituale. Als Konsequenz durfte die «Rauf-Zone» am folgenden Tag nicht aufgesucht werden. Diese Konsequenz zielte aber nicht auf Erniedrigung und Zurichtung des Kindes als vielmehr auf Einsicht und Überschaubarkeit: Wer über die Stränge schlug – und dies ist wörtlich zu nehmen –, musste den raufenden Kindern von außen zusehen, war Begleitung der aufsichtführenden Person. Diese erklärte dem Kind nochmals die Regeln.

Das Projekt verlief nicht frei von Widersprüchen. Es gab Proteste seitens einiger Eltern und Lehrer. Fast alle Schwierigkeiten, die sich im Verlauf des Projekts in der Schule ergaben, wurden auf die Einführung der «Rauf-Zonen» zurückgeführt. Sie erwiesen sich als Blitzableiter, als Projektionsfläche. In sie legten Erwachsene ihre eigenen, nicht bewältigten Persönlichkeitsanteile – in diesem Fall die unbearbeiteten eigenen Aggressionen. Die Kinder empfanden das Projekt als äußerst konstruktiv, sie setzten sich dafür ein, dass man es über den vereinbarten Zeitraum hinaus verlängerte.

Wohlgemerkt: «Rauf-Zonen» sind kein Patentrezept. Aber sie sind *ein* Dietrich, um sich zerstörerischen Aggressionen nicht hilflos auszusetzen. Sie geben Handlungsfähigkeit zurück. Es gibt andere Dietriche – z. B. die Einführung von «Ruhe- und Entspannungszonen» auf Schulhöfen –, die mit anderen Mitteln als den eben genannten erfolgreich umzusetzen sind. Aggressionen fordern heraus – man sollte diese Herausforderung mit Phantasie und Kreativität annehmen. Das gelingt umso folgenreicher, je mehr man zerstörerische Aggressionen nicht als Ausdruck eines bloßen Triebgeschehens betrachtet, vielmehr als Ausdruck problematischer Erziehungsbeziehungen oder als Hilfeschrei von Kindern, sie mitsamt aller Gefühle anzunehmen.

RECHT AUF AGGRESSIONSPHANTASIEN

Malte, knapp sechs Jahre, ist allein im Hause. Seine Eltern besuchen eine abendliche Diskussionsveranstaltung. Sie hatten ihrem Sohn untersagt, nach 19 Uhr fernzusehen. Malte freute sich insgeheim auf die Abwesenheit seiner Eltern, weil am Abend ein – wie er sagte – «Kriegsfilm» kam. Er hatte das einer Programmzeitschrift entnommen. Fasziniert betrachtete er dort ein Foto mit zerstörten Panzern und Flugzeugen. Seinen Eltern hatte er vorsorglich nichts gesagt, denn «die hätten das nie erlaubt. Ich darf ja nicht mal 'ne Pistole haben».

«Ich bemühe mich, ihn so gewaltfrei, so ohne Aggressionen zu erziehen», erzählte mir Maltes Mutter, Frau Baltus, später einmal, «keine Waffen, gar nichts, wenn er sich was besorgt, nehm ich ihm das sofort weg. Das gibt zwar Krach, aber besser jetzt Krach als später die Folgen.» Herr Baltus zog «da lange Zeit mit, aber ich überleg mir jetzt, ob das wirklich so ganz richtig ist». Bedenken waren ihm gekommen, als er seinen Sohn mit einem Freund beim Wildwestspiel sah. Beide hatten sich aus Legosteinen Pistolen samt Granaten gebaut. Als der Vater in das Spiel mit den Worten platzte: «Sagt mal, ihr schießt doch nicht etwa», erwiderte Malte ganz ruhig: «Quatsch, siehst du doch. Das sind doch Sprechfunkgeräte.»

«Ich denke, ihr spielt Western.»

Malte: «Das ist ein ganz moderner Cowboy. Der schießt nicht. Der hat Walkie-Talkies.»

Der Vater sah die Gefahr, dass die starre Haltung seinen Sohn dazu bringen könnte, nicht mehr offen zu sein.

«Was nützt es mir, wenn er keine Waffen anfasst, aber dafür was unterdrückt oder lügen muss. Aber ehrlich gesagt, ich weiß nicht, was richtig ist.» Frau Baltus, eine Grundschullehrerin, war damit nicht einverstanden, weil «ich doch jeden Tag die Auswirkungen solcher Gewalt auf dem Schulhof sehe».

Doch zurück zu Maltes Fernsehabend. Als die Eltern aus dem Haus waren, setzte er sich vor den Fernsehapparat in Erwartung der Sendung. Er hatte sich bewaffnet: ein ganzes Arsenal von Holzklötzen, Stöcken und Legos, «alles Pistolen und Handgranaten», lag um ihn verstreut. «Wenn's zu gefährlich wird, dann hätt ich zurückgeschossen.» Der Film begann, es war eine Dokumentation über den Widerstand in Afghanistan. Kurz vor Ende der Sendung wird die Wohnzimmertür aufgerissen. Frau Baltus stürzt hinein, sieht ihren Sohn aufrecht auf dem Sofa sitzen, in der rechten Hand seine «Stock»-Pistole, in der linken eine «Lego»-Granate: «Malte! Ich glaub, ich spinne!» Sie rennt zum Fernseher, drückt den Aus-Knopf.

Malte: «Ich hasse dich! Ich hasse dich!»

Frau Baltus geht auf Malte zu, will ihn packen: «Fass mich nicht an, sonst werf ich die Handgranate!» Malte springt auf, an der Mutter vorbei, rennt in sein Zimmer. Er schließt sich ein.

Die Eltern fangen an zu streiten: Er macht ihr Vorhaltungen, zu scharf eingegriffen zu haben; sie wirft ihm vor, das alles sei Folge seiner laschen Haltung.

«Der weiß nicht mehr, woran er ist, ist doch klar. Dann macht er das, weil das die einfachste Lösung für ihn ist.»

Der Streit nimmt an Lautstärke und Heftigkeit zu, als Malte ins Zimmer zurückkommt, sich vor beiden aufbaut und anmerkt: «Regt euch ab, ich werde doch Soldat!» Dann dreht er sich um, geht aus dem Zimmer. Kurzes Schweigen. Dann Frau

Baltus: «Siehst du, die ganze Erziehung ist am Arsch.» Sie zürnt mit ihrem Mann, weint, liegt fast die ganze Nacht wach, beruhigt sich allmählich und entschließt sich, am nächsten Tag mit ihrem Sohn zu reden. Nach dem Mittagessen will sie ansetzen. Er, ganz cool: «Du nervst!»

Frau Baltus erstarrt. Malte sieht seine Mutter fest an: «Ich werde Soldat. Das wirst du noch sehen.» Frau Baltus' Mimik ist zur Maske geworden, als Malte noch einen draufsetzt: «Krieg ist geil.»

«Ich war leer», erinnert sie sich später. «Da tat sich ein Loch auf in der Erde, und ich bin darin versunken.» Malte steht auf, geht zu ihr, sieht sie kurz an, streichelt sie: «Ich hab dich gern.» Kurze Pause. «Aber ich werd Soldat.»

Die Situation stellt die Familie auf einem Seminar vor. Gemeinsam mit anderen Eltern versuchen wir eine Deutung. Die Baltus' erfahren Unterstützung, Verständnis. Andere Familien berichten von ähnlichen Diskussionen, von Wegen, die Lösungen mit sich brachten, eine entspanntere Atmosphäre im Miteinander bewirkten.

«Aber», so Frau Baltus, immer noch entsetzt, «warum macht Malte das? Er sieht doch, ich gebe mir Mühe … Und dann das!»

Sie schüttelt den Kopf.

«Genau deshalb», wirft eine Mutter, Lea Fischer, ein. «Bei mir war's auch so. Je mehr ich verboten habe, umso schlimmer wurde alles. Es ging zum Schluss nicht nur um Pistolen. Es ging nur noch darum, wer diesen fürchterlichen Machtkampf gewinnt!»

Dann erzählt Frau Fischer ausführlich über ihre damalige häusliche Situation, über ihre Verzweiflung, ihre Ohnmachts- und Versagensgefühle – aber auch über den Weg aus der Krise, «um wieder handlungsfähig zu werden», wie sie formuliert.

Viele Gespräche, die ich mit Eltern über die Aggressionswünsche ihrer Kinder geführt habe, bestätigen die Deutung von Maltes Inszenierung: Er setzt sein Spiel mit Pistolen und Bomben, seine Gewaltphantasien ein, um sich von der Friedfertigkeit, der überlegenen Moral, den Normen und Werten seiner Eltern abzugrenzen. Über seine Wünsche drückt er Eigenständigkeit aus. Während es für Malte um die Klärung von Beziehungen – «Ich will so sein, wie ich bin!» – geht, argumentiert Frau Baltus auf der Sachebene – «Man schießt nicht!» –, thematisiert gleichzeitig die Mutter-Kind-Beziehung: «Wenn du aggressiv bist, dann bist du schlecht!» Mutter und Sohn reden nicht nur aneinander vorbei, Malte fühlt sich durch die Vorwürfe seiner Mutter missverstanden und abgelehnt. Während Frau Baltus ihren Sohn überzeugen will, wie moralisch verwerflich Waffen sind, mithin die äußere Realität anspricht, sind Maltes Aggressionen Ausdruck seiner inneren Realität, d. h., sie sind Ausdruck entwicklungsbedingter Aggressionen und Gefühle. In Krieg und Soldat-Sein konkretisiert sich sein Aggressionswunsch. Da sich Malte nicht angenommen fühlt, zwingt er seine Mutter in einen Machtkampf: «Ich bin nicht schlecht! Aber wenn du mich schlecht haben willst, bitte schön!» Seine Mutter erkennt den Machtkampf selbst dann nicht, als Malte sie mit seinen imaginären Wünschen – «Ich werd Soldat!» – hilflos macht. Mit dem Machtspiel drückt er der Mutter-Kind-Beziehung seinen Stempel auf. Und je starrer die Mutter versucht, ihm ihre Sichtweise aufzuzwingen, umso mehr gewinnt Malte Freude an der Konfrontation.

Als Frau Fischer darüber berichtet, sie habe ihrem Sohn zwar keine Pistolen gekauft, aber immerhin durfte er sein «Wildwestspiel» machen, sagt Herr Baltus zu seiner Frau gewandt: «Siehst du! Du mit deinem oberpädagogischen Getue!»

Frau Baltus war am Morgen nach Maltes Auftritt in die nahe Bibliothek gegangen, hatte sich dort bei einer befreundeten Bibliothekarin «Kinderbücher über die Grausamkeit des Krieges besorgt». Sie war nach wie vor von der Richtigkeit ihrer Maßnahmen überzeugt.

«Ich wollte ihm zeigen, wohin das Schießen und die Waffen führen und was es mit dem Krieg auf sich hat. Mit so etwas spielt man nicht!» Frau Baltus senkt die Augen: Das habe einen «Mordskrach gegeben, als mein Mann diese Bücher in der Wohnung gesehen hat». Ob sie denn verrückt geworden sei, habe er geschrien: «Jetzt ist Schluss. Ich übernehme die Verantwortung. Du hältst dich da endgültig raus.» Ihr Mann sei völlig außer sich gewesen.

«Ich war tödlich beleidigt. Ich habe ihn tagelang verflucht.» Und leise fügt sie hinzu: «Still und heimlich hab ich gehofft, er wird scheitern.»

Herr Baltus ging zu Malte, erklärte ihm: «Ich mag nicht, wenn du schießt.» Dann habe er Regeln vereinbart: Schießspiele gab es nur im Freien und gemeinsam mit Freunden. «Ich möchte nicht, dass du auf mich zielst. Ich mag das nicht. Verstanden?» Malte habe genickt.

In kürzester Zeit nahm die Faszination der Waffen ab, zumindest «war das Spiel aus unserem Blickfeld verschwunden». Spätestens da sei ihm – so Herr Baltus – klar gewesen, dass sein Sohn die ganze Sache mehr oder minder «bewusst vor unseren Augen inszeniert hatte. Meine Frau war aber noch nicht überzeugt.

Und Malte spürte das.» Eines Morgens brachte er Pistolen mit an den Frühstückstisch, legte sie demonstrativ neben die Tasse. «Das war ein Verstoß gegen unsere Absprachen.» Frau Baltus sagte nichts: «Bloß keinen neuen Krach beginnen. Ich habe nichts gesagt. Aber ich muss wie gebannt auf die Waffe geguckt haben.»

Maltes Vater schaut seinen Sohn dagegen ganz bestimmt an: «Malte!» Er reagiert nicht.

«Malte!» Die Stimme bekommt einen noch festeren Klang.

«Ja?», fragt Malte so, als wisse er nicht, worum es geht.

«Malte! Gelbe Karte!»

Die «Gelbe Karte» war ein Symbol für einen Regelverstoß.

«Kann ich sie liegen lassen?», will Malte mit einem Blick auf die Pistole gerichtet wissen.

«Nein!»

«Nun lass ihn man», greift die Mutter ein. Herr Baltus sieht seine Frau unmissverständlich an. Sie schweigt.

«Malte! Du kennst die Absprache!» Seine Stimme klingt mehr als bestimmt, sie hat aber einen freundlichen Unterton. Malte steht auf, nimmt die Pistole, kommt nach kurzer Zeit wieder.

«Hoffentlich geht nicht alles von vorne los!» Frau Baltus ist besorgt.

«Ich denke nicht!»

Malte setzt sich.

«Darf ich meine Pistole mit an den Tisch nehmen?», fragt er.

«Nein!»

«Warum nicht?» Malte bleibt beharrlich.

Herr Baltus überlegt: «Wenn Cowboys ein Lokal betreten, geben sie ihre Waffen an der Garderobe ab!»

Ganz sicher war er sich nicht, ob das so war. Malte schaute seinen Vater nachdenklich an, dann nickte er: «Ist o.k., Sheriff!»

Das Essen war «waffenfrei».

Verbote – aber auch Ignorieren, wenn es um Provokationen geht – sind Ausdruck von Hilflosigkeit. Hinter der Faszination, die Gewaltszenarien, -bilder und -helden, die Symbole von Gewalt auf Kinder ausüben, steckt neben dem Wunsch nach Abgrenzung der nach Loslösung und Autonomie. Ohne Abgrenzung und Autonomie ist eine eigene Identität, sind Selbstwertgefühl und Selbstvertrauen nicht möglich. Kindliche Aggression ist mit innerer und äußerer Bewegung verknüpft, solch dynamische Kraft dient der Ausbildung einer eigenen Identität. Aggression als produktive Kraft will weg vom Erreichten, dient dazu, Unbekanntes bei sich und anderen zu entdecken. Eine kindliche Entwicklung ist ohne eine gekonnte Anwendung von Aggression undenkbar. Schon deshalb kann es in der Erziehung nicht um die Hemmung oder Verleumdung aggressiver Kräfte gehen, sondern darum, sie zu kontrollieren und zu kultivieren. Verdrängung, Verleugnung, Tabuisierung schaffen Aggressionen ebenso wenig aus dem Alltag wie eine pädagogische Aggression, die im Namen der Moral Kinder zur Friedfertigkeit zwingen will.

Eine pädagogische Aggression – wie Frau Baltus sie anwendet – verlangt von Kindern die Unterdrückung von nicht gewünschten Gefühlen, sie will den Verzicht auf das generelle Ausleben von Aggressionen. Pädagogische Aggressionen nehmen Kinder in ihren Entwicklungsbesonderheiten meist nicht an, sie übersehen die Gefühle der Kinder im Hier und Jetzt. Stattdessen geht es um die Entwicklung einer angepassten Fassade. Wer seine – noch so gut gemeinten – Ziele, so der Psychoanalytiker Schmidbauer, über die des Kindes stellt, bringt diesen bei, dass Hierarchie und Macht eingesetzt werden dürfen, um seine Ziele durchzudrücken. Sinn des Lebens ist dann nicht das Ausleben innerer Gefühle und Wünsche, die der kindlichen Entwicklung entsprechen, sondern «dieses Innere zu unterdrücken und die Erwartung auf äußere Anerkennung an seine Stelle zu setzen» (Schmidbauer). Doch viele Kinder wehren sich dagegen – Malte zeigt es –, sie fordern in einem Machtkampf eine realitätsgerechte Erziehungsbeziehung ein, eine Beziehung, die Kinder in ihrer Ganzheit annimmt.

Kapitel 11
Symbole der Gewalt: Actionfiguren

Sie heißen He-Man, Spiderman, Turtles oder Captain Pland.

Sie lösen bei Eltern, Erzieherinnen, Lehrern Unverständnis oder Ablehnung aus. Kinder, vor allem Jungen, sind dagegen fasziniert.

Benjamin, sieben Jahre: «Ich hab da zwanzig Stück von. Ich spiele immer Schloss erobern. Stinkor und Skeletor wollen ins Schloss, aber He-Man lässt die nicht … Diese Geschichten, die ich spiel, da muss ich erst überlegen. Dann geht das wie von selbst … Mal bin ich der Gute, dann wieder der Böse, aber zum Schluss bin ich He-Man, weil ich gewinne und Eternia verteidige.»

Ole, sieben Jahre: «Ich spiel mit Skeletor, was ich mir ausdenk. Oder auch mit He-Man. Dann hol ich mir von meiner Schwester die Barbies, und dann nimmt He-Man sein Zauberschwert, und dann peng, peng, peng, peng fallen die Barbies um, und He-Man hat gesiegt. Und meine Schwester fängt an zu schreien.»

Olaf, acht Jahre: «Also, ich spiel am liebsten damit, wie He-Man im Wald ist und so allein ist, und dann kommt Hordak und seine wilde Horde und will ihm an den Kragen. Und dann muss He-Man ganz doll kämpfen, um zu gewinnen.»

EINE INSZENIERUNG

Jan-Christopher, sieben Jahre, besitzt keine He-Man-Figuren, weil seine Mutter das nicht möchte. Er darf aber bei Freunden damit spielen. Tilmann, sechs Jahre, ist stolzer Besitzer einer ganzen Mannschaft, er lässt sie sich schenken – von der «He-

Man»-Oma, wie er sie nennt; manchmal kauft er sie sich auch selbst.

Ich brauchte Figuren für eine Fortbildungsveranstaltung und bat ihn um Mithilfe. Er ging mit mir in einen Supermarkt: «Damit du Figuren einkaufst, an denen du den Lehrerinnen das meiste zeigen kannst», meinte er. Wir gingen zum Regal, das voll von «Masters»-Figuren war. Er wählte fachmännisch aus, verglich die Preise: «Kauf den Hordak nicht hier, der ist woanders billiger.» Bald waren wir von Kindern umringt, die Tilmann bestaunten.

«Darfst du das alles kaufen?», fragte einer.

«Na klar!»

Der Einkaufswagen war schnell zur Hälfte voll. An der Kasse trafen wir zufällig eine Tilmann bekannte Mutter: «Hallo, guck mal.»

Die Mutter lächelte Tilmann an. Als ihr Blick auf den Wageninhalt fiel, erschrak sie: «Was hast du denn da!»

Tilmann schmunzelnd: «Ich mach 'ne Kindergeburtstagsparty, und dafür brauch ich die.»

Als wir gingen, lachte er über seinen Scherz und die Verblüffung, die er mit seiner letzten Bemerkung ausgelöst hatte.

Masters-Figuren sind Tilmann wichtig, sie nehmen Zeit und Raum seines Spiels ein – zugleich ist er vielseitig interessiert, in zahlreiche Freizeitaktivitäten einbezogen. Tilmanns Mutter findet die Figuren «nicht gut. Ich kauf ihm grundsätzlich keine». Sie gestattet ihm den begrenzten Umgang, greift nur ein, wenn «es überhandnimmt oder er damit stört. Und er muss akzeptieren lernen, dass andere die Figur nicht leiden können. Das heißt ja nicht, dass sie *ihn* dann nicht mögen».

Tilmann findet die Figuren «geil, weil ich damit spielen kann».

Mit den Masters-Figuren beschäftigt er sich zumeist allein, er kämpft, er inszeniert Situationen und «Schlachten». Tilmann hat mir die Figuren immer und immer wieder erklärt, hat große Nachsicht bewiesen, weil ich Schwierigkeiten hatte, die Bösen von den Guten zu unterscheiden, mir Namen und Funktionen nicht merken konnte. Ich darf beim Spiel zuschauen, ihn interviewen – nur das Mitspielen gestattet er nicht: «Dafür bist du zu alt», erklärt er mir einmal. Ich habe Tilmann häufig beim Spielen beobachtet. Das störte ihn kaum, weil er schnell in sein Spiel vertieft ist.

Es herrschen – wenn auch durchaus nachvollziehbare – Missverständnisse über die Beschäftigung mit Masters-Figuren vor: «Sie machen phantasielos!», «Sie machen gewalttätig!», «Sie fördern Unfrieden.» Deshalb sei hier eine Spielsituation kurz beschrieben.

Tilmann gestaltet mit Jan-Christopher die «Schlacht um die Höhle des Schreckens». Zunächst platzieren die beiden die bösen Figuren in der Höhle. Die Höhle ist ein Stuhl. Dort wird Teela, die Mitstreiterin He-Mans, von Skeletor, Hordak und seiner bösen Horde gefangen gehalten. He-Man, so besprechen es beide leise, solle dahin gehen, um seine Gefährtin zu befreien.

Orko, He-Mans mit Zauberkräften ausgestatteter Gefährte, bereitet einen Spruch vor, mit dem He-Man die Bösen einschläfern kann. Tilmann (als Orko) flüstert Jan-Christopher (als He-Man) etwas ins Ohr, das ich nicht verstehen kann. Dann Orko/Tilmann: «Hast du verstanden, He-Man.» He-Man/Jan-Christopher: «He-Man hat verstanden.»

Dann ergreift Jan-Christopher Battle-Cat, He-Mans magisches Fortbewegungsmittel, eine Mischung aus Tiger, Pferd und Urtier, und greift Orko an. Tilmann/Orko: «Orko, siehst du, der ist übermütig geworden.» Battle-Cat beißt Orko. Tilmann: «Orko, Battle-Cat hat dich gebissen. Aber wir werden ihm nochmals verzeihen. Aber belästige uns nie wieder.»

Battle-Cat macht mit seinem Spiel weiter. Tilmann: «He-Man, schau mal, der beleidigt mich weiter.» Und an Battle-Cat gerichtet: «Dafür schläfst du jetzt ein. Battle-Cat, schlaf ein wie reifer, weißer Wein.» Battle-Cat/Jan-Christopher schläft ein, schnarcht, träumt, schreckt auf: «Teela ist in Gefahr.»

Tilmann: «Orko, er spricht, hast du verstanden, was er spricht?» Battle-Cat: «Teela ist in Gefahr.» Orko: «Battle-Cat, wach auf.» Orko macht einen Zauberspruch. Battle-Cat wacht auf.

Das Spiel wird kurz unterbrochen, es folgt eine weitere Besprechung. Dann setzen sich Tilmann und Jan-Christopher als Orko und He-Man auf Battle-Cat und reiten zur Höhle.

Zugleich hat ein Rollentausch stattgefunden. Jan-Christopher (als He-Man) schleicht sich in die Höhle, winkt Orko und Battle-Cat (gespielt von Tilmann) nach. Jan-Christopher: «He-Man, was ist mit dir los?» He-Man liegt wie betäubt am Boden. Tilmann: «Battle-Cat, HeMan ist eingeschlafen.»

Jan-Christopher: «O Gott, was machen wir nun?» Tilmann: «Yeah, yeah ...» Er murmelt einen unverständlichen Zauberspruch.

He-Man erwacht. Doch dann treten die bösen Figuren auf den Plan. Zunächst agiert Tilmann mit den guten, Jan-Christopher mit den bösen Figuren. Dann folgt wieder ein Wechsel. Beim Kampf schlagen beide die Figuren aufeinander.

Orko tritt auf, sagt einen Zauberspruch, die böse Horde fällt um, schläft ein. Tilmann (als Skeletor): «Wir müssen fliehen.» Jan-Christopher (als He-Man): «Komm, Teela. Wir gehen zurück nach Eternia.» Das Spiel ist beendet.

ZUR FASZINATION VON GEWALTSYMBOLEN

Kinder fühlen die Bedeutung der Actionfiguren, sie begreifen das – im wahrsten Sinne des Wortes –, was ihnen Angst macht, sie verunsichert. Actionfiguren geben kindlichen Gefühlen nicht nur Gestalt, sie zeigen offensichtlich Wege auf, mit ihnen umzugehen. Hier geht es mir nicht um eine pädagogische Begründung von kommerziell vertriebenen Phantasiefiguren! Diskussionen über deren Gefährlichkeit sind genauso verkürzt wie jene Argumentation, die eine pädagogische Nützlichkeit beweisen will. Beide Positionen stellen das Produkt in den Mittelpunkt, sie werden über, aber nicht mit dem Kind geführt.

Die Faszination der Phantasiefiguren liegt – *aus der Sicht von Kindern* – in vielerlei Facetten begründet: Das Spiel mit den Figuren unterhält. Das Spiel ruft Bilder, Träume und Wünsche hervor. Das Spiel erzeugt Gefühle, Ängste und Unsicherheiten. Das Spiel spiegelt Sehnsüchte. Das Spiel weckt Neugier, bietet Orientierung und weist auf Lösungen hin. Das Spiel drückt innere Wirklichkeiten von Kindern aus, es deutet auf Entwicklungsschritte, ungelöste kritische Lebensereignisse oder unbewältigte Alltagserfahrungen hin. An und mit den Figuren probiert ein Kind stellvertretend aus, was es sich (noch) nicht getraut oder wo es der äußeren Wirklichkeit (noch) nicht standhält.

Was vor allem für Jungen ein Medium der spielerischen Auseinandersetzung ist, ist für Erwachsene ein Inbegriff von Gewalt, gleichbedeutend mit Klischee und Stereotyp, z. B. starke Männer, böse Dämonen. Doch was Erwachsene kritisieren, fasziniert die Kinder: Ob sie nun He-Man, Skeletor, X-Men, Captain Future, Turtles oder Shreddar heißen – Kindern ist meist klar, was oder wer damit gemeint ist: gut oder böse, mächtig oder ohnmächtig, stark oder schwach. Die Figuren sind in Gut und Böse eingeteilt, Differenzierungen gibt es nicht, Eindeutigkeit feiert Triumphe.

In den vorproduzierten Welten der Actionfiguren sind Raum und Zeit aufgehoben; Magie und Mythos sind dagegen allgegenwärtig.

Die Masters-Figuren zum Beispiel spiegeln unbewusst, aber doch eindringlich kindliche Alltagserfahrungen wider: Die Macht-Ohnmacht-Relation des kindlichen Alltags ist in der Verbindung von He-Man (der Gute) und Skeletor (der Böse) symbolisch dargestellt.

Auch das von Kindern inszenierte Spiel weist symbolisch-magische Züge auf: He-Man, das eigene übermächtige Ich, kämpft mit Skeletor, der Verkörperung des Schlechten. Wenn Tilmann, in der rechten den He-Man und in der linken Hand Skeletor haltend, beide miteinander kämpfen lässt, so streitet er unbewusst mit sich selbst. Bei diesem Kampf stirbt niemand, keiner wird verletzt. Der Kampf ist Ritualen unterworfen, er gibt Tilmanns innere Realität wider.

Das Böse siegt nicht. Denn die geheime Botschaft des Spiels lautet: «Auch wenn ich manchmal böse bin, so bin ich trotzdem o.k.» Oder: «Auch wenn die Eltern mal böse sind, mag ich sie dennoch.» Das Spiel stellt *eine* Möglichkeit dar, sich mit seinen ganzen Persönlichkeitsanteilen – den guten wie den bösen – anzunehmen. Das Kind wiederholt in seinem Spiel mit den Masters-Figuren Gewalterfahrungen, es durchlebt Gefühle von Rache und Vergeltung. Aber: Im Spiel kann es Zerstörung, kann es Vernichtung ungeschehen machen. Tilmann hebt den am Boden liegenden Skeletor, ja die ganze Armee der Bösen auf, gibt ihnen erneut Gelegenheit, sich mit He-Man auseinanderzusetzen.

Aggression dient in diesen Momenten nicht der Vernichtung, sondern der Selbständigkeit, Selbstbehauptung und Autonomie.

Und wenn Tilmann mir erklärt, ich dürfe deshalb nicht mitspielen, weil ich zu groß sei, so weist er – unbewusst – darauf hin, dass Erwachsene andere, reifere Formen besitzen (sollten), um Aggression und Autonomie auszudrücken. Diese müssen Kinder erst noch erlernen.

BEDEUTUNG VON KLISCHEES

«Aber», so wirft ein Vater auf einem Familienseminar ein, «das Schwarzweißdenken verführt Kinder doch. Ich denke, ich muss nicht so erziehen, wie ich erzogen worden bin. Differenzierung ist wichtig, von klein auf. Nur dann lernen es die Kinder. Denn was Hänschen nicht lernt, lernt Hans nimmermehr.» Er erntet mit dieser Feststellung breite Zustimmung.

Kinder müssen *allmählich* lernen, polare Denkweisen und Beurteilungen aufzugeben, die guten wie bösen Anteile in sich zu akzeptieren. Dies vollzieht sich in einem Entwicklungs*prozess*. Wer das von Vorschul- und jüngeren Grundschulkindern rückhaltlos und ohne jede Einschränkung fordert, der überfordert sie, hemmt sie möglicherweise in ihrer Entwicklung.

Zunächst erleichtern es polare Gestaltungen und Dramaturgien (z. B. Gut und Böse, Stark und Schwach) dem jüngeren Kind, Unterschiede zu erfassen. Ein Sich-Einlassen auf polare Figuren – ob in Märchen, Buch oder Film – muss Kinder moralisch keineswegs verwirren – wie auch, entspricht Polarität doch ihrer Weltsicht. Bei der Beurteilung durch die Erwachsenen zeigt sich, wie wenig Kinder manchmal in ihrem Hier und Jetzt angenommen werden, wie kindliches Verhalten nur unter zukünftigen Gesichtspunkten – «Ich möchte nicht, dass mein Kind böse wird.» – beurteilt wird. Kinder sollen wie kleine Erwachsene handeln und differenziert beurteilen können. Kinder identifizieren sich mit «guten» Figuren nicht deshalb, weil sie «gut» sind, sondern weil sie von Kindern als «gut» gedeutet werden. Kinder erfahren, erleben und nehmen die Welt subjektiv wahr. Antworten auf Kinder bedrängende Fragen sind für sie nur dann überzeugend, wenn diese *im Rahmen ihres Wissens, ihrer Gefühle* ablaufen. Je reifer ein Kind wird, umso weniger hält es sich an infantilen Problemlösungen fest; je jünger es ist, umso wichtiger ist magisches Denken; je unsicherer Kinder sind, umso bedeutender sind zunächst mythische Mächte.

He-Man und Konsorten helfen – in Ermangelung möglicher realer und personaler Alternativen. Dies ist den Kindern, die mit den Figuren spielen, nicht bewusst, gleichwohl gilt das Unbewusste als eine – so der Psychoanalytiker Bruno Bettelheim – «mächtige Determinante» im kindlichen Verhalten. Solange unbewusste Phantasien, Träume und Wünsche in einem Spiel bearbeitet werden können, so lange können Eltern jene Zeichen deuten, die die Kinder setzen und die für sie momentan wichtig sind.

Nicht nur die Actionfiguren beweisen: Eltern lassen gewalttätige Phantasien, Wut, Zorn, Chaos und Ängste nur selten zu. Sie gestatten ihren Kindern die angenehmen Phantasien, die «schönen» Figuren: «Warum können Kinder von heute nicht mehr mit ihrem Teddy spielen?» Erwachsene verdrängen häufig kindliche Aggressionen, das Unsoziale, das Egoistische ihrer Kinder.

Der Umgang mit den Figuren kann – wie gesagt – Symbol für einen normalen Reifeschritt sein. Und zugleich gibt er vielleicht Hinweise auf Entwicklungsstörungen. Tilmann erfährt die Unterstützung seiner Umwelt. Noch braucht er die Magie, den Mythos, um seine ganz persönlichen Konflikte zu bewältigen. Aber er hat daneben weitere Formen der Weltdurchdringung gefunden, weiß er sich doch mit seinen negativen Persönlichkeitsanteilen von Eltern und Geschwistern angenommen.

Andreas, zehn Jahre, macht andere Erfahrungen mit Actionfiguren. Er besitzt eine Vielzahl, die er mit in die Schule nimmt, auf seinem Tisch aufbaut, um sich herum aufstellt, damit sie ihn «schützen». Seit nahezu zwei Jahren haben die Figuren große Bedeutung für ihn, ersetzen sie andere Spiel- und Freizeitaktivitäten, kompensieren sie emotionale Leere. Andreas lebt in und mit den Figuren. Die Eltern sind verzweifelt, lassen ihm die Figuren, weil, so die Mutter, «ihm das wohl hilft». Sie machen ihm die unbewusste Funktion seines Spiels klar, klären ihn auf, was er «eigentlich spielt». «Wir haben ihm gesagt, was los ist. Dass wir Bescheid wissen, was er da macht.»

Andreas wurde von klein auf sehr realistisch erzogen. Märchen- und Phantasiefiguren gab es nicht, aufkeimende Aggressionen wurden schnell unterdrückt, Ängste rationalisiert oder in Psychospiele überführt. An Andreas' Spiel mit Masters-Figuren fällt ein ganz begrenztes, eingeengtes Handlungsrepertoire auf. Sein Vater: «Ist doch klar, bei diesen Figuren.» Entweder trägt He-Man seinen Kampf mit dem Bösen aus, oder er lässt He-Man Abenteuergeschichten erfinden, die keinen Anfang und kein Ende haben. Andreas lebt in einer schier unendlichen Phantasiewelt.

Der frühe Realismus in seiner Erziehung hat möglicherweise dazu geführt, dass die Eltern Gefühle und die inneren Bilder ihres Sohnes nicht anzunehmen vermochten. Haben Kinder wie Andreas keine Möglichkeiten, in Phantasie- und Traumwelten abzutauchen, um sich dort mit allen Gefühls- und Triebregungen zu konfrontieren, kann das lebenszeitlich später zu Fluchten in Phantasiewelten führen. Dann holt das Kind unter erschwerten Bedingungen das nach, was die frühe Kindheit nicht zuließ. Und das Unbewusste gewinnt möglicherweise die Überhand. Sogar ein Bruch mit der Wirklichkeit ist vorstellbar.

Kinder funktionieren nicht wie Erwachsene, die für sich mit Magie und Mythos abgeschlossen haben oder es zumindest meinen. Kinder erwarten noch von Magie und Mythos Hilfe. Das Spiel mit He-Man und Skeletor beispielsweise stellt eine eigenständige Inszenierung von Gut und Böse dar, die sich unendliche Male und über einen langen Zeitraum wiederholen kann.

Kinder lernen zunächst über Symbole, bildhafte Vorstellungen. Ängste, Wünsche und Phantasien nehmen reale Gestalt an. Später *müssen* allerdings andere Formen der Weltdurchdringung und -aneignung hinzukommen. Gewalt- und Rachephantasien, Vergeltungswünsche und Ängste, die an und mit den Figuren ausgelebt werden, sind keine direkte Vorbereitung für spätere Taten. Wer aus den Spielen mit He-Man und X-Men auf zukünftige Weltraumkriege schließt, vereinfacht nicht nur, er nimmt Kinder nicht ernst, verkennt die Symbolik des Spiels.

VERBOT ODER DULDUNG

Auf einem Elternabend im Kindergarten mit dem Thema Masters-Figuren geht es hoch her. Die Meinungen prallen unverhüllt aufeinander, wobei diejenigen, die die Figuren tolerieren, immer schweigsamer werden. Als ich auf die Bedeutung der Figuren zu sprechen komme, unterbricht mich ein Vater lautstark: «Das habe ich mir gedacht, Sie sind dafür. Wahrscheinlich haben Sie das hier» – er deutet auf einen Firmenkatalog – «auch geschrieben, in dem Sie auf das pädagogisch Wertvolle der Figuren hinweisen. Es ist unglaublich!» Er wendet sich an die Leiterin des Kindergartens: «Wie können Sie solch einen Industrievertreter einladen?»

Man muss nicht für Action-Spielzeug à la Masters sein, um die problematischen Töne in der Diskussion zu hören und zu kritisieren. Auch mir gefällt manche Figur, manche Spielform nicht, auch ich habe Probleme mit der Technifizierung und Verherrlichung von Gewalt. Aber die Ausgrenzung der Figuren löst keine Probleme.

Verbot und Tabuisierung treffen nur die Kinder, nicht aber die Produzenten. Gewaltphantasien, Zerstörungswünsche sind nicht durch Verleugnung oder Verdrängung aus der Welt zu schaffen, die zerstörerischen Folgen von Aggression – so der Psychoanalytiker Wolfgang Schmidbauer – sind nur durch andauernde gemeinsame Bemühungen zu mildern.

«Also kaufen wir unseren Kindern He-Man-Figuren, so viel wie möglich, und alles wird gut?», meint der schon zitierte Vater sarkastisch. Wenn die Actionfiguren den Kindern Lösungen anbieten und Gefühle ansprechen, die ein Kind versteht, muss es erstaunen, dass Eltern und Pädagogen zwischen einer Entweder-für-die-Masters- oder Gegen-die-Masters-Haltung schwanken. Wichtig ist, was die Eltern mit den Spielphantasien machen, die hinter den Figuren stehen: Bedeutsam ist, ob die Kinder sich mit ihren Phantasien von den Eltern angenommen fühlen.

«Also», fragt eine Mutter, «soll ich die Figuren nun kaufen, wenn mein Sohn das wünscht?»

«Nein», antworte ich. «Spielen *Sie* mit Ihrem Sohn He-Man oder Turtles. Verkleiden Sie sich, toben Sie, rangeln Sie, lassen Sie sich auf die Regeln und Rituale ein, die Ihr Sohn wünscht. Das spart nicht nur Geld, Sie zeigen Ihrem Sohn, dass Sie Zeit für ihn haben und auch mit seinen Aggressionsphantasien umgehen können.»

«Und wenn er dann solche Spiele nur noch will?» Sie bleibt hartnäckig.

«Dann setzen Sie zeitliche und räumliche Grenzen. Verständnis für ein Kind bedeutet ja nicht, sich seinen Wünschen selbstlos unterzuordnen.»

«Aber», hakt ein Vater nach, «wenn mein Sohn sein Taschengeld für diese Figuren ausgeben will?» Ich lächle.

«Wenn Sie vereinbart haben, dass er mit dem Geld kaufen kann, was er will, dann kann er sich auch die Figuren kaufen!»

«So war's bei meinem Sohn auch», ergänzt eine Mutter. «Er hat sich die Turtles vom Munde abgespart, und als er dann eine Figur hatte, lag sie nach drei Wochen in der Ecke rum!»

Wer Kindern den Umgang mit den Figuren gestattet – was Eingriffe und Begrenzungen des Spiels durchaus einschließt oder den Kauf dieser Figuren keineswegs nach sich ziehen muss –, wer versucht, die Phantasien, die in diesen Figuren gebunden sind, in andere und unmittelbare Spielformen zu überführen, der trägt dazu bei, dass die Faszination dieses Spielzeugs abnimmt. Denn: Je weniger sich Kinder verstanden fühlen, je mehr Tabus auf den Figuren lasten, umso eher gerät die Auseinandersetzung um das «Action-Spielzeug» zu einem Machtkampf, der weder den Eltern noch den Kindern hilft.

«Woran erkenne ich aber», so die sorgenvolle Anmerkung eines Vaters, «ob solche Figuren nicht doch schädlich oder problematisch für meine Kinder sind?»

Wichtig ist, ob Kinder eingebunden sind in eine vertraute Familienatmosphäre, ob sie gefühlsmäßige Unterstützung und Nähe erfahren. Jan-Christopher und Tillmann bekommen dies. Sie mögen zwar die Actionfiguren, wichtiger sind ihnen aber die Kontakte zu Eltern, Geschwistern und anderen Bezugspersonen. Dort fühlen sie sich angenommen. Wenn – wie bei Andreas – keine Möglichkeit besteht, Aggressionsphantasien anders auszudrücken als über Actionfiguren, dann besteht die Gefahr einer gefühlsmäßig starken Bindung an diese Figuren, dann *können* Probleme bei der Ausbildung einer Ich-Identität, eines Selbstwertgefühls nicht ausgeschlossen werden.

Kapitel 12
Über den Umgang mit Kraftausdrücken

VERSUCH UND IRRTUM

Felix, viereinhalb Jahre, kommt aus dem Kindergarten nach Hause, geht mit einem fröhlichen Lächeln ins Wohnzimmer, sieht seine Mutter an, stellt dann kurz und trocken, aber freundlich lächelnd fest: «Hallo! Du Ficksau!» Die Mutter schluckt, das Kinn fällt herunter. Ein klassischer Knockout. Nach mehreren Schrecksekunden nimmt sie ihren Sohn bei der Hand, schaut ihn fest an: «Felix, so etwas sagt man nicht!» Felix ist nun seinerseits irritiert, er zuckt unmerklich mit den Schultern, dreht sich um, und mit den Worten: «Ficksau sagt man nicht!» lässt er eine verstörte Mutter zurück. Sie hört ihn auch später mit dem Spruch: «Felix, Ficksau sagt man nicht!» – mal laut, mal leise, mal fast singend, mal den Satz eher lang hinziehend – durch das Haus toben.

Beim Mittagessen fasst die Mutter Mut, und es entspinnt sich – wie sie mir danach berichtet – folgender Dialog: «Du, Felix, das ist ein schmutziges Wort, was du da immer sagst!»

«Was für ein Wort?»

«Das, was du da ständig sagst! Woher hast du das denn überhaupt?»

«Aus 'm Kindergarten. Sagt Alex auch!»

Die Mutter ist entrüstet: «Da ruf ich sofort morgen an.» Und mehr zu sich, nach innen gekehrt: «Da gibt man sich Mühe und dann so etwas!»

«Warum ist Ficksau ein so komisches Wort?»

Die Mutter setzt an: «Ja, weißt du …»

«Warum?»

Die Mutter überlegt, ihr fehlen die Worte. Felix lacht: «Warum ist Fischsau ein komisches Wort?» Er lacht stärker: «Fischsau … Saufisch …» Es bricht aus ihm heraus: «Saufisch. Fischsau. Saufick.» Er kann sich kaum vor Lachen halten: «Saufick!»

«Felix!» Die Stimme der Mutter bekommt einen scharfen Klang.

«Hör sofort auf damit. Hörst du!» Sie sieht ihn an. Er dagegen scheint gelassen: «Warum?»

«Ich hab's dir gesagt: Das sagt man nicht!»

«Sagt Papa aber auch …!»

Die Stimme der Mutter wird schrill, sie überschlägt sich fast: «Was sagt Papa?»

«Na, so schlimme Wörter.» Er überlegt: «Arschloch! Verpiss dich! Und so!»

Die Mutter wirkt fast erleichtert, aber innerlich bebt sie: «Aber nicht … Das nicht. Hörst du!»

Felix bohrt weiter, er spürt, wie sich die Mutter windet: «Was ist mit Ficksau?»

«Das ist ein schlimmes Wort!»

«Warum?»

Sie sucht nach Erklärungen, findet keine passenden Worte.

Später erzählt sie mir auf einer Bildungsveranstaltung, sie wolle Felix «das mit der … Sie wissen schon … Ich wollte ihm erklären, dass mich das verletzt hat».

«Und warum haben Sie das nicht gesagt?»

«Ich wollte Einsicht bei Felix wecken und es besonders gut machen. Er sollte es verstehen, dass man damit jemanden verletzt. Deshalb meine langen Erklärungen.»

Sie denkt nach: «Die Situation war verflixt verfahren. Felix hat meine Unsicherheit gespürt.»

«Und wie ging es weiter», will ich wissen.

«Irgendwann hat er gemeint: ‹Ist schon gut, Mama, Ficksau sagt man nicht.› Dann ging er aus dem Zimmer, leise den Satz vor sich hin murmelnd ... und mich hat er völlig ratlos zurückgelassen.»

Kraftausdrücke faszinieren Kinder, mit ihnen und über sie testen Kinder Grenzen, die Gültigkeit von Normen und Werten aus. In Kraftausdrücken, in Schimpfworten spiegeln sich nicht selten das Unmoralische und das Anarchische kindlicher Phantasien. Und dies ist – gemessen an der kindlichen Entwicklung – als normal zu bezeichnen. Über Wortspiele, über den Klang von Wörtern drücken sich kleinere und größere Kinder aus, sie geben ihren inneren Bildern, ihren Versuchen, sich zu finden, eine Form. Die Bedeutung von Kraftausdrücken, von Schimpfworten und Verballhornungen erschließt sich Kindern, wenn sie sie in verschiedenen Zusammenhängen benutzen und die Reaktion ihrer Umgebung erleben.

Kleinere Kinder nehmen Sprachwitze, Sprachspiele, das Ordinäre und das Gemeine der Sprache, aber auch verbale Aggressionen überall wahr – und da der Kindergarten zum Tagesablauf vieler Kinder gehört, eben auch dort. Hier hören sie die entsprechenden Ausdrücke, erfahren durch Beobachtung deren Wirkung, sie kennen aber nicht immer deren wirkliche Bedeutung, sind es doch meist ältere Kinder, die eine Art Vorreiterrolle annehmen.

Begreifen geht über Greifen – dieser Grundsatz gilt auch, wenn es darum geht, die Bedeutung von Sprache auszutesten, ihren Gehalt möglichst konkret zu erfahren. Jüngere Kinder übernehmen – nicht: imitieren! – die aufgeschnappten Worte, stellen sie in einen ihnen vertrauten, deshalb meist familiären oder geschwisterlichen Zusammenhang und beobachten die Wirkung ihrer Worte: Je heftiger die Reaktionen der Erwachsenen, umso mehr ahnen Kinder, einen «Volltreffer» gelandet zu haben. Und jedes Kind wird versuchen, diesen «Volltreffer» zu wiederholen. Wenn die Eltern ausgetestet sind und resigniert in den Seilen hängen, erscheint Oma an der Haustür, die mit einem zärtlichen «Tag, du liebes Arschloch» begrüßt wird. Und sollte die großmütterliche Kinnlade ebenfalls herunterklappen, macht das Kind weiter – so lange jedenfalls, bis Grenzen gesetzt werden, die für das Kind begreiflich sind.

Zurück zur eingangs geschilderten Situation. Felix' Mutter hat einige Aspekte übersehen, die es ihr erleichtert hätten, mit den Schimpfworten ihres Sohnes gekonnter umzugehen:

» Hört man als Erwachsener einen bestimmten Kraftausdruck das erste oder zweite Mal, überhört man ihn am besten. Ganz im Sinne des Modell-Lernens kann dies aufseiten des Kindes zur Überlegung führen: Was woanders gewirkt hat, kommt bei meinen Eltern oder zu Hause offensichtlich nicht an. Sie sollten auch nicht fragen: «Woher hast du das?»; damit bringen sie Kinder schnell in eine Verteidigungsposition und dazu, anderen die Schuld zu geben.
» Hat das Überhören keinen Erfolg, sollten Sie *handeln.* Wer auch dann ignoriert, wenn das Kind seine Ausdrücke weiter verwendet, sie womöglich intensiviert, erreicht genau das Gegenteil. Das Kind muss geradezu mit seinen Regelverletzungen fortfahren, bis der scheinbar gleichgültige Erwachsene endlich reagiert und Grenzen setzt.
» Von erheblicher Bedeutung ist die Art und Weise, wie man solche Grenzen artikuliert. Indem Felix' Mutter auf der «Man»-Ebene argumentiert, bietet sie ihrem Sohn die Gelegenheit, eigene Erfahrungen und Beobachtungen ins Spiel zu bringen: «Papa macht das auch!» Angemessener und für Felix begreiflicher, weil nachvollziehbar wäre ein Satz gewesen wie: «Ich möchte/will das nicht hören!» Oder: «Ich bin keine Ficksau!» Auf Felix' mögliche «Warum»-Frage brau-

chen keine langatmigen Erklärungen zu folgen. Das Kind wünscht eindeutige und kurze Antworten, in denen sich die Haltung des Erwachsenen *authentisch artikuliert.* Felix' Mutter fühlt sich verletzt, also muss sie diesen Gefühlen auch Ausdruck verleihen und darf sie nicht durch «verkopfte» Antworten rationalisieren. Eine Antwort wie: «Felix, ich fühle mich verletzt!», oder: «Ficksau verletzt mich! Ich mag das Wort nicht!» ist dann ausreichend, wenn das Kind das Wahrhaftige der Antwort *spürt.*

«Und wenn Felix immer noch auf einem ‹Warum› besteht?», fragt Felix' Mutter. «Dann geben Sie zwei- oder dreimal Ihre Antwort. Und dies fest und ganz freundlich. Mehr aber nicht.»

Umständliche Erklärungen überfordern Kinder. Sie orientieren sich in der Regel mehr an der Unsicherheit und den Bedürfnissen der Erwachsenen – «Ich kann dieses schreckliche Wort nicht aussprechen», «Ich will eine gute Mutter sein! Und gute Mütter erklären!» – als an den Vorstellungen und Erfahrungen der Kinder.

» Wichtig ist schließlich: Felix wird bezüglich seiner Wortwahl, nicht jedoch als Person – etwa «Du bist böse, weil du das sagst!», «Du bist frech, wenn du das sagst!» – kritisiert. Felix muss das Gefühl erfahren, alle Persönlichkeitsanteile, eben auch die grenzüberschreitenden, austesten zu dürfen. Dann kann er es aushalten, wenn er Grenzen spürt und Konsequenzen erfährt.

VOM SPIEL MIT AUSNAHMEN

Eine weitere Möglichkeit, mit Schimpfworten umzugehen, sie für Kinder erfahrbar zu machen und sie zugleich zu begrenzen, ist die Einführung von klar definierten und ritualisierten Ausnahmen.

In einer Kindertagesstätte entwickelte sich ein beliebtes Spiel, das die Kinder erfreute, die Erzieherinnen jedoch auf «die Palme brachte». Die ältesten Kinder, fast alle knapp sechs Jahre alt und kurz vor der Einschulung stehend, warfen «mit den hässlichsten Worten so um sich», wie Gerda Albert, die Leiterin, beobachtete. Nicht das Kindergartenteam sei Zielscheibe der sprachlichen Aggressionen, sondern die Kinder, «vor allem die kleineren. Aber auch die», so Frau Leber, hätten es schnell gelernt, sich zu behaupten: «Die schreien jetzt zurück. Zwar nicht ganz so schlimm … Aber immerhin.»

Es ginge «wahnsinnig zu», meint sie. «Vor allem, ich bin jetzt hilflos. Grenzen helfen nicht. Je mehr wir eingreifen, umso heftiger geht's hinter unserem Rücken weiter. Ich weiß, Verbote machen neugierig. Das Tollste ist», sie schüttelt den Kopf, «wenn wir Erzieherinnen dabeistehen, sagt der eine: ‹Du Arschloch›, nicht laut, nicht mal leise, der bewegt nur die Lippen, beim ‹Arsch› geht der Mund weit auf, beim ‹loch› bleibt er fast geschlossen. Und dann erwidert der andere: ‹Pissnelke!›, auch unhörbar. Der hat nur die Lippen bewegt. ‹Sei ruhig›, habe ich verzweifelt gemeint. Und da sagen die Kinder doch glatt: ‹Wir sagen doch gar nichts!› Stimmte ja auch, die haben ja auch nichts gesagt. Die haben mit unserer … nein, mit meiner Verzweiflung gespielt.»

Da sich die Kinder von ihren Erzieherinnen mit der «Fäkalsprache» nicht angenommen fühlten und deren Reaktionen als unangemessen empfanden, traten sie in einen Machtkampf ein. Ich machte Gerda Albert den Vorschlag, die komplizierte Situation durch ein Ritual zu entschärfen. «Machen Sie ein Spiel mit Schweineworten», riet ich ihr. «Legen Sie eine Zeit fest, einen Raum. Dann können Kinder alles ausdrücken, was sie wollen.

In der übrigen Zeit sind die Kraftausdrücke allerdings untersagt.»

«Aber macht das nicht erst richtig aggressiv? Werden nicht auch die Kinder animiert, die jetzt still sind?», fragte sie ängstlich.

«Dann vereinbaren Sie eine freiwillige Teilnahme an diesem Spiel!»

«Und wenn einige Kinder außerhalb dieser Zeit immer noch diese Worte sagen?», will sie es genau wissen.

«Dieses Kind möchte Sie möglicherweise provozieren, steht mit Ihnen in einem Machtkampf. Diesem Kind geht es dann nicht um die Kraftausdrücke. Diesem Kind geht es um Beziehung, die es über seine Schimpfworte bekommt. Hier sind andere Fragen notwendig: Welchen Sinn hat die Störung? Oder: Habe ich das Kind eine Zeitlang übersehen? Oder: Wie kann das Kind durch positive Aktionen meine Aufmerksamkeit gewinnen?»

Gerda Albert redet mit den Kindern, bringt die Idee einer «Schweinewortzeit» ein, macht aber gleichzeitig deutlich: Die übrige Zeit sei dann «schweinewortfrei». Dies gelte insbesondere für die Essenssituation und den Stuhlkreis. Während sie dies sagt, schaut sie alle Kinder der Reihe nach und mit festem Blick an. Alle Kinder sind – sehr zur Verwunderung des Teams – einverstanden. Man verabredet eine Zeit: am Vormittag gegen zehn Uhr, ein Zeitlimit: fünfzehn Minuten, und eine – wie die Kinder sie nennen – «Schweineecke». Die Leiterin stellt zu Beginn des Rituals ein rosarotes Plastikschwein auf, gibt das Startzeichen. Das Spiel geht los. «Die kannten gar nicht so viel Worte, wie ich befürchtete. Gut, ‹Arschloch› kam, ‹Kacker›, ‹Pisser›, ‹blöde Kuh …›, aber nach kurzer Zeit war's ein Spiel mit Worten: ‹Kacker … Kackarsch … Kackwurst … Wurstkacke … Wurstknacke … Knackheini … Heidelbeere … Schneidelbeere …›, so ging es weiter, bis die Zeit um war. Die Kinder hatten großen Spaß. Sie lachten, schrien sich an, freuten sich. Nach einer Viertelstunde, meistens schon vorher, ging ihnen die Luft aus. Die waren richtig erschöpft.»

Von ein paar ganz wenigen Ausnahmen abgesehen, hörten die Auseinandersetzungen um die Schimpfworte auf. «Da reichte es, wenn mal einem Kind wieder der Gaul durchging, zu sagen, nachher geht's in der Ecke weiter. Es war einverstanden.» Mit diesem Ritual konnten die Kinder ihren Dampf ablassen.

Grenzüberschreitungen mittels Sprache sind Versuche der Orientierung, der Reibung an bestehenden Normen und Werten. Grenzüberschreitungen sind aus der Sicht von Kindern häufig spielerisch-lustvolle Schritte, aus der Perspektive der Erwachsenen bedeuten sie Stress. Die Einführung von ritualisierten Ausnahmen im Spiel verspricht aber Lösungen:

» Sie signalisieren dem Kind Verständnis für grenzüberschreitende Aktionen: «Du bist o.k. Auch wenn du das sagst», bedeutet die Annahme jener Anteile einer Persönlichkeit, mit der Erwachsene ihre Schwierigkeiten haben.
  Aber diese Schwierigkeiten beziehen sich auf den kritisierten Sachverhalt, eben die Kraftausdrücke, nicht auf die Person. So kann eine Erziehungsbeziehung hergestellt werden, die Belastungen aushält.
» Verständnis für eine Sache darf nicht mit deren Akzeptanz verwechselt werden. Dies können Kinder erfahren und aushalten.

Die Einführung der spielerischen Ausnahme zeigt den Kindern Grenzen auf, weist auf Normen hin, die den Erwachsenen wichtig sind. Solche Grenzen vermitteln Werte, auf deren Einhaltung Erwachsene mit Festigkeit bestehen können. Man kann die Kraftausdrücke der Kinder auf der Basis ihrer Entwicklung verstehen, akzeptiert sie aber trotzdem nicht. Wer Akzeptanz mit Verständnis verwechselt, der übersieht, dass eine Freiheit ohne lebendige Rituale zur Unfreiheit oder ins Chaos führt.

» Ausnahmen bedeuten Schritte einer Suchbewegung, sie zeigen, dass Achtung und Respekt nur auf der Grundlage gegenseitigen Bemühens möglich sind. Ausnahmen nehmen auf die Bedürfnisse und Wünsche aller am erzieherischen Prozess Beteiligten Rücksicht.

» Wer Ausnahmen zulässt, kann mit Grenzüberschreitungen spielerisch umgehen. Sie bauen auf der Überlegung auf, dass man Veränderungen im Handeln als Weg versteht, bei dem jeder Schritt ein Ziel, eine neue Grenze darstellt. Ausnahmen sind kein Patentrezept, sie bedeuten nicht, dass das gelöste Problem nicht doch irgendwann – wenn auch unter anderen Vorzeichen – wieder auftaucht. Aber dann hat man mit dem «Ausnahme-Spiel» einen Dietrich zur Hand, der auch für die neue Situation benutzt werden kann.

SPRACHE ALS TERROR

Kraftausdrücke können – in Form einer sprachlichen Erniedrigung – in vielen Situationen die Erziehungsbeziehung von Eltern und Kindern nachhaltig berühren und verletzen. Werden diese Beleidigungen und die damit einhergehenden Machtkämpfe ignoriert, führt das zu Hilflosigkeit, Hass und Zerstörungswünschen bei allen Beteiligten.

Eine Mutter erzählt auf einer Elternveranstaltung: «Meine Tochter ist schlimm.» Nina ist zehn Jahre, besucht die letzte Klasse einer Grundschule. «Sie ist», wie der Vater ergänzt, «ein Wunschkind: Wir tun alles für unsere Tochter, sind immer für sie da.» – «Was ist schlimm an Ihrer Tochter?», will ich wissen. Die Mutter klagt: «Es wird immer schlimmer, von Tag zu Tag. Sie macht mit uns, was sie will.» Der Mann ergänzt: «Gestern hat sie mich geschlagen ... Aus heiterem Himmel. Ins Gesicht. Hier sehen Sie.» Er weist auf einen blauen Fleck am Hals hin. Die Mutter erklärt: «Nur weil er nicht mit ihr spielen wollte ... zack, zack ...!» Er macht den Schlag der Tochter nach, «... und schon sitzt es im Gesicht.» – «Und was machen Sie?» – «Wir beruhigen sie dann, reden mit ihr ... und so ...», meint der Vater. Ich stelle fest: «Nina behandelt Sie wie ein Stück Dreck!» Der Vater ganz spontan: «Wie den letzten Dreck.»

Und dann erzählt die Mutter, angefangen habe es vor einigen Jahren mit Worten wie: «Komm her, du Arschloch», oder: «Gibt's endlich Essen, du blöde Kuh.»

«Wie haben Sie reagiert?»

«Ich war freundlich, hab's überhört. Ich dachte, das sei eine Phase, die vorübergeht.» Die Mutter wirkt nun sehr nachdenklich: «Dann meinte ich, meine Tochter müsse diese Phase irgendwie ausleben. Ich konnte das früher nicht. Na ja, dachte ich, so sind die Kinder eben heute.»

Manche Eltern, Erzieherinnen und Lehrerinnen sind besorgt und unsicher über die – ihrer Meinung nach – zunehmende sprachliche, aber natürlich auch personale Gewalt gegenüber anderen. Da ist viel von fehlendem Respekt und fehlender Achtung die Rede. Die geschilderte Situation weist auf weitere Gesichtspunkte im Umgang mit verbalen Grenzüberschreitungen hin:

» Grenzüberschreitungen dienen manchmal dazu, unklare Erziehungsbeziehungen zu thematisieren. Kinder prüfen durch Versuch und Irrtum, wie weit sie gehen können, wann die Grenze der Belastbarkeit in zwischenmenschlichen Beziehungen erreicht ist.

» Wenn über verbale Aggressionen die Erziehungsbeziehung berührt wird, dann muss man sofort handeln. Wer persönliche Beleidigungen hinnimmt, verstärkt diese. Ignorieren, Überhören mögen beim spielerischen Umgang mit Grenzüberschreitungen – wie bei Felix – *ein* Mittel im pädagogischen Prozess darstellen. Bei entwürdigenden Beleidigungen werden sie als Gleichgültigkeit gedeutet, als Aufforderung weiterzumachen.
» Aus lerntheoretischen Untersuchungen ist bekannt, dass die Bereitschaft, andere Menschen zu verletzen, zu zerstören und zu töten, dann gegeben ist, wenn das Opfer *vor* der Tat entwürdigt wird.

Wenn Erziehende ihrer Ent-Würdigung im pädagogischen Prozess nicht Einhalt gebieten, dieser nicht sofort begegnen, tragen sie – sicher ungewollt – zu einer Verstärkung der Aggressionen gegen Sachen und Personen bei. Sie erleichtern es Kindern, Zerstörungswut – egal, ob in Wort oder Tat – ungehemmt auszuleben, und leisten damit ungewollt einen Beitrag zur Missachtung der eigenen Person.

ÜBERRASCHENDE LÖSUNGSVERSUCHE

Nun helfen die vorgestellten Techniken nicht immer. Manchmal sind die Situationen, die Sachlage, die Eltern-Kind-Beziehung zu kompliziert, um klare Grenzen zu ziehen. Hier ist die Intuition, der überraschende Einfall gefragt, der Kinder als Person gefühlsmäßig annimmt, ihnen in der Sache jedoch eine klare, nachvollziehbare Grenze setzt. Kinder brauchen solch eine Grenzziehung nicht in allen Einzelheiten zu verstehen, durch Haltung, Mimik, Gestik, Stimmklang und Wortwahl des

Erwachsenen können sie *erfühlen*, welche Grenze sie überschritten haben.

Svenja Hartung, eine junge Grundschullehrerin, hat seit einiger Zeit Ärger mit ihrer dritten Grundschulklasse. Schimpfworte machen die Runde, gegenseitige verbale Beleidigungen und Verleumdungen sind zu hören. Einzelgespräche führen zu keinem wirklichen Erfolg – mal sind die Verbalattacken eine Zeitlang verstummt, dann sind sie umso lauter zu hören. Svenja Hartung ringt sich zu einem «Schweinewort»-Spiel durch, das im Anschluss an den Schulunterricht auf freiwilliger Basis durchgeführt wird. Viele Schüler nehmen daran teil, Mädchen sind nur wenige vertreten. Gleichwohl führt das Angebot dazu, «die Luft rauszunehmen aus der Sache». «Ich gewann den Eindruck, meine Klasse fühlte sich angenommen.»

Nur Michael, fast zehn Jahre, drückte der Situation seinen ganz eigenen, von der Lehrerin nicht erwarteten Stempel auf.

Als sie eines Tages – kurz nach einem «Schweinewort»-Spiel – die Klasse betrat, vermeinte sie, Michaels leise Stimme zu hören: «Fickerin!» Nein, unmöglich, befand sie, der «kleine süße Michael, ein Schlitzohr», der auch beim Spiel mit Kraftausdrücken ein Erfinder skurrilster Worte war, nein, Michael und diese Worte, das konnte sie sich nicht vorstellen!

In den nächsten Tagen schien sie bestätigt: Michael schaute sie interessiert an, wenn sie die Klasse betrat, blieb aber ruhig, aufmerksam, ganz folgsam.

Einige Tage später. Kaum hatte sie an einem Montag, sehr entspannt und gutgelaunt, den Klassenraum betreten, sah Michael, der weit vorne saß, seine Lehrerin fest an. Mit ganz klarer Stimme sagte er: «Guten Morgen, Fickerin!» Die Klasse war konsterniert. Auch bei Svenja Hartung saß der Treffer.

Sie ignorierte das «fürchterliche Wort, ich hatte so was noch nie in den Mund genommen». Als Michael an den beiden folgenden Tagen mit seiner «Begrüßung» fortfuhr, bat sie ihn im Anschluss an den Unterricht zu einem Einzelgespräch. Michael war zu keiner wirklichen Kooperation bereit. «Es kommt mit einem Mal über mich», versuchte er zu erklären. «Ich kann da nichts machen.» Svenja Hartung ließ sich intensiv auf Michael ein, sie wollte mit ihm nach einer gemeinsamen Lösung suchen. Vergeblich! Alle Ideen wurden von Michael verworfen. Er wollte sich nicht auf pädagogische Lösungen einlassen. «Und das Tollste», erzählte die Lehrerin, «als ich diesen Fall in einer Fortbildung vortrug, meinte der Referent, ‹da hilft nur der Eisenbesen›. Typisch! Wenn's pädagogisch nicht klappt, kommen die Züchtigungen aus dem 19. Jahrhundert.»

«Aber was kann ich nur tun?», fragt sie mich während einer Beratung verzweifelt.

«Was möchten Sie tun?»

«Oh, ich will das auch zu ihm sagen», bricht es wütend aus ihr heraus.

«Was hindert Sie?»

«Ich kann es nicht sagen!»

Ich sehe sie fragend an. Sie lacht: «Ich komm aus einem katholischen Elternhaus. Und wehe, da fiel früher nur ein böses Wort – an sexuelle Ausdrücke war überhaupt nicht zu denken –, dann mussten wir Kinder uns in die Ecke stellen und uns mindestens eine Stunde schämen!» Sie schüttelt ihren Kopf. «Also ich kann das Wort nicht sagen. Das geht nicht.»

Michaels Störungen nahmen zu. Nun stand er schon in der Klassentür, in Erwartung seiner Lehrerin, rief den Flur entlang: «Fickerin!» Svenja Hartungs Schule ist sehr alt, die Flure sind lang, die Mauersteine werfen laute Worte mit dröhnendem Hall zurück.

«Und die Worte klangen mir in den Ohren. Das war schrecklich!»

«Michael hatte mich völlig in der Hand. Ich war seine Marionette. Er wollte eine Grenze, das wusste ich natürlich. Aber wie?» Am dritten Morgen nach der erneuten Eskalation «hatte ich's. Mit einem Male. Ich sah einen Schatten, meinen Schatten, und konnte drüberspringen!».

Michael stand wieder in der Tür, er rief laut: «Fickerin!»

«Ich sah ihn vor mir. Ein Schätzchen. Aber nun war's aus mit dem Schatz. Schatz hin, Schatz her, dachte ich. Du bist ein Schlitzohr.» Svenja Hartung geht mit festen Schritten auf Michael zu – «Fickerin, Fickerin» im Ohr, «gar nicht mal hässlich, ja fast spielerisch-lächelnd vorgebracht», wie sie sich später erinnert –, sie geht blitzschnell vor ihm in die Hocke, berührt mit ihrer linken Hand ganz freundlich seine rechte Schulter, lächelt ihn an. Dann hält sie ihm ihre rechte Hand vor die Augen, Daumen und Zeigefinger vielleicht drei oder vier Zentimenter auseinandergespreizt: «Da, Michael», sagt sie ganz ruhig, «deiner ist so klein.» Sie weist mit ihren Augen auf die Lücke zwischen Daumen und Zeigefinger, «das geht bei dir noch gar nicht!»

Michael lächelt etwas verquält. Während sich Svenja Hartung langsam erhebt, fasst Michael ihre rechte Hand, Daumen und Zeigefinger zusammendrückend. Ihre Hand ist feucht. Seine auch. Beide betreten den Klassenraum. Die Klasse sitzt gespannt da. Die überraschende Maßnahme hat Wirkung gezeigt.

«Und?»

«Das war schon widersprüchlich bei mir», meint sie. «Ich sah mich einige Male während des Unterrichts in der Ecke des Klassenraums stehen, das Gesicht zur Wand, und hörte meinen Vater mit strafender Stimme sagen: ‹Svenja! Svenja! Wie weit ist es mit dir gekommen.›»

Michaels Attacken hörten auf. «Es war vorbei! Ich konnte es kaum glauben!» Sie schüttelt den Kopf: «Es war wirklich vorbei! Ehrlich! Aber», sie sieht mich fragend an, «warum machen es Kinder einem manchmal so schwer?»

«Kinder wollen von Eltern und anderen Erwachsenen nicht die pädagogisch wertvollste, sondern die künstlerisch beste Lösung», lache ich sie an. «Und für Kinder ist das Beste gerade gut genug!»

«Aber doch nicht jeden Tag!»

«Einen Michael haben Sie ja auch nicht jeden Tag!»

«Gott sei Dank!», sagt sie spontan, und ich sah sie wieder in der Ecke stehen, das Gesicht zur Wand gerichtet.

Einige kurze Anmerkungen zu dieser Situation:

» Svenja Hartung hat nicht nach Ursachen für Michaels Verhalten gesucht. Rückwärtsgerichtete Fragen – «Warum handelt er so?» – hätten keine schnelle Lösung gebracht.

» Die Lehrerin hat überraschend gehandelt – in einer Weise, die Michael nicht vorhersehen konnte. Das *konkrete* Vorgehen von Svenja Hartung ist nicht ohne weiteres übertragbar: Es war ihr und Michaels Spiel. Dieses Spiel hatte ganz eigene Abläufe, es funktionierte unter ganz spezifischen Bedingungen. Aber die Situation enthält *verallgemeinerbare* Strukturen: Wenn die emotionalen Beziehungen zwischen Erwachsenen und Kindern stimmen, sind solche paradoxen Eingriffe nicht nur möglich, sondern notwendig. Die Lehrerin hat Michael als Person akzeptiert, ihm aber auf eine emotional nachvollziehbare Weise ihre persönlichen Grenzen gezeigt.

» Solche spontanen Lösungsversuche passen, oder sie passen nicht. Die Gründe hierfür bleiben häufig im Dunkeln. Bei Michael kam zufällig heraus, warum Svenja Hartungs Satz «Der ist noch zu klein …» ins Schwarze traf. Michael hat zwei ältere Brüder. Gemeinsam verglich man häufig die Größe der Penisse. Oder die drei Brüder «pissten», wie Michael sagte, «wer's am weitesten konnte». Michael verlor ständig. Als er einmal davon hörte, wie Michaels Bruder einen «Ständer bekam, als er Julia küsste», war Michael traurig: «Ich hab Marion gestreichelt. Bei mir war da nichts.» Michaels Bruder hatte daraufhin gesagt: «Schlappschwanz. Dazu bist du noch zu klein.»

Kapitel 13
Gewalttätige Jungen?
Friedfertige Mädchen?

Unterschiedliche Spielaktivitäten oder Vorlieben in der Mediennutzung zwischen Jungen und Mädchen sind vielfach ein Randthema in der pädagogischen Diskussion. Dies gilt auch für den Umgang mit Aggressionen. Zwar wird in manchen Untersuchungen auf unterschiedliche Programmvorlieben bei Jungen (z.B. Sportsendungen) und Mädchen (z.B. Musik- und Familiensendungen) und spezifische Vorlieben bei Freizeitaktivitäten (z.B. Jungen: Sport, mit Freunden spielen, Computeraktivitäten; Mädchen: Musizieren, Basteln/Werken, Lesen) aufmerksam gemacht. Andere Untersuchungen konzentrieren sich auf die in den Medien enthaltenen Bilder zur Weiblichkeit und sehen darin die Ursache bzw. den Verstärker von Geschlechtsrollenstereotypen. Solche Unterschiede werden vielfach geschlechtsspezifisch genannt. Ich spreche vielmehr von geschlechts*gebundenen* Unterschieden. Ich will damit ausdrücken: Auch Mädchen haben Interesse an Action, und Jungen finden sich in Themen wieder, in denen zwischenmenschliche Beziehungen angesprochen werden – wenn auch in wesentlich geringerem Ausmaß.

Ausschließlich an einzelne Geschlechter gekoppelte Aktivitäten und Muster sind nicht festzustellen – jedenfalls legen das die vorliegenden Untersuchungsergebnisse nicht nahe. Die Begründungen für die unterschiedlichen Aktivitäten und Muster liegen insbesondere im Sozialisations- und Erziehungsprozess, d.h., die geschlechtsgebundenen Unterschiede sind nicht unabänderlich, vielmehr durch biographische Erfahrungen und Lernprozesse veränderbar – wie natürlich auch zu verstärken.

DIE GEBRATENE PUPPE

Werner Mahler ist Erzieher in einem Schülerhort in einer norddeutschen Kleinstadt. Ich habe mich mit ihm verabredet, um seinen Erziehungsalltag kennenzulernen. Als ich ankomme, «war schon», wie er sagte, «ein Ding passiert». Er hatte beobachtet, wie Jörg und Armin, sieben und acht Jahre alt, eine zerfetzte Stoffpuppe zerschnitten, dann in die Küche gingen, sich eine Pfanne holten, die Puppenglieder hineinlegten und anfingen, sie zu rösten. Als sich Brandgeruch verbreitete, ging Werner Mahler in die Küche.

«Was macht ihr denn hier?»

«Siehst du doch.»

«Ihr spinnt wohl!»

«Aber weißt du», sagte er dann zu mir, «das Schärfste kommt jetzt. Sagt doch Jörg, sie hätten gestern einen Zombie bei Freunden gesehen. Mir ist der Kinnladen runter. Ich war sprachlos und muss völlig bescheuert ausgesehen haben. Ich hab die beiden dann aus der Küche geschmissen. Die haben die ganze Zeit nur gegrinst. Das hat mich noch zusätzlich auf die Palme gebracht. Ich habe gehofft, ich bleibe von der Horror-Scheiße verschont, nun das. Ich hab erst gedacht, die filmen mich. Aber das sah so echt und ganz überzeugend aus.»

Wir haben uns am selben Nachmittag mit Jörg und Armin unterhalten. Beide Kinder sehen – und deshalb war der Erzieher auch so überrascht – sehr wenig fern. «Tom & Jerry oder, wenn wir brav sind, auch schon mal 'n Krimi, Straßen von San Francisco oder so. Aber so was ist schon gruselig genug», meint Jörg.

Am Wochenende waren die Kinder mit ihren Vätern zum Angeln gefahren. Alle hatten geangelt, aber die Kinder durften die gefangenen Fische nicht schlachten. Armin: «Das war gemein. Das war ganz gemein. Dabei hatte mein Vater mir das versprochen. Ganz fest. Und ich hab mich drauf gefreut. Aber dann hat er gesagt, ich würd die Tiere nur quälen. Dabei stimmt das gar nicht.» Und Jörg ergänzt: «Wir durften nur angeln und haben so viele Fische gefangen, aber die haben wir einfach wieder reingeschmissen. Die waren ganz schön sauer mit der Zeit.»

Im Verlauf des Gesprächs kommt dann heraus, dass sie ihr Puppen-Spiel vor allem deshalb gemacht haben, «um zu üben, wie das ist, wenn man schlachtet und kocht. Wir dürfen ja nichts richtig, wir müssen immer spielen. Jetzt haben wir das probiert, dann können wir das vielleicht das nächste Mal». Und Armin fährt fort: «Das hat doch solchen Spaß gemacht, wie Papi da mit dem Fisch 'rummacht. Nur wir durften nicht. ‹Weg, ihr quält nur›, richtig weggedrückt hat er mich. Nur zusehen durften wir.»

Auf meine Frage, warum sie Werner Mahler diese Geschichte nicht erzählt, ihm stattdessen etwas von einem Zombiefilm berichtet hätten, grinsten sich beide an. Sie wollten darauf nicht antworten und fingen immer wieder an, von ihren Enttäuschungen während der Angeltour zu erzählen. Erst als ich am Abend den Hort verließ, zupfte mich Armin am Ärmel: «Du, weißt du, warum?»

«Nein.» «Werner ist ja ganz nett. Nur wenn wir so Sachen sehen im Fernsehen, die er nicht mag, da schaut der immer so komisch. Das mögen wir nicht leiden an ihm. Deshalb haben wir das gesagt mit dem Zombie. Wir haben's einfach probiert, und er hat uns da ja auch geglaubt. Angeschmiert haben wir ihn, und er hat genauso doof geguckt, wie wir dachten. Und hinterher haben wir uns kaputtgelacht.»

Jörg und Armin haben in der Bratszene jene Ohnmachtsgefühle, die sie am Sonntag durchmachten, nochmals aktualisiert. Sie haben eine Situation konstruiert, die eigenen, selbstgeschaffenen Regeln unterliegt, eine Szene gespielt, die ihre Kompetenz und Qualifikation bestätigen soll.

Als ihr Erzieher eingreift, die Spielsituation und die damit einhergehenden Emotionen stört, fühlen sie sich ähnlich gemaßregelt wie beim sonntäglichen Angeln. Während sie sich dort durch das Zurückwerfen der Fische wehren, setzen sie am Montag ihr Wissen über die Einstellungen des Erziehers zum Fernsehen und zum Video ein, um sich auf ihre Art und Weise mit ihm auseinanderzusetzen. Indem sie mit seinem Erschrecken spielen, ihn zum «Ausrasten» bringen, bekommen sie eigene Allmacht bestätigt.

UNTERSCHIEDLICHE VERARBEITUNGSMUSTER

Jungen sind mehr an Abenteuern und Action, an den Eigenschaften der Helden interessiert: Die Kraft des Helden, seine Körperbeherrschung, seine Motorik, seine Bewegungen, seine Stimmgewalt, seine Dominanz, sein Kampfwille lassen ihn für Jungen bedeutsam werden. Und auch die phantastisch-magischen Momente in den Medienangeboten faszinieren Jungen genauso wie die nach außen gerichtete Aggression, die dann im Spiel sichtbar wird.

Mädchen weisen demgegenüber den Beziehungs-, Trennungs- und Autonomiethemen in den Filmen größere Bedeutung zu. In den Handlungen der Familienserien, «Seifenopern» oder den Tier- und Arztgeschichten entdecken sie ihre (Alltags-)Themen wie Nähe und Distanz, Trennen und Sich-Finden, den Kampf um Selbständigkeit. Mögen Serien wie die Biene Maja, Heidi, die Lindenstraße oder der Landarzt – aus der Sicht von Erwachsenen – keine aufgesetzten, vordergründig-gewaltverherrlichenden Szenarien enthalten, aus der Sicht (vor allem) von Mädchen geht es durchaus um die Konfrontation mit gewalttätigen Alltagserfahrungen: loslassen und losgelassen werden, Eigenständigkeit und Behütung, Liebesentzug und Urvertrauen. Dies kann ein Fallbeispiel verdeutlichen.

Beate, fünf Jahre, zieht sich schon seit einigen Wochen, sobald sie morgens in den Kindergarten kommt, in die Spielecke zurück. Sie nimmt sich eine kleine Puppe, die sie Heidi nennt, und inszeniert Gespräche, die über Wochen hinweg in immergleichen Wiederholungen verlaufen. Beate schlüpft dabei in die verschiedenen Rollen.

Beate: «Mutti muss jetzt gehen, hörst du.»

Heidi: «Warum kannst du denn nicht bleiben?»

Beate: «Aber das hab ich dir doch gesagt.»

Heidi: «Aber was hast du mir gesagt?»

Beate: «Aber Heidi, das weißt du doch.»

Heidi: «Musst du gehen?»

Beate: «Ich hab's dir doch gesagt. Ich muss arbeiten, und du musst hierbleiben. Du bist doch schon ein großes Mädchen.»

Heidi: «Ich möchte nicht, dass du gehst.»

Beate: «So, Heidi, nun sei schön brav und bleibe hier. Heute Abend bin ich wieder da.»

In anderen Spielen beschimpft «Heidi» ihre Mutter, klagt sie an oder hat Wutausbrüche. Die von Beate gespielte Mutter reagiert mit großer Geduld, zugleich aber mit einer penetranten Betulichkeit. Beate kommt zudem regelmäßig zu ihrer Erzieherin, um sich aus einem «Heidi»-Buch vorlesen zu lassen. Dabei verlangt sie immer wieder nach zwei Auszügen, in denen es um Trennung und Wiederkehr geht, darum, wie Heidi mit dem Alleinsein fertig werden muss. Beates Mutter erzählt auf einem Elternnachmittag, dass ihre Tochter auch zu Hause ein «Heidi»-Rollenspiel inszeniert, zudem die «Heidi»-Zeichentrickserie mittels Videokassette täglich zwei- bis dreimal sieht. Beates Mutter beobachtet mit wachsender Sorge, wie die «Fernseh-Heidi» das alltägliche Handeln und Spielen ihrer Tochter bestimmt.

Beates Mutter beabsichtigt, wieder zu arbeiten. Dieses Vorhaben hatte sie mit ihrem Mann an mehreren Abenden so besprochen, dass Beate nichts hören konnte. «Ich wollte sie doch nicht beunruhigen.» Wie sich dann aber im Nachhinein herausstellte, hatte Beate einmal Gesprächsfetzen gehört. Auch an den nächsten Abenden lauschte sie an der Wohnzimmertür. Dabei blieb der Eindruck bei ihr hängen: «Mami geht weg, um zu arbeiten. Und dann bin ich allein.» In dem «Heidi»-Film fand sich Beate mit ihrer Situation vor allem in den Trennungs- und Abschiedsszenen wieder. Und der bei der «Film-Heidi» ablaufende Entwicklungsprozess gewann für Beate zunehmend an Bedeutung. In ihrem Spiel drängten die in der Film- und Buchrezeption durchlebten Phantasien in die Wirklichkeit, in ihrem Spiel suchte Beate nach eigenen Lösungsmöglichkeiten. Als Beates Mutter mit ihrer Tochter im Anschluss an das Beratungsgespräch offen über ihre in Aussicht stehende Berufstätigkeit redet, nimmt die Intensität der Rollenspiele ab, die Bedeutung von «Heidi» – in Form des Buchs und der Kassette – bleibt aber über längere Zeit hinweg bestehen.

In den Nachspielen herrschen bei Jungen nach außen gerichtete – auch zerstörerische – Aggressionen, Action und die Suche nach Orientierung vor, bei den Mädchen überwiegen dagegen Beziehungsspiele. Dazu ein Fallbeispiel:

In einer Folge der «Schwarzwaldklinik» ging es um den Unfall zweier Jungen: Sie hatten sich, aus Übermut und um einem Mädchen zu imponieren, in einer unterirdischen Höhle, die sie nicht betreten durften, verirrt und waren dort verunglückt. In einer dramatischen, spektakulär inszenierten Rettungsaktion wurden sie befreit und in die Klinik gebracht. Diese Folge konfrontierte einige der zuschauenden Kinder bewusst oder vorbewusst mit Ängsten, Verboten und Aggressionen: Die Sendung zeigt die negativen Folgen des Verstoßes gegen Verbote und soziale Normen sowie damit einhergehende Sanktionen von Bezugspersonen. Oder der Unfall wird als existenzielle Vernichtungserfahrung erlebt. Oder der Film zieht durch eine Action-Dramaturgie die Kinder in den Bann und berührt sie gefühlsmäßig stark.

In zwei Kindergruppen eines Kindergartens waren einige Tage später folgende Spiele zu beobachten. Die eine Gruppe bestand aus Jens, Jörg, Niko und Peter. Alle sind zwischen fünf und sechs Jahre alt. Sie spielten in einer Ecke des Gartens. Dort hatten sie aus Zweigen, Blättern, Papier, Pappe, Sand und Wasser eine Höhle mit vielen Gängen konstruiert, eine «gruselige» Höhle, wie Peter erklärt.

Jens hat Playmobil-Figuren geholt, diese werden in die Höhle geschoben, bis sie nicht mehr zu sehen sind.

Niko: «Die kommen da nie mehr raus.»

Jörg: «Die müssen sterben.»

Peter: «Ich nicht. Ich weiß, wie ich da rauskomme.»

Es folgt ein Gespräch darüber, wie man sich aus solch brenzligen Situationen retten könnte.

Jens: «Ich hätte He-Man mitgenommen, der hätte mir geholfen.»

Jörg: «Brauchst du nicht, im Berg gibt's Geister, die helfen einem, ich mein, die helfen Kindern.»

Niko: «Quatsch, da hilft nur ein Sprechfunkgerät.»

Jörg: «Funktioniert aber im Berg nicht.»

Jens: «Hilft eben doch nur He-Man.»

Peter: «Oder mein Zauberstab. Da kann man alles mit machen.»

Alle fangen an zu lachen.

Jens und Jörg stehen auf, während die beiden anderen vorsichtig nach den Figuren suchen. Die beiden kommen zurück. «So, jetzt holen wir sie raus.» In der einen Hand halten sie He-Man, mit der anderen Hand werfen sie Steine auf die Höhle, bis diese einstürzt. Dann fangen alle an, nach den Figuren zu wühlen. Als sie sie in den Händen halten, entspinnt sich ein Gespräch.

Jens: «Gut, dass He-Man da war.»

Jörg: «Die wären sonst nie rausgekommen, nie.»

Jens, mehr zu sich selbst als zu den anderen: «Die hatten Glück, dass das He-Man gemacht hat. Wenn das die Eltern gemacht hätten, hätte es was gesetzt.» Niko und Peter ahmen Schläge auf den Hinterkopf nach und fangen an zu grinsen.

In der anderen Gruppe sind Olivia, Heike und Inga, drei fast sechsjährige Mädchen, versammelt. Sie haben ein Zimmer der Puppenstube zu einem Operationssaal umgebaut. Aus dem Erste-Hilfe-Kasten des Kindergartens haben sie einige Utensilien entnommen. Dann holen sie sich zwei Puppen, legen diese auf den Operationstisch und beginnen ihre Operation.

Olivia ist die Ärztin, Heike und Inga sind die Schwestern.

Olivia: «Das Messer.»

Es wird gereicht, der Puppe wird der Leib aufgeschlitzt.

Heike: «Sieht schlimm aus.»

Olivia: «Die Salbe.» Inga reicht Heike die Salbe, die in den aufgeschlitzten Bauch gedrückt wird. Dann nimmt Olivia ein Tesaband und klebt den Bauch zu. Inga reicht ihr eine weitere Puppe.

Inga: «Was müssen die auch so unvernünftig spielen!»

Heike: «Sind eben Jungen!»

Olivia: «Die Schere.» Der Puppe wird ein Bein geschient.

Heike: «Das andere muss wohl auch ab?» Olivia nimmt eine Schere, schneidet das Bein ab.

Inga: «So kann es kommen!» Dann holt Heike einen Puppenwagen, legt die «Patienten» hinein und fährt damit fort.

In den hier dargestellten Spielen setzten die Mädchen- und die Jungengruppen jeweils geschlechtsgebundene Akzente:

» Die Aggressionen der Jungen richten sich stärker nach außen, vor allem in den Nachspielen und Erzählungen. Dies mag auch Resultat eines Aneignungsstils sein, der Gefühle während des Sehens vermeidet und unterdrückt und sich im Nachhinein in Motorik und Lautstärke entlädt. Mädchen zeigen ihre Betroffenheit, ihre Verunsicherung und ihre Ängste während des Sehens und Hörens offener. Sie fühlen mehr mit den Opfern, versetzen sich in die Lage der Betroffenen, sind an den Folgen aggressiver Akte interessiert.
» Es sind nur selten medienbezogene Spiele zwischen Jungen und Mädchen zu beobachten. Sind Mädchen in die Spiele integriert, nehmen diese schnell die Opferrolle ein.
» In den Abenteuer- und Rollenspielen dominieren Körperlichkeit und Kraft. Während in den Konfliktlösungen von Mädchen die realistische Komponente überwiegt, fällt bei den Jungen der Einsatz von Magie und Phantastik auf.
» Das medienbezogene Nachspielen der Mädchen wirkt ruhiger, stiller, zurückgezogener. Dies ist die Konsequenz aus dem offenen Umgang mit Gefühlen während der Nutzung. Mädchen arbeiten in den Spielen nicht so sehr die physische als vielmehr die psychische Anspannung ab. Deshalb erscheinen die medienbezogenen Symbole verdeckter, sind die Bezüge zum Medium schwerer zu deuten.
» Jungen spielen Gefühle während der Nutzung herab, unterdrücken diese. Verunsicherungen werden durch Über-

motorik oder abwertende Bemerkungen geleugnet; das soll Gleichgültigkeit, Lässigkeit, Souveränität oder Kompetenz vorspiegeln. Vor allem Jungen überfordern sich während der Nutzung gefühlsmäßig. Dies hat Auswirkungen auf den Prozess des Nachspiels und der Nachbereitung. Es dient in der ersten Phase vor allem dazu, die körperliche Anspannung durch Bewegungsabläufe abzubauen.

UNTERDRÜCKUNG VON AGGRESSIONEN

Die medienbezogenen Spiele der Jungen sind auch in Thema und Symbolik deutlicher zu identifizieren. Offen aggressive Spiele der Mädchen werden nicht selten von Erwachsenen meist früher reglementiert und konsequenter unterdrückt. Ich möchte diese These am Umgang mit Monsterfiguren und den Barbiepuppen konkretisieren.

Während etwa zwei Drittel der von mir befragten Jungen angeben, mindestens einmal mit Monster- und Actionfiguren Kontakt gehabt zu haben, und nahezu die Hälfte eine entsprechende Figur besaßen, hatten nicht einmal zehn Prozent der Mädchen vergleichbare Objekte, der Mehrzahl der Mädchen wurden die Monstergestalten von ihren älteren Brüdern «vererbt». Nur zwei Mädchen kauften sich bzw. ließen sich eine Monstergestalt schenken, «um die Mami zu ärgern, weil die dagegen war». Doch beeindruckender, weil tiefe Einblicke in gesellschaftliche Sozialisationsprozesse verschaffend, sind die Argumente, mit denen Mädchen Monsterfiguren ablehnen bzw. ihnen gleichgültig gegenüberstehen. Auf der Basis von Gruppengesprächen sowie teilnehmenden Spielbeobachtungen lassen sich drei Begründungen festhalten. Mädchen ist zunächst die Art und Weise, wie Jungen mit den Figuren spielen, zu laut, zu aktions- und bewegungsbetont. Sie lehnen die Spiele als unkooperativ ab.

Hinzu kommt, dass Mädchen nicht wirklich in die symbolischen und ritualisierten Spielverläufe einbezogen sind, sondern meistens Statisten bleiben oder zu Bestandteilen der Requisite werden. Die Spielvorschläge und Handlungsanweisungen der Mädchen werden von den Jungen nicht ernst genommen bzw. nicht anerkannt. Dies macht die Teilhabe am Spiel – aus der Sicht der Mädchen – langweilig und uninteressant.

Diese beiden Beobachtungen decken sich mit den Ergebnissen einer Langzeitstudie der amerikanischen Psychologin Maccoby, wonach Mädchen gleichgeschlechtliche Spielkameradinnen bevorzugen. Maccoby nennt hierfür zwei Gründe: Im Jungenspiel dominiert äußere Bewegung, es ist häufig rau und grob und gekennzeichnet von einem auf Dominanz zielenden Wettbewerb. Während Mädchen Spiele durch Vorschläge zu beeinflussen versuchen, bevorzugen Jungen den direkten Anweisungsstil, um damit zum Erfolg zu kommen. Jungen kommandieren mehr, fallen sich ins Wort. Mädchen meiden das Spiel mit Jungen, weil sie hier keine Chance zur Verwirklichung ihres Spiels haben. Und dies ist eben auch ein Grund, weshalb Mädchen das Spiel mit Monsterfiguren ablehnen.

Und noch eine weitere Begründung bringen die Mädchen vor: Vor allem Mütter – aber auch Erzieherinnen und Sozialpädagoginnen aus dem Elementarbereich – sehen es nicht gerne, wenn Mädchen mit Monsterfiguren spielen, während Jungen dieses – wenn auch häufig widerstrebend – gestattet wird. Mädchen dürfen stattdessen mit Barbiepuppen oder vergleichbaren Figuren spielen.

Auffällig ist ein weiterer Unterschied: Während Jungen häufig intensiv, massiv und mit viel Drohung um den Kauf bzw.

die Duldung von Monsterfiguren kämpfen, gehen Mädchen wesentlich stiller, leiser, wenn auch nicht weniger beharrlich vor. Jungen benutzen Schimpfworte, setzen offen Wut, Zorn, Hass und Enttäuschung ein. Mädchen bevorzugen demgegenüber Weinerlichkeit, Traurigkeit, Liebesentzug, heimliche Verwünschungen, setzen sogar – ob bewusst oder nicht – Bauchschmerzen oder Kopfweh ein, um ihr Ziel zu erreichen.

«VOM UNBEWUSSTEN ZUM UNBEWUSSTEN»

Für geschlechtsgebundene Unterschiede beim Ausleben von Aggression oder im Umgang mit körper- und gewaltbetonten (medialen) Symbolen gibt es eine Vielzahl sich häufig widersprechender Erkenntnisse aus Soziologie, Psychologie, Psychoanalyse, der Pädagogik oder auch der Biologie. Der ganz spezifische Umgang mit Aggressionen scheint kulturell bedingt, durch Erziehung gesteuert und beeinflusst zu sein. So lassen sich erste Erklärungen für die beschriebenen Unterschiede im Umgang mit Gewalt finden.

Eine Vielzahl von Autorinnen und Autoren verweist darauf, dass eine geschlechtsgebundene Erziehung – z.B. im Hinblick auf Aggression – schon früh einsetzt und auf meist unbewussten kulturellen Mustern fußt. Während männliche Babys beispielsweise länger und intensiver gestillt werden, erzieht man Mädchen früher und stärker zur Selbstverantwortung, bezieht man sie intensiver in familiäre Abläufe und häusliche Pflichten ein. Anders ausgedrückt: Gesellschaftliche Normen und Werte schlagen lebenszeitlich früher durch als bei Jungen. Mädchen begreifen und verinnerlichen offensichtlich eher, wie gesellschaftliche Repräsentanten (z.B. Familie und Schule) sie sehen möchten: bereit zum Opfer, kooperativ, kommunikativ, vermittelnd, sich unterordnend. Die Ablehnung des lauten, auf Wettbewerb und Durchsetzung orientierten Spiels oder der offene Umgang mit Aggressionen *könnte* hier eine Erklärung finden.

Während Jungen die Suche nach Autonomie möglicherweise leichter zugestanden wird, Wort- und körperliche Gewalt nicht sofort verboten sind, haben es Mädchen schwerer, sich zu behaupten. Ihnen gesteht man allenfalls eine an häuslichen Pflichten orientierte Selbständigkeit zu. Während Jungen beim Kampf um Autonomie aktive, zumindest wohlwollende und tolerierende Unterstützung finden, setzt man Mädchen enge Grenzen, sehen sich Mädchen von Liebesverlust bedroht, wenn sie Selbstbewusstsein und Eigenständigkeit entwickeln wollen. Und weil Angst vor Liebesentzug dominiert, richten Mädchen ihre Aggressionen häufiger nach innen – z.B. in Form psychosomatischer Erkrankung –, oder sie binden ihre Aggressionsphantasien an Symbole, die sozial respektiert werden. Einige Autoren und Autorinnen haben in diesem Zusammenhang auf die Bedeutung von Pferdegeschichten für Mädchen hingewiesen.

Ähnliches lässt sich auch im Rollenspiel mit den Barbiepuppen beobachten. Diese Spiele werden von manchen Erziehern, aber auch den wenigen wissenschaftlichen Betrachtungen als Einübung in typische, von der Gesellschaft gewünschte Frauenrollen gesehen. Dabei wird kaum beachtet, dass im Spiel der Mädchen mit den Puppen bereits verinnerlichte, kulturell anerzogene Handlungsmuster durchscheinen. Zunächst findet das zumeist ruhige, zurückgezogene Spiel mit den Puppen weniger Beachtung als das laute, auffällige Spiel mit Monsterfiguren. Deshalb werden die in den Barbie-Spielsituationen gebundenen und enthaltenen Themen übersehen.

Zwar ist das An- und Auskleiden besonders häufig zu beobachten, gleichwohl bearbeiten Mädchen über die und mit den Barbiepuppen auch ihre entwicklungsbedingten Themen. Und dazu gehört die Auseinandersetzung mit Aggression, wie einige Fallbeobachtungen aus den Rollenspielen von Mädchen konkretisieren können:

» Sandra, fünf Jahre, hat eine «böse» und eine «gute» Barbiepuppe. Die «böse» wird im Rollenspiel mit dem Entzug schöner Barbie-Kleidung bestraft.
» Anke, sieben Jahre, bestraft ihre «böse» Puppe, indem sie die langen blonden Haare abschneidet, dabei kommentiert sie: «Das hast du nun davon. Wenn man böse ist, sieht man das.»
» Meike, acht Jahre, bestraft ihre Puppen beim Rollenspiel, indem sie diese in einen Schrank einsperrt und mit den Worten verlässt: «Wenn ihr wieder brav seid, komme ich zurück.»
» Sabine, sieben Jahre, wählt sich das Doktorspiel, um ihre «böse» Puppe zu behandeln. Sie setzt ihre Puppe in einen Stuhl, fesselt sie, zieht eine Spritze aus dem Doktorkoffer auf und stößt diese genussvoll, aber mit Vehemenz in den Puppenarm, begleitet von einem vernehmlichen und befreienden «So!».
» Katharina, acht Jahre, kämmt ihrer «bösen» Puppe die Haare, wenn es darum geht, «Dampf abzulassen». Sie umfasst dazu kräftig mit Daumen und Zeigefinger den Hals der Puppe, so als wolle sie sie würgen, nimmt dann den Kamm und zieht diesen stark und intensiv durch die Haare, sodass die Puppe – wäre sie ein menschliches Wesen – heftige Schmerzen haben müsste. Dabei redet sie leise vor sich hin: «Halt still, du Biest!» Oder: «Tut richtig weh, du Miststück!» Oder: «Sei froh, dass du nicht in den Ofen kommst!» Oder: «Wehe, du sagst was, dass es wehtut!»

Wenn Mädchen im Rollenspiel Aggressionen zurückgezogen und verdeckt bearbeiten, dabei nach außen gefühlvoll und sozial erscheinen, ist das die Folge einer Erziehung, in der Mädchen weniger Aggressionen bzw. Aggressionsphantasien zugestanden werden. Die Anwendung von Aggressionen – darauf hat Margarete Mitscherlich hingewiesen – hat mit Schuldgefühlen zu tun, die von Jungen und Mädchen unterschiedlich wahrgenommen und erlebt werden. Während Jungen häufiger Schuld auf Sündenböcke übertragen, ihnen damit angstfreie Rachephantasien eher möglich sind, erleben Mädchen die Ausübung von Aggressionen als Gefährdung einer Beziehung zu den Eltern. Sie fürchten Liebesverlust, suchen sich deshalb – so Bruno Bettelheim – «harmlose, frohmachende Sublimierungsmöglichkeiten». So dienen Mädchen Pferdegeschichten oder auch Arztspiele als Ventil, kann die Herrschaft über das Tier oder den Körper als Beherrschung des Männlichen, des sexuell Triebhaften interpretiert werden.

Aggressionen sind kulturell bedingt. Für die Entwicklung der Aggressionen, sowohl im Umgang mit zerstörerischer wie konstruktiver Aggression, ist die Phase zwischen dem zweiten und fünften Lebensjahr – die sogenannte orale wie anale Phase – wichtig. Die Herausbildung der Aggression ist eng verbunden mit dem Verhalten der wichtigsten Bezugspersonen. Ohne konstruktive Aggression ist Autonomie und Loslösung nicht möglich. Aggression stellt sich für Mädchen stärker als ein Beziehungskonflikt dar. Entscheidend ist demnach, wie die Mütter mit den Trennungswünschen des Mädchens umgehen und diese auf die mütterlichen Reaktionen reagieren.

Hella, drei Jahre, kommt ins Wohnzimmer, sieht die Mutter: «Ich will dich töten.»

«Hella, was sagst du da!»

«Ich schneid dich kaputt!»

«Dann bin ich tot.»

«Macht nichts, ich mach dich kaputt.»

«Hella, das sagt man doch nicht.»

Hella geht hinaus, dreht sich um: «Ich hasse dich!»

Hella hat ihrem Wunsch nach Eigenständigkeit auf drastische Weise Ausdruck gegeben, der Tod der Mutter ist für sie Symbol der Autonomie. Die Mutter reagiert darauf verständlicherweise mit Entsetzen, gleichzeitig reglementiert sie Hella, überführt die symbolische Phantasie in Realität. Hella zürnt, ist (noch) nicht anpassungsbereit. Sie reagiert mit Hass, führt Aggressionen nach außen ab. Margarete Mitscherlich hat darauf hingewiesen, dass Mädchen Autonomie widersprüchlicher und schuldbeladener erleben. Mädchen machen sich eher von Mitmenschen abhängig, ordnen sich unter. Die Über-Ich-Bildung, die die Einhaltung und Verinnerlichung von elterlichen Geboten und Verboten bedeutet, vollzieht sich bei Mädchen lebenszeitlich früher als bei Jungen, d.h., die mit Schuldgefühlen einhergehenden Aggressionen werden früher verinnerlicht, die dann durch Unterordnung, Anpassung, ständige Zuwendungsbeweise oder Rückversicherungen überwunden werden sollen. Aggressionen werden nicht unbedingt nach außen abgeführt, sie werden nach innen gekehrt. Und die nach innen gekehrte Aggressivität entlädt sich nicht selten in plötzlichen, ungekonnten aggressiven Akten. Dazu Hellas Mutter: «Ich lasse viel mit mir machen, bis es nicht mehr geht. Dann schreie ich, haue auf den Putz. Manchmal knall ich Hella eine, und dann fühl ich mich schlecht.»

Die geschlechtsgebundenen Unterschiede im Ausleben von Aggression sind kein Schicksal, schon gar nicht auf körperlich-anatomische oder biologische Aspekte zu reduzieren.

Noch genauer als bei den Jungen müssen Phantasien und Spiele bei den Mädchen ernst- und angenommen werden, auf ihre verborgenen Wünsche und Symbole hin gedeutet werden. Phantasie und Spiele geben Hinweise darauf, neue Erfahrungen und Möglichkeiten zu erproben. Dies ist umso wichtiger, als die Erziehung zum Umgang mit Aggressionen eine Erziehung vom «Unbewussten zum Unbewussten» ist, soll heißen: Vor allem Mütter – aber nicht nur sie! – vermitteln ihren Kindern, vor allem den Mädchen, ihre häufig ungekonnte Haltung im Umgang mit Aggression.

3

KINDER UND GRENZERFAHRUNGEN

Kapitel 14
Sexualität im Alltag von Kindern

Es ist eine merkwürdig widersprüchliche Situation, in der sich Sexualerziehung – wieder? Oder: noch? – befindet: Manche Erwachsene, die beklagen, es werde zu viel von (Sexual-)Technik in der Aufklärung geredet, zu wenig von Gefühl und Liebe, wollen keine oder eine nur unzureichende Sexualerziehung; andere, die sich in Sprache und Bild alltagsnah und kindorientiert darstellen und dabei den (sexual-)pädagogischen Zeigefinger vergessen lassen möchten, übersehen dabei nicht selten zwischenmenschliche Beziehungen und Emotionalität. Manche Eltern sind wiederum froh über (Bilder-)Bücher und Broschüren, über Schule und Kindergarten, die Aufklärung übernehmen – manchmal mehr schlecht als recht, bemüht und verkrampft, dann wieder mit viel Engagement und Gefühl. Andere Eltern tun ihr Bestes, lesen Bücher, nehmen an Seminaren teil, um ihrem Kind die best- und frühestmögliche Aufklärung zukommen zu lassen.

Um nicht missverstanden zu werden: Ich verkenne oder übersehe keineswegs die vielen gekonnten Bemühungen in Elternhaus, Schule und Kindergarten um eine angemessene Sexualaufklärung von Kindern. Aber ich bemerke zugleich auch Bemüht-Verkrampftes, Angestrengt-Verkopftes. Nach meinem Gefühl bleiben – als Quintessenz aus Beratung und Seminararbeit – Zeit und Gelassenheit, der Mut zum Fragmentarischen und zur Überraschung auf der Strecke, ganz nach dem Motto: Man will es schließlich allen recht machen, und es soll einem keiner sagen, man habe etwas nicht bedacht.

In der Sexualaufklärung geht es nicht allein um Beziehungen und Gefühle zwischen den Eltern, den Eltern und Kindern oder den Kindern untereinander. Wenn Kinder etwas über Sexualität wissen wollen, dann geht es ihnen nicht allein um Sachfragen, sondern zugleich – oder sogar ausschließlich – um Beziehungen, dann sprechen Kinder auch ihre Ängste, Unsicherheiten und Unklarheiten an. Je weniger Erziehende diese Mehrfachperspektive wahrnehmen, je mehr sie die Beziehungskomponente in ihren Antworten ausblenden, umso konflikthaltiger kann die «Erziehungsbeziehung» sein.

Sexualerziehung ist niemals abgeschlossen, sie stellt sich als lebenslange Aufgabe dar: erst im Kindes-, dann im Jugendalter, später in den unterschiedlichsten Phasen der Partnerschaft bis hin in das hohe Alter. Jedes Lebensalter, jeder Lebensabschnitt bringt neue, veränderte Erfahrungen mit sich. Natürlich werden im Kindesalter wichtige Erfahrungen gelegt, zweifelsohne ist die Pubertät ein zentraler, nachhaltiger Einschnitt – aber Sexualerziehung ist damit nicht am Ende angekommen: Dieses Wissen könnte Eltern und Erziehende entlasten und dazu führen, Kinder wie Kinder und nicht wie kleine Erwachsene aufzuklären, ihnen und sich bei den Antworten Zeit zu geben. Dies meint nicht, Kinder auf ein imaginäres «Später» zu vertrösten, sondern ihnen Antworten zu geben, die ihrem Erfahrungs- und Entwicklungsstand entsprechen. Weniger ist manchmal mehr und Gelassenheit ein besserer Begleiter als guter Wille.

Gelassenheit meint nicht Gleichgültigkeit, und der Verweis auf das Recht des Kindes auf Kindsein bedeutet nicht Kindertümelei – aber Gelassenheit bewahrt vor Erziehungsstress, davor, dass aus dem «Ich mein es doch nur gut mit dir» ein sexualaufklärerischer und erzieherischer Hochleistungssport wird.

Wer mit Kindern zu tun hat, dem begegnen ständig zwei Personen: das Kind in mir und das Kind vor mir. Und je mehr ich Versäumnisse in der eigenen Kindheit am Kind vor mir gutmachen oder kompensieren will – «Bloß nicht den sexualfeindlichen Mief des Elternhauses wiederholen!» –, umso aufgesetzter sind die Ergebnisse, umso weniger wird das Kind in seinem Hier und Jetzt angenommen, umso wahrscheinlicher ist, dass eine Erziehungsbeziehung entsteht, die an die Realisierung eines Lernzielkataloges erinnert.

Wissensvermittlung gegenüber Kindern – gerade im Bereich der Sexualität – muss klar und offen sein, doch wichtiger als die Vermittlung allgemeiner Wahrsätze oder naturwissenschaftlicher Erkenntnisse ist Wahrhaftigkeit und Authentizität, ist Konkretheit und Anschaulichkeit, ist das Bemühen, den Sinn und den Hintersinn kindlicher Fragen zu erfassen. Diese Haltung bietet Gewähr, auf die Sachfragen und Emotionen der Kinder einzugehen. Manchmal ist eine wahrhaftige Antwort passender für das Kind als die absolut richtige und letztlich gültige. Und denken Sie daran: Es gibt manchmal schwierige Phasen im Zusammenleben mit Kindern, in denen keine allzeit gültigen Patentlösungen möglich sind. Ermutigung und Trost können sich aus der Einsicht ergeben: Auch diese schwierigen Phasen gehen mal vorbei! Dies sollten Sie bedenken, wenn Sie die nachstehenden Überlegungen lesen.

Meine Tipps haben nicht den Anspruch, den komplexen Sachverhalt der Sexualerziehung umfassend zu beleuchten (vgl. Literaturverzeichnis Seite 317 ff.), sie wollen vielmehr einige mir wichtige Situationen und Fragen ansprechen, die mit kindlichen und elterlichen Grenzerfahrungen zu tun haben:

» kindliche Erfahrungen mit elterlicher Sexualität, konkretisiert am «Elternschlafzimmer»,
» Probleme in der elterlichen Sexualität im Kontext mit der Kindererziehung,
» den Umgang der Eltern mit sexuellen Phantasien der Kinder,
» den Mut zum Fragmentarischen bzw. die Ermutigung zu magisch mythischen Konfliktlösungen in der Sexualerziehung,
» wahrhaftige Antworten auf Kinderfragen zur Sexualität.

ELTERNSCHLAFZIMMER – EINE GRENZE?!

Max, knapp fünf Jahre, kam eines Morgens in den Kindergarten. Er umkreiste ständig Monika Seibold, seine Erzieherin. Für sie war dieses Verhalten mehr als auffällig, weil Max ansonsten ein «burschikoser Typ» ist, der «nur wenig Streicheleinheiten» und Zuwendung brauchte, kam er doch – wie seine Erzieherin meinte – aus einer gefühlsmäßig stabilen Familiensituation.

Die Erzieherin deutete Max' Verhalten als «wirklich seltsam». Als er wieder einmal in ihrer Nähe stand, fragte sie beiläufig: «Is' was, Max?»

Er schüttelte den Kopf, sah auf seine beiden Stoffpuppen, die er in der Hand führte. Max ließ die Puppen sich berühren. Er führte sie zusammen, nannte sie Nina und Dino. Sie umarmten sich.

«Max, hast du was?» Die Erzieherin blieb hartnäckig.

Max zögerte, druckste herum, wirkte unschlüssig. Dann schien es, als gäbe er sich einen Ruck: «Papa will Mama umbringen!» Er sagte es ganz ernsthaft.

«Mäxchen! Mäxchen! Erzähl mir keine Schauermärchen!» Ihre Stimme hatte einen Klang, als ob sie ihn nicht ernst nahm, geschweige denn verstand.

«Doch!» Max stampfte mit dem Fuß auf: «Papa will Mama umbringen!»

Sie schüttelte mit dem Kopf, streichelte sein Haar: «Nun spiel erst mal weiter.»

Sie hoffte, er würde auf andere Gedanken kommen. Schlecht geträumt habe er, dachte sie sich. Aber sie überlegte sich, alsbald mit der Mutter ein Gespräch zu führen.

Einen Tag später: An diesem Vormittag war ein Schaukelpferd der Lieblingsplatz von Max. In den Zwischenpausen setzte er sich auf das Pferd, presste es fest zwischen seine Schenkel, bewegte sich intensiv auf und ab, sein Kopf wurde rot, kleine Schweißperlen bildeten sich auf der Stirn: «Ich mach dich fertig!», stöhnte er vor sich hin. «Ich mach dich fertig!» Und so als würde er sich selbst eine Antwort geben, stieß er ekstatische «Ja! Ja!» dazwischen. Das Spiel wiederholte sich regelmäßig. Monika Seibold ließ Max gewähren, machte sich allerdings Gedanken.

Es ergab sich schnell die Gelegenheit zu einem Gespräch mit Max' Mutter. Die Erzieherin hatte zu ihr «einen guten Draht», sie sprach sie auf ihre Beobachtung an. Die Mutter war ganz offensichtlich irritiert. Beide holten Max in der Hoffnung hinzu, Näheres von ihm zu erfahren.

«Max, was erzählst du da!» Die Mutter wirkt entrüstet, obgleich sie sich vorgenommen hat, ruhig zu bleiben.

Max zuckt mit den Schultern: «Du hast erzählt, Papa will mich umbringen!» Max schaut die Mutter gedankenverloren an.

«Sag mal, was fällt dir ein. Sag mal, spinnst du!» Der Zeigefinger schnellt an die mütterliche Stirn.

«Nun lass mal, Veronika», beschwichtigt die Erzieherin.

«Ich spinn gar nicht», Max' Stimme klingt trotzig, aber auch sehr ernsthaft. «Ich spinn gar nicht.»

Max' Mutter atmet tief aus: «Dann erzähl mir bitte, was ist … aber sofort.»

In ihre ungeduldige Stimme mischt sich ein drohender Unterton. Max geht zu seiner Erzieherin, nimmt ihre Hand.

«Neulich hast du auf Papa gesessen und hast nur ‹Ja! Ja!› gesagt. Du hast mich gar nicht gehört. Und Papa hat gesagt: ‹Ich mach dich fertig.›»

Max' Mutter weicht entsetzt zwei Schritte zurück. Ihre Hand geht zum Mund, ihre Augen rollen verzweifelt hin und her – vergeblich, sie finden keinen Halt. Max zieht seine Erzieherin an der Hand, damit sie ihn ansieht. «Und dann hat Papa immer gesagt: ‹Ich mach dich fertig.› Und du hast ganz laut gestöhnt: ‹Mach's!›» Max schaut verständnislos: «Ich hab mir die Ohren zugehalten, weil ich dachte, du stirbst.»

Nun macht Veronika zwei Schritte auf ihren Sohn zu: «Mein Gott, Max.» Sie streichelt sein Haar: «War das neulich, als du nachts mal zu mir gekommen bist und dein Ohr an meinen Mund gelegt hast?» Max nickt: «Ich wollt hören, ob du noch atmest.» Die Mutter nimmt Max in den Arm: «Ich mag dich, Max.»

«Wollt Papa dich wirklich umbringen?»

«Nein!» Sie überlegt, doch ihr fällt keine «richtige» Antwort ein. Ihr Gehirn sei leer gewesen, meint sie später, tausend Gedanken schossen ihr durch den Kopf: «Bloß jetzt nichts Falsches sagen.» Max spürt irgendwie die Hilflosigkeit seiner Mutter: «Mama?» Er sieht zu seiner Mutter hoch: «Mama, hast du mit Papa Schaukelpferd gespielt? Und das hat Spaß gemacht, nicht?» Die Erzieherin muss lachen, Erleichterung macht sich bei Max' Mutter breit: «Ja, es hat Spaß gemacht.» Max streichelt seine Mutter, geht zum Schaukelpferd, setzt sich drauf und stöhnt: «Ich mach dich fertig!»

Max' Erlebnis macht deutlich, warum das Elternschlafzimmer als Grenze für Kinder bedeutsam werden kann – wohlgemerkt *kann:* Ein Dogma braucht diese Grenze nicht zu sein, dies liegt letztlich im Empfinden der Erwachsenen.

Eltern haben das Recht auf eine eigene Intimität und ausgefüllte Sexualität-in einem eigenen Raum, zu selbstbestimmten Zeiten. Eine solche Einstellung hat nichts zu tun mit einer verqueren Einstellung zur Sexualität. Eltern, die ihre Bedürfnisse nur denen der Kinder unterordnen, die kindorientiertes Handeln mit der Aufgabe der eigenen Persönlichkeit verwechseln, die in der Kindererziehung aufgehen, werden unsichtbar, sind graue Mäuse – bis zur Unkenntlichkeit in der Erziehungsaufgabe verschwunden. Sie können keine von Kindern geschätzten Persönlichkeiten sein. Denn wer keinen Respekt, keine Achtung vor sich selbst hat, der wird auch nicht respektierend geachtet.

Genauso wie das Kind ein Recht auf eigene Zeiten und Räume, z.B. auf ein Alleinsein im eigenen Zimmer, hat, genauso wichtig ist es, den Kindern erfahrbar zu machen: «Ich brauche Zeit für mich! Wir brauchen Zeit für uns! Das ‹Hotel Mama› hat zu bestimmten Zeiten geschlossen.» Je normaler und selbstverständlicher diese Regel in den Alltag einbezogen ist, je konsequenter elterliche Bedürfnisse in für Kinder nachvollziehbare Rituale eingebunden sind, umso eher sind Kinder bereit – von bestimmten Tagesformen und Ausnahmen einmal abgesehen –, sich darauf einzulassen: Kinder fühlen, dass sie nicht generell ausgeschlossen werden, vielmehr nur für eine bestimmte, überschaubare Zeit auf sich gestellt sind.

Eltern setzen ihre Grenzen in der Sache, nicht das Kind als Persönlichkeit wird zurückgewiesen, auch wenn es möglicherweise bestimmte Argumente – z.B. «Ihr mögt mich nicht!» – anführt, um Eltern moralisch unter Druck zu setzen. Und Eltern, die hier keine klare und feste Position besitzen, selbstbewusst ihre Zeit von den Kindern abverlangen, sind durchaus in der Gefahr, sich nötigen zu lassen.

Überschaubare Trennungen sind – eine krisenfreie Situation in der Familie ebenso vorausgesetzt wie eine emotional feste zwischenmenschliche Beziehung – kein Problem für Kinder.

Deshalb können Eltern ihre Zeiten ohne schlechtes Gewissen miteinander genießen. Wenn beim gemeinsamen Schmusen doch an «die kleinen, alleingelassenen Kinder» gedacht wird, dann ist nicht selten Beziehungsstress die Folge: zwischen den Partnern, die sich diese Zeit einander nicht wirklich widmen, mit «einem Ohr bei den Kindern sind». Sie empfinden solche Situationen auf Dauer als Belastung, eine Belastung, von der sie sich nicht freimachen können. Den so erlebten Druck geben sie nicht selten auf eine subtile Weise an die Kinder weiter: «Du machst mich krank!», «Ich bin immer so gut zu dir! Und was machst du?»

Nun lässt sich diese Klarheit nicht überall und in jeder Situation durchhalten – dies insbesondere dann nicht, wenn kleinere Kinder bis zum dritten Lebensjahr in einer Familie leben. Zwar kann man ihnen die Notwendigkeit einer eigenen Zeit und eigener Räume vermitteln, zwar kann man sie bitten, die geschlossene – nicht: abgeschlossene! – Tür zu respektieren.

Gleichwohl handeln jüngere Kinder – und ich gehe nicht von einem Machtkampf aus – spontan, oder sie sind einfach vergesslich. Stehen kleinere Kinder dann vor dem Bett, während die Eltern miteinander kuscheln, intensive Gefühle austauschen, miteinander schlafen, ist es wichtig, aufzuhören und das Kind nicht wegzuschicken. Steht das Kind vor der geschlossenen Tür und möchte hereinkommen, ist es für das Kind emotional bedrohlich, alleingelassen zu werden. Es ist besser – ich weiß: «Oh, welch Frust!» –, das Kind hineinzubitten. Kinder sind neugierig, wollen wissen, was die Eltern gerade machen. Es reicht der Hinweis auf Zärtlichkeit, Schmusen und Streicheln – und vielleicht kann man das Kind, falls es das möchte, in ein gemeinsames zärtliches Kuschelspiel einbeziehen.

Ältere Kinder haben manchmal den Wunsch, ihren Eltern beim Geschlechtsverkehr zuzusehen. Solch ein Bedürfnis hat wenig mit Voyeurismus als vielmehr mit Wissensdurst zu tun. Das Kind entwickelt – je älter es wird – Phantasien und Vorstellungen, die es nun als anschaulich-begriffliche Erfahrung hautnah erleben möchte. Es gibt Eltern, die ihren Kindern dies gestatten. Und diese Eltern berichten davon, wie Kinder, als ihre

Neugier befriedigt war, weggegangen sind. Das kann durchaus sein.

Meine Position ist eine andere: Sexualität gehört zwei Menschen, dies hat mit Intimität, mit Vertrautheit und Verlässlichkeit zu tun, die andere, auch die eigenen Kinder, ausschließt. Der den Kindern als biologischer Anschauungsunterricht vorgeführte Geschlechtsverkehr wirkt befremdlich; dabei ist ein komplexer Vorgang auf technisch-körperliche Details reduziert. Wenn Kinder ihren Wissensdurst befriedigen wollen, dann mag es sinnvoll sein, in den nächsten Tagen eines der vielen Ratgeberbücher heranzuziehen, die Heranwachsenden auf eine ebenso einfühlsame wie konkret-anschauliche Weise Details über Sexualität und den Geschlechtsverkehr zeigen. Wenn man diese Ratgeber dann gemeinsam mit den Kindern anschaut, empfinden diese eine solche Verhaltensweise nicht als elterliche Ausflucht, Verweigerung oder als Abschieben von Verantwortung.

Etwas anderes ist es, wenn Kinder den Wunsch äußern, die Geschlechtsorgane der Eltern anzuschauen, sie vielleicht vorsichtig zu berühren. Wenn Eltern dies zulassen *können* – ohne sich Zwang anzutun oder dabei ihre körperliche Integrität verletzt zu sehen –, kann dies Kindern helfen, Sexualität nicht allein als etwas Abstraktes, vielmehr in einer anschaulich-sinnlichen und begrifflichen Atmosphäre zu erleben.

«Mein Sohn Benjamin, fünf Jahre, hat sich neulich auf mich gelegt. Wir beide waren nackt. Da hat er seinen kleinen Penis zwischen meine Schenkel gedrückt, sich auf und ab bewegt: ‹Mama, jetzt machen wir Ficki! Ficki!› Ich war geschockt, völlig hilflos.» Sie sieht mich verzweifelt an:

«‹Geh sofort runter›, hab ich gesagt, ihn richtig runtergeschubst.»

«‹Aber Papi macht das auch! Ich darf das nicht!›»

Sie überlegt: «Hat er ja recht! Aber was sollte ich sagen!»

«Was haben Sie gesagt?»

«Das tut man nicht!» Als sie ihren Blick senkt, meint sie spontan: «Ich weiß. Bescheuerte Antwort!»

Ich will nicht weiter auf die Hintergründe von Benjamins Wünschen eingehen – die Psychoanalyse spricht von einer ödipalen Phase und Verschmelzungswünschen des Kindes –, weil sie zwar Verständnis für die Situation, nicht jedoch eine Handlungsanleitung für die Mutter mit sich bringen würden. Eine Grenzen setzende Antwort könnte in etwa lauten: Benjamin in den Arm nehmen und mit einer festen Stimme sagen: «Mit Papa möchte ich schlafen oder ‹Ficki› machen, wie du sagst. Das ist etwas, was uns beiden gehört. Ich hab dich sehr lieb, ich kuschel mit dir, ich streichle dich.»

Auf «Warum»-Fragen der Kinder kann man in zweierlei Weise reagieren. Entweder im Prinzip der defekten Schallplatte: konsequent, freundlich und fest die Sätze wiederholen: «Benjamin, das ist etwas, was Papi und mir gehört!» Oder zurückfragen: «Was möchtest du noch wissen?»

Möglicherweise steckt hinter dem Wunsch nach körperlicher Vereinigung auch Wissensdurst bzw. Vorstellungen, über die ein Kind noch weitere Informationen haben möchte.

Elterlicher Geschlechtsverkehr kann beim Kind – die skizzierten Situationen zeigen es – falsch verstanden werden. Miteinander schlafen hat – aus der Sicht von Kindern – etwas Aggressiv-Gewalttätiges an sich, dies selbst dann, wenn es von den Beteiligten als intensive Zärtlichkeit erlebt wird. Dieser unterschiedliche Blickwinkel kann zu Missverständnissen führen, die beim Kind gefühlsmäßige Betroffenheit nach sich ziehen können.

Angela, sechs Jahre, kommt zu ihrem Vater, Moritz Schäfer, morgens ins Bett. Er liegt schon wach, entspannt sich ein wenig. Angela kuschelt sich zu ihm, umschnurrt ihn wie eine Katze, streicht ihm durchs Haar.

«Lass uns spielen, Papa», schlägt Angela mit einem Mal vor.

«Nicht jetzt!»

«Doch», insistiert Angela. Moritz Schäfer lässt sich breitschlagen: «Dann hol was zum Spielen. Du darfst es dir aussuchen.»

«Nein! Hier spielen!»

Moritz Schäfer schaut seine Tochter irritiert an: «Was meinst du?» Sie fasst seine Hand an: «Wie du das mit Mama machst!» Angela klingt fordernd.

«Was mach ich mit Mama?», fragt er schnell, etwas hektisch.

Ungeduldig bewegt er sich hin und her.

«Ihr liegt da, unter der Decke, und dann hast du da die Hand», Angela zieht sie gegen seinen Widerstand zu sich heran und legt seine Hand auf ihren Bauch, presst sie dort fest, «du hast da die Hand auf Mama, auf dem Bauch, und dann hat sie die Augen zu.» Angela schließt die Augen: «Und dann sagt sie zu dir: ‹Moritz, spiel mit mir … spiel mit mir … du mit deinen Zauberhänden. Und so geht das.»

Angela macht ihre Mutter nach. Moritz Schäfer fühlt sich unwohl, aberwitzige Gedanken schießen durch seinen Kopf, als Angela ihn in die Wirklichkeit zurückholt: «Papa! Zauber auch mit mir! Bitte, bitte!» Dem Vater bleibt auf der Stelle die Spucke weg, er droht die Fassung zu verlieren: «Angela, sag mal, spinnst du völlig? Hast du schlecht geträumt oder was?»

Sie, ganz selbstbewusst, die Unsicherheit ihres Vaters ignorierend, wohl auch nicht wahrnehmend: «Neulich, da kamt ihr spät nach Hause. Und du warst an meinem Bett und hast mir einen Kuss gegeben. Mami hat mich nur kurz gestreichelt. Aber ich hab noch gar nicht geschlafen. Und sie hat zu dir gesagt:

‹Moritz, komm!› Und dann ist Mama einfach weggegangen. Sie hat mir keinen Kuss gegeben. Und dann bin ich aufgestanden. Ich wollt ein Küsschen von Mama. Und dann bin ich ins Schlafzimmer gekommen. Und da war niemand, da dachte ich, ihr seid wieder weggegangen. Aber ihr wart im Wohnzimmer. Mama lag im Sessel und du davor», sie stockt, «du hast mit deinen Händen gezaubert. Ich konnte das nicht sehen. Aber Mama hat's immer wieder gesagt.»

Moritz Schäfer hat die Situation klar vor Augen. «Das war toll neulich», erzählt er mir auf einem Elternseminar, «wir haben nichts mehr gehört und gesehen. Ist doch in Ordnung, oder?» Ich nicke.

Aber Angela ließ nicht locker: «Papa, was ist? Zauberst du?»

«Ich musste was machen», so Moritz Schäfer später im Gespräch.

«Sie hatte wohl nicht alles mitbekommen. Und ich wollte das mit dem Zaubern auch nicht kaputt machen. Da hatte ich einen Einfall.»

«Hol die Zaubermännchen aus deinem Zimmer! Und dann machen wir Bauchtheater.»

«Au, ja!» Angela springt auf, holt ihre Zauberpuppen, mit denen ihr Vater ansonsten abends vor dem Zubettgehen allerlei Tricks vorführt. Angela kommt wieder, hat schnell noch einen Bikini angezogen. Sie legt sich zum Vater, streichelt über ihren Bauchnabel: «Mein Bauchtheater …» Und bevor er antworten kann, fährt sie fort: «… ist geöffnet.»

«Ob Miracoli», so nannte Angela ihre Zauberpuppe, «den Bauchnabel wegzaubern kann?»

«Wir versuchen's.» Beide hatten schon eine Zeitlang auf dem Bauch ihre Zaubertricks vorgeführt, als Eva Schäfer das Zimmer betritt – angezogen von dem Gekicher: «Was ist denn hier los?»

«Wir zaubern, so wie Papa mit dir zaubert!»

Eva Schäfer schaut erschrocken. Berichte über Missbrauch von Kindern schießen spontan in ihren Kopf, ihr wird ganz heiß. Moritz Schäfer ahnt das, schüttelt lächelnd den Kopf: «Nicht wie mit Mama, wie mit dir, Angela!»

Angela sieht ihren Vater an: «Meinetwegen!»

Eva Schäfer wirkt noch immer einigermaßen irritiert.

Ich habe das Elternschlafzimmer als *mögliche* Grenze bisher ausschließlich aus der Sicht der Kinder thematisiert. Damit einhergehende Probleme in der Partnerschaft sind nicht angesprochen worden. Auf einige Aspekte möchte ich deshalb eher kurz und mehr zusammenfassend hinweisen:

» Es kommt mir nicht darauf an, elterliche Sexualität zu kasernieren, gar die geschlossene Tür als Patentlösung für ungestörten Sex einzuführen. Die Anmerkung einer Mutter leuchtet mir absolut ein: «Überlegen Sie doch mal, was Leute bei Seitensprüngen so anmacht: mal eine Wohnung nur für sich zu haben, nackt herumzulaufen, zu kochen, den Esstisch zu missbrauchen oder in den Wald zu fahren – aber ohne Kindersitz!» Ungestörte Sexualität braucht Spontaneität, die gewährleistet die geschlossene Tür nicht unbedingt.

» Und ein weiterer Aspekt zur Spontaneität: Viele Eltern schaffen ihre Kinder zu den Großeltern, zu Bekannten, mieten sich in ein Hotel ein. «Aber dann», so ein Vater, «war der Psychodruck groß, und man wollte an diesem Abend nichts anderes als fernsehen!»

» Schließlich: Wenn kleinere Kinder den ganzen Tag an den Fersen der Mütter hängen, dann sind diese froh, für ein paar Stunden allein zu sein, um sich auf ihr eigenes Ich zu konzentrieren. «Dann», so eine Mutter, «kann man sich schwer auf jemanden einstellen. Wenn manche Männer meinen, man hätte keine Lust, dann sollte man ihnen erklären, warum man in dieser Phase, wenn kleine Kinder da sind, so ist. Oder der Mann sollte mal warten, bis die Frau Lust hat. Mein Mann ist manchmal wie ein eifersüchtiges Kind hinter mir her und drängelt ununterbrochen.» Eine andere Mutter stimmt spontan zu: «Selbst wenn der Kopf voll mit Erziehungsfragen ist, die Erotik im Kopf ziemlich kaputt ist, die Lust zwischen den Beinen ist aber noch da. Und die lässt sich manchmal mit einem Kissen zwischen den Schenkeln mit weniger Anstrengung befriedigen.»

Die ganz verschiedenen Situationen, die sich aus Fragen und Handeln der Kinder ergeben, erfordern ganz verschiedene Lösungen. Patentrezepte gibt es nicht, Perfektionismus überfordert alle Beteiligten. Der Weg ist das Ziel – mehr denn je gilt das in der alltäglichen Sexualerziehung: Mal verläuft der Weg ebenerdig, ohne Tücken, meist sind es aber die «Mühen der Ebene», die bedrücken und entmutigen. Mut lässt sich vielleicht aus dem Trost gewinnen: In den Ebenen gibt es Oasen, die manchmal Genuss, Lust und Sinnlichkeit versprechen.

Fragen der Kinder zur Sexualität fordern Eltern, manchmal überfordern sie sie auch – vor allem, wenn man meint, auf jede Frage eine Antwort wissen zu müssen. Fragen der Kinder bringen Überraschungen mit sich – manchmal auch Unsicherheit und Hilflosigkeit. Dies ist normal, alles andere unüblich. Kinder haben den Anspruch auf einen Menschen – nicht auf einen pädagogischen Roboter, der ständig weiß, wie *man* erzieht. Dann sind Lösungen möglich, die den verschiedenen Alltagssituationen und -fragen Rechnung tragen – mal realistisch-moralisch, mal magisch-spielerisch, mal intuitiv aus dem Bauch heraus, letztlich jedoch souverän, wie die nachstehende Situation zeigt.

Es ist kurz vor Mitternacht. Tilman, neun Jahre, ist auf dem

Weg in sein Zimmer. Als er vor der Schlafzimmertür seiner Eltern steht, stockt er kurz … überlegt, zögert. Dann drückt er die Türklinke herunter, öffnet die Tür, sieht ins Dunkel des Zimmers. Er geht vorsichtig einige Schritte hinein, auf das Bett seiner Eltern zu. Bertold und Bruni sind liebevoll und intensiv auf sich bezogen – Bertold mit Bruni und Bruni mit Bertold. Sie liegen ineinander verschlungen, sind nur für sich da, nehmen die Welt um sich herum nicht wahr. Bruni umklammert Bertold, ihre Hände streicheln seinen Rücken. Sie hat ihre Beine fest um seinen Hintern geklammert, um ihn so intensiver zu spüren.

Tilman hört Stöhnen, Geräusche der Lust. Er tritt ganz ans Bett heran, sieht ein in sich verschlungenes Menschenknäuel und fragt kurz und trocken: «Was macht ihr denn da?»

Bruni schreckt auf, Bertold reißt den Kopf hoch. Auf der Stelle ist Schluss mit der Lust. Der Schreck fährt in sämtliche Glieder. Nach einer Sekunde des Schocks löst sich dieser in Lachen auf. Tilman insistiert: «Was macht ihr denn da?»

Bertold findet seine Sprache wieder: «Tilman, das besprechen wir morgen.»

Tilman fühlt sich nicht ganz so wohl in der Haut, steht noch unschlüssig am Bett, zumal seine Mutter ständig kichert. Der Vater, ein wenig ungeduldig, obwohl ihm klar war, heute würde wohl nichts mehr gehen: «Tilman, wenn du das nächste Mal reinkommst, dann klopfst du bitte an … So, nun geh!»

Tilman wendet sich, geht hinaus. Er schließt die Tür. Die Eltern lachen. Bruni später: «Irgendwie war's auch 'ne Erleichterung. Da war ein Geheimnis gelüftet – so ganz unspektakulär. Wenn's auch schon 'n Schock war!»

Es klopft nochmals. Bertold: «Herein!»

Tilman öffnet die Tür einen Spalt, steckt den Kopf ins Zimmer: «Eine Frage hätte ich noch! Hat Bertold wenigstens ein Kondom benutzt?»

Die Eltern prusten los. Tilman bleibt in der Tür stehen. Der Vater findet als Erster das Wort wieder: «Jetzt ist aber Schluss. Alles andere besprechen wir morgen früh!»

Bruni schläft in Bertolds Armen ein. Der nächste Morgen, beim Frühstück. Neben Tilman und den Eltern sitzt noch Philip, der ältere Bruder, mit am Tisch. Tilman wirkt nachdenklich: «Nochmal wegen gestern Abend», beginnt er ganz selbstbewusst.

«Wie machen das eigentlich Tiere?», will er wissen.

Die Eltern schauen sich zögernd an, wissen nicht, was sie antworten sollen. Tilman spürt das. Da die Familie einen Hund hat, konkretisiert er seinen Wunsch: «Ich mein, wie machen das eigentlich Hunde?»

Als Bruni kurz überlegt, gerade zu einer Antwort ansetzen will, hakt Tilman nach: «Machen die das so verkrampft wie die Menschen?»

Bruni runzelt die Stirn, wirkt nachdenklich: «Was meinst du mit ‹verkrampft›?» Tilman, ganz selbstverständlich: «Ja, du hattest gestern deine Beine so verkrampft um Bertold geschlungen. Machen Hunde das auch so?»

Der Vater ist sprachlos, während die Mutter erklärt, das sei gar nicht verkrampft gewesen. Sie habe Bertold sehr lieb. Das gehöre mit dazu. Bruni bemüht sich, in knappen Sätzen zu beantworten, wonach ihr Sohn fragt. «Es war ein tolles unverkrampftes Gespräch. Ich habe versucht, nicht alles zu sagen, das Intime, das Schöne nicht zu zerlabern. Es sollten noch Geheimnisse übrig bleiben. Und da ich bei Tilmans Fragen blieb, habe ich ihn auch nicht überfordert. Und mich auch nicht. Ins Zimmer kam er nicht mehr unangemeldet. Er klopft jetzt an!»

ERWÜNSCHTE STÖRUNGEN?

Nun sind es freilich nicht allein die Kinder, die Eltern – unabsichtlich oder bewusst – bei ihren Wünschen nach Intimität und Sexualität stören oder unterbrechen. Ich habe in Beratungsgesprächen und Familienseminaren äußerst paradoxe Situationen erlebt.

Jessica Roberts hat schon seit längerer Zeit erheblichen Streit mit ihrem Mann. Dieser «Beziehungsstress» bezieht sich vor allem auf die Sexualität. Klaus Roberts wirft seiner Frau vor, «ständig mit einem Ohr beim Kind zu sein. Das ist völlig unnormal». Sie habe zwar auch «Lust auf Sexualität, aber momentan weniger. Unsere Tochter Sarah hat bei mir Vorrang. Die ist erst knapp zwei Jahre und genießt deshalb Priorität».

Sarah kennt keine verbindlichen Abendrituale, keine zeitlichen Grenzen. Sie kann in den Wohnbereich bzw. ins Schlafzimmer der Eltern kommen, wann immer sie will. Dies müsse «Klaus eben verstehen», irgendwann habe sie auch wieder mehr Zeit für ihn.

Er vermag das «überhaupt nicht einzusehen», fühle sich zurückgesetzt.

«Ich bin», so gibt Jessica Roberts im Laufe des Gesprächs ganz unumwunden zu, «froh, wenn Sarah noch lange bei uns spielt, einfach da ist. Dann hört Klaus das auch, er bekommt das ja mit, und ich brauche keine lange Diskussion, wenn es denn nicht geht.»

Eine andere Situation. Beatrice Jäger, knapp vier Jahre alt, kommt bis elf Uhr abends zu ihren Eltern. Dabei spielt es keine Rolle, ob diese sich schon im Bett oder noch im Wohnzimmer aufhalten. Während Wolfgang Jäger darüber sauer ist, erlebt seine Frau, Vera Jäger, diese Situation eher widersprüchlich.

Zwar versucht sie, ihrer Tochter «Grenzen» zu setzen, aber, so stellt sie resignierend fest, «selbst wenn ich dann irgendwann schreie, hilft das kaum. Dann ist sie kurz darauf wieder da.

Und mir tut's dann auch leid, dass ich laut geworden bin, und dann lass ich sie bei mir».

Wolfgang Jäger überlässt seiner Frau die Kindererziehung, «nur wenn's mir zu bunt wird, hau ich dazwischen. Nicht richtig hauen, aber schon mal mit Worten!».

«Und wann ist das?», frage ich.

Keine Antwort. Ich sehe ihn an. Er überlegt.

«Wenn er was von mir will», wirft Vera Jäger dazwischen. Ihre Stimme hat einen harten Klang. Sie sieht ihren Mann an. Der, ganz spontan: «Du spinnst wohl.» Er schüttelt heftig den Kopf, tippt seinen Zeigefinger an die Stirn: «Quatsch!»

«Kein Quatsch! Ich weiß schon immer, wenn du schreist. Nach zwei, drei Tagen, länger hältst du das doch nicht aus. Ich seh's dir doch schon an, wenn du von der Arbeit in die Wohnung kommst. Heute Abend bin ich wieder dran!»

Wolfgang Jäger wirkt konsterniert, schüttelt ununterbrochen den Kopf. Die Frau beharrt auf ihren Beobachtungen, es entspinnt sich eine Kontroverse, die sich hin- und herzieht. Während er die Beschreibungen seiner Frau völlig ablehnt, «reines Gequatsche», greift sie ihn mit schneidender Stimme an.

«Könnte es sein», frage ich sie, «dass Sie froh sind, wenn Ihre Tochter Sie stört?»

Ein Zucken ist in ihrem Mundwinkel zu sehen. «Und ob. Dann hab ich wenigstens meine Ruhe.»

«Ach so», schreit er. «Ich hab's mir doch gedacht.» Kurze Pause.

«Ich bin ein Mann und brauch's eben regelmäßig. Was kann ich denn dafür, wenn du das nicht so häufig haben musst.»

Sie versucht, ein wenig einzulenken: «Wenn du wenigstens zärtlicher wärst!»

«Jetzt hör aber auf. Ich bin doch an allem schuld.»

«Bist du nicht. Aber du willst nur deinen Spaß. Mehr nicht!»

«Dann mach's dir doch selbst!»

Er lässt sich beleidigt ins Sofa zurücksinken.

«So ist's immer», sagt Vera Jäger resigniert. «Über dieses Theater ist nicht mit ihm zu reden.»

Aus diesen beiden – sehr unterschiedlichen – Situationen lassen sich weitere Aspekte verallgemeinern, die das Grenzensetzen hinsichtlich elterlicher Sexualität unter einem anderen Blickwinkel beleuchten:

» Störende Kinder werden von einigen Eltern funktionalisiert, um sich als Hochleistungspädagogen zu inszenieren, die ihre persönlichen Bedürfnisse hintanstellen, die sich als Erzieher, als Opfer darstellen, denen keine eigenen Zeiten oder Räume bleiben. Damit hier keine Fehldeutungen der vorgestellten Situationen aufkommen: Kinder sollen nicht ins Bett gebracht werden, damit «Springböcke» – wie sie eine Mutter nannte – argumentieren können: «Du musst mit mir schlafen! Das habe ich schließlich in einem Ratgeber gelesen!»
» Es gibt *kritische* Partnerkonstellationen, in denen Kinder, die ihre Eltern bis spät in den Abend hinein nicht in Ruhe lassen, von ihren Eltern meist unbewusst dazu benutzt werden, sich einer oft als einseitig und unbefriedigend erlebten Sexualität zu entziehen. Kinder werden zu emotionalen Kuschelkissen, die man vor sich herträgt, um den Partner auf Distanz zu halten. Wenn Kindern am Abend aus elterlicher Sicht nur schwer Grenzen zu setzen sind, dann *kann* – muss nicht! – auch eine gestörte körperliche und sexuelle Kommunikation von Eltern zugrunde liegen, vorausgesetzt, es sind andere Rahmenbedingungen und Faktoren, die Probleme beim Schlafengehen begünstigen, ausgeschlossen – z.B. ein

fehlendes Zubettgehritual, kritische Lebensereignisse, längere Abwesenheit der Eltern, Krankheit und Schmerz. Das allabendlich auffällige Kind, das keine Grenzen findet, bei dem keine gesetzt werden, ist dann nur ein Symptom, in dem sich eine grundsätzliche Krise spiegelt.

» Um angesichts der vorgestellten Situationen nicht missverstanden zu werden: In vielen Beratungsgesprächen wird deutlich, wie Frauen ihrerseits darüber klagen, dass Männer sie vernachlässigen, nur an ihrer Karriere zimmern, keine Lust auf Sexualität haben. Sarah Winter, Mutter von vier Kindern, drückte das so aus: «Mein Mann macht mir ein Kind nach dem anderen, damit er seine Ruhe hat mit mir, um sich dann noch mehr auf seine Arbeit zu konzentrieren.»

SELBSTBEFRIEDIGUNG

Dorothea Elser zögert, sie hat Schwierigkeiten, ihre Frage auf einem Elternseminar zu formulieren.

«Also», fängt sie an, «mein Sohn, der Benno, liegt häufig auf dem Bauch. Und dann geht es auf und ab …» Sie sieht mich fragend an, ob ich sie denn wohl verstanden habe.

«… er onaniert», ergänze ich.

«Ja.» Ihre Stimme ist sehr leise, sie klingt brüchig.

«Sein Kopf ist dann ganz rot … Ich will ihn dann ablenken. Aber nichts hilft.» Ihr Blick geht nach oben. Sie schüttelt den Kopf. Dann schaut sie mich an: «Nun hab ich gelesen, Selbstbefriedigung hat mit sexuellem Missbrauch zu tun. Aber Benno ist nicht missbraucht worden. Dafür leg ich meine Hand ins Feuer, ehrlich nicht. Ich bin da völlig fertig.»

Eine andere Situation. Sie «habe Angst», erzählt mir Gisela

Bartels mit stockender Stimme. Ihre Tochter Jasmin, sieben Jahre, masturbiere ständig …

«Ständig?»

«Na, nicht ständig, aber mir fällt's halt auf …» Sie ist unsicher, wirkt verzweifelt.

«Sie haben Angst?»

«Ja. Man liest so viel, Kinder, die das machten, seien in Gefahr.»

«Ist Jasmin in Gefahr?»

«Sie nicht!» Frau Bartels' Stimme klingt bestimmt.

«Wer?»

«Ich weiß nicht … echt.» Sie hat Tränen in den Augen. «Ich hab Angst, Angst, dass Jasmin etwas passieren kann!»

«Was ist Ihnen passiert?»

Und dann erzählt Gisela Bartels, wie sie als Kind gern und häufig masturbiert habe. Ihre Tante habe sie einmal «erwischt». Sie sei ganz freundlich gewesen. Abends musste «ich zu ihr ins Bett, und dann hat sie mich verführt. Damals wusste ich das nicht, was das war. Ich war ja erst fünf. Aber es war auch schön …». Sie weint. «Aber irgendwann wollte ich das nicht mehr, und dann musste ich immer zu ihr. Und sie hat dann gesagt, wenn ich nicht mehr komme, sagt sie es meiner Mutter … Ich war froh, als sie wegzog … Und später», es schüttelt Gisela Bartels, «hatte ich sogar Mitleid mit ihr, weil sie so allein war.» Sie sieht mich ernst an: «Und nun habe ich Angst, dass Jasmin Ähnliches passiert.»

Onanie, Masturbation wird mal wieder ausschließlich negativ diskutiert: War es früher eine verquere Sexualmoral, die kindliche Selbstbefriedigung mit Strafe und Zurichtung belegte, so wird Onanie heute (vor-)schnell unter der Perspektive des Missbrauchs gesehen. Oder anders formuliert: Häufiges Onanieren gibt *einen* (!) Hinweis auf sexuellen Missbrauch; Selbstbefriedigung wird vom Kind als auffälliges Verhalten inszeniert, um auf seine Situation aufmerksam zu machen. Dies mag bei gezielten Verdachtsmomenten wichtig werden. Doch hat Selbstbefriedigung aus der Sicht von Kindern ein sehr weites Bedeutungsspektrum:

» Onanie ist Bestandteil der körperlichen Selbstfindung und der emotional-sexuellen Entwicklung von Kindern. Solche Ausdrucksformen kommen häufiger vor, als Eltern meinen. Doch spielen sich diese sehr häufig in unbeobachteten Momenten ab. Onanie hat zu tun mit der Entdeckung des eigenen Körpers, mit Körpergefühl. Selbstbefriedigung spielt im Übrigen auch in der Erwachsenensexualität – auch bei Paaren – eine wichtige Rolle.

» Dass die Berührung des Körpers mit lustvollen Momenten verbunden ist, erfährt das Kind eher beiläufig: durch die Reibung der Kleidung, durch das Liegen auf dem Bauch. Solche Gefühle werden dann durch Manipulationen verstärkt: Die Jungen berühren den Penis, drücken ihn rhythmisch gegen weiche Unterlagen; die Mädchen reizen ihren Kitzler mit der Hand, legen sich Kissen oder Stofftiere zwischen die Schenkel, um die angenehmen Gefühle zu verstärken.

» Onanie bedeutet für Kinder Lust, sie bringt keinen körperlichen oder seelischen Schaden mit sich. Ein sich durch die gefühlsmäßige Entwicklung ergebendes Bedürfnis nach Selbstbefriedigung braucht nicht unterbrochen zu werden. Die häufig zu beobachtende Wiederholung der Selbstbefriedigung hat zu tun mit den lustvollen Gefühlen, die auf ein Noch-Mehr drängen, sowie der Neuigkeit, mit der ein Kind eigene Möglichkeiten entdeckt, den Körper spielerisch zu gebrauchen.

» Aufmerksamkeit ist dann geboten, wenn Kinder ihre Geschlechtsorgane gegenseitig erkunden bzw. beginnen, sich gegenseitig sexuell zu stimulieren. Dies gilt insbesondere für kleinere Kinder, die die Folgen ihres Tuns nicht abschätzen können. Doch Aufmerksamkeit bedeutet nicht Verbot oder Ausgrenzung. Verbot und Ausgrenzung führen nur zu Verdrängungen, zu Heimlichkeiten. Sie helfen Kindern kaum, ein sexuelles wie körperliches Selbstbewusstsein auszubilden.

Grenzen können nur durch klare Regeln und Rituale gezogen werden: Sexuelle Spiele müssen von Gleichrangigkeit und Gleichwertigkeit – also nicht ältere Kinder *gegen* jüngere Kinder, Jungen *gegen* Mädchen und umgekehrt –, von Freiwilligkeit – also keine erzwungene Teilnahme am Spiel – geprägt sein. Die Spiele dürfen nicht zu Verletzungen führen – z.B. dürfen keine Gegenstände in die Scheide eingeführt werden.

Und Kinder können lernen, dass nicht jede Situation des Alltags dafür geeignet ist, ihren Bedürfnissen nach Sexualität und Selbstbefriedigung nachzugehen. Bei allem Verständnis ist der vormittägliche Stuhlkreis im Kindergarten ein zwar subjektiv möglicher, objektiv aber wenig passender Ort für das Ausleben körperlich-sexueller Gefühle. Dies gilt gleichermaßen für die sonntägliche Kaffeerunde, wenn die Oma zum Besuch anwesend ist, um ihre Enkel zu sehen. Aufschieben des Bedürfnisses – nicht: Verbot! – kann ebenso hilfreich sein wie der Hinweis an das Kind, sich in eine ruhigere Ecke des Kindergartens oder in das eigene Zimmer zurückzuziehen.

Solche von Verständnis getragenen Hinweise können dem Kind im Grundschulalter dazu verhelfen, Bedürfnisse nach sexueller Stimulation nicht sofort und unmittelbar zu befriedigen, sondern aufzuschieben oder zu sublimieren, d.h. sich andere, aber adäquate Symbole zu suchen, um Lust zu spüren und auszuleben.

UNGEWÖHNLICHE ENTSPANNUNGSÜBUNGEN

Marion Weber, Mutter der siebenjährigen Patrizia, erzählt: «Ich fand es irgendwann völlig unmöglich. Patrizia nuckelte und nuckelte. Immer ging der Daumen in den Mund. Ich hab's ihr verboten. Hab ihr die ganze Sache madig gemacht. ‹Pfui›, hab ich gesagt. ‹Du siehst aus wie ein Affe …› und so.»

«Hat's etwas genützt?», will ich wissen.

«Und wie!», meint sie mit viel Ironie in der Stimme. «Nun onaniert sie wie verrückt. Früher hatte sie den Daumen im Mund, und nun hat sie ein Stofftier zwischen den Schenkeln, liegt auf dem Bauch, und schon geht die Post ab.» Sie wirkt nachdenklich: «Hätt sie doch bloß noch ihren Daumen im Mund.»

Eine andere Situation. Katharina, fünf Jahre, geht zwei- bis dreimal am Vormittag zu ihrem Tisch, der in der Ecke des Kindergartenraumes steht. Sie stellt ihre Beine breit, schiebt die Tischkante zwischen ihre Schenkel, bewegt sich dann rhythmisch, versunken und gedankenverloren. Ihr Kopf wird rot, ihre Augen scheinen versonnen. Katharina ist in diesem Moment nicht ansprechbar. Nach zehn Minuten kommt sie wieder zu sich, steht auf, geht zu den anderen Kindern und spielt weiter.

Katharinas Verhalten fällt den Erzieherinnen auf, den Kindern nicht. Sie betrachten das offensichtlich als normal.

Katharinas Mutter, Julia Rückmers, ist besorgt: Auch zu Hause lege Julia ein ähnliches Verhalten an den Tag. Sie benutze dort die Stuhlkante zur Stimulation. Allerdings sei ihre Scheide stark gerötet, sie habe Schmerzen, könne aber von ihrem Tun nicht lassen.

«Wann onaniert Katharina?»

«Immer!» Ich runzle die Stirn.

«Fast immer!»

«Wann genau?», bohre ich weiter.

Die Mutter überlegt, denkt angestrengt nach. Sie sucht nach Situationen, nach Anlässen, in denen sich ihre Tochter selbst befriedigt.

«Wenn sie zur Ruhe kommen will», entfährt es der Mutter spontan.

«Was war dann vorher?»

«Na ja, dann stand sie irgendwie unter Strom. Sie nimmt sich aber auch verdammt viel vor!»

«Und wie ist es mit Ihren Forderungen an Ihre Tochter?»

«Na ja, ich will schon, dass aus ihr etwas wird!»

Um die subjektive Bedeutung der Selbstbefriedigung aus der Sicht des Kindes genauer einzuschätzen, ist es unabdingbar, Zeitpunkt und Tagesabläufe der Kinder genauer zu beobachten. Viele Kinder leben unter Stress, sie sind ohne eine selbstgestaltete Freizeit in fest verplante Tagesabläufe eingespannt; viele Kinder fühlen sich unter Druck, den die Eltern ausleben oder ihren Kindern als Lebensmaxime vormachen.

Permanente Spannungszustände vermögen Kinder auf Dauer nicht auszuhalten. Gibt man ihnen keine Möglichkeiten, Spannungszustände zu reduzieren, fordert der kindliche Körper sein Recht: Das Kind nuckelt, es regrediert (fällt in frühkindliche Verhaltensweisen zurück) – z. B. will es gewickelt werden, es hat übertriebene Zärtlichkeitsbedürfnisse –, oder es onaniert. Während der entwicklungsbedingten Selbstbefriedigung kaum mit Sublimationen – also durch die Verlagerung auf andere Objekte – beizukommen ist, gelingt das bei der Selbstbefriedigung als Ausdruck von Entspannung eher: Suchen Sie nach Möglichkeiten, den Stress, die Überforderung des Kindes generell zu reduzieren. Man kann Formen der Entspannung – z. B. Meditation, Yoga, autogenes Training, Sport – mit dem Kind entwickeln, um ihm Gelegenheit zu geben, seine körperlichen Gefühle auf vielfältige Weise anzugehen.

Wohlgemerkt: Sublimation der Selbstbefriedigung hat nichts zu tun mit Verbot. Vielmehr wird dem Kind eine Vielzahl an Techniken angeboten, damit es sich alters- und situationsangemessen entspannen kann.

KINDER-PHANTASIEN

Eine Situation aus einem Kinderhort. Im Anschluss an ein sich spontan ergebendes Gespräch über Fragen der Empfängnisverhütung während der Hausaufgaben bringt Jan-Peter, knapp sechs Jahre, am nächsten Tag seiner Horterzieherin Elisabeth ein buntes Kondom mit. Es entspinnt sich ein Gespräch zwischen Jan-Peter und der Erzieherin.

«Hier», sagt Jan-Peter und zeigt ihr ein Kondom, das er sich über den Finger gezogen hat. Die Erzieherin ist überrascht, schluckt kurz.

«Hier», insistiert Peter.

Die Erzieherin findet mühsam ihre Worte: «Woher hast du denn das?»

«Aus Papas Schublade im Schrank. Der steht beim Bett.»

Die Erzieherin will etwas sagen, ihr fehlen aber die Worte, sie lächelt Jan-Peter an: «Und?»

«Rat mal, Elisabeth, warum schmeckt das nach Erdbeere?»

«Woher weißt du denn das?»

«Hab dran geleckt!»

Die Erzieherin schaut Jan-Peter an: «Hmh, hmh!»

Jan-Peter grinst: «Schmeckt gut! Wie Bonbons!»

«Willst du auch mal?» Er hält ihr seinen Finger hin. Als Elisabeth reflexartig zurückweicht, den Kopf vehement schüttelt, fragt er ganz nachdenklich: «Elisabeth, warum müssen Kondome nach Erdbeeren schmecken?» Bevor er eine Antwort abwartet, meint er kopfschüttelnd: «Die sind doch da, dass da keine Kinder kommen. Komisch?»

Während der letzten Worte ist Thomas, acht Jahre, hinzugekommen, hat sich Jan-Peters Überlegungen angehört. Thomas baut sich vor dem Jüngeren auf: «Du hast keine Ahnung.»

Jan-Peter wirkt irritiert: «Ich hab doch Ahnung!»

«Quatsch! Die schmecken nach Erdbeeren, weil Mama nimmt Papas Ding in den Mund. Und wenn das nach Erdbeeren schmeckt, mag Mama das lieber.»

Jan-Peters Augen zucken, ein leichtes Kopfschütteln ist zu sehen. Jan-Peter runzelt die Stirn, sieht Elisabeth an. Beide wirken sprachlos.

«Und das war gut so», erinnert sie sich später, «sonst hätte ich nur Blödsinn erzählt.» Während Thomas abdreht – auch in der Gewissheit, es diesem «Kleinen mal wieder gegeben zu haben» –, schüttelt Jan-Peter den Kopf. Er klettert auf Elisabeths Schoß, sucht ihre Nähe, sieht sie mit einer Mischung aus Unsicherheit und Nachdenklichkeit an.

«Im Nachhinein», überlegt sie, «hat er mir, hat uns das geholfen. Jetzt konnte ich ihn annehmen und wirklich beobachten.»

Nach einiger Bedenkzeit meint Jan-Peter: «Ich weiß, warum die nach Erdbeeren schmecken.»

Elisabeth schaut Jan-Peter an.

«Weil die Kinder, die dann nicht geboren werden, wegen dem Kon… diesem Ding da», er zeigt mit seinem Kopf auf das Kondom am Finger, «nicht so traurig sind, wenn die keine Kinder werden.»

Nach diesem Satz wirkt er, als habe er seine Lösung gefunden. Er scheint mit seiner Erklärung zufrieden. Elisabeth sagt nichts dazu, setzt ihn ab, geht und überlegt: «Hätte ich dazu nun etwas sagen sollen?»

Zwei Zusätze zu dieser Situation. Kurz darauf ging die Erzieherin zu Thomas. Als sie mit ihm alleine ist, fragt sie: «Woher weißt du das mit dem Erdbeergeschmack?» Als er zu einem altväterlichen «Das weiß man doch!» ansetzen will, reagiert die Erzieherin schroff: «Zieh nicht so 'ne Show ab!» Thomas wird ernsthaft, berichtet von einer Aufklärungsbroschüre, in der er gelesen habe. «Aber», meint er zum Schluss des Gesprächs, «ich find das schon eklig. Also, ich würd doch lieber 'n Erdbeerbonbon lutschen.»

Zweiter Nachtrag – fast ein Jahr später: Jan-Peter kommt zu Elisabeth, jetzt wisse er das mit «der Erdbeere auf dem Gummi ganz genau». Seine Mama habe ihm das erklärt: Sie «mag Papas Pippi, und dann küsst sie ihn. Weil nur auf den Mund küssen sei so langweilig. Und ich mag ja Erdbeeren». Jan-Peter macht den Eindruck, als habe er Verständnis für die Erklärung seiner Mutter, als sei nun alles für ihn klar. Seine Augen gehen nach innen, als suchten sie Bilder für das, was die Mutter ihm erzählt hatte.

«Aber Elisabeth, warum tut sie dann nicht Erdbeermarmelade um seinen Pippi?»

«Ich musste lachen», berichtet Elisabeth mir später. «Ja, was sollte ich sagen. Tja, irgendwie hab ich dann gesagt: ‹Papas Pippi ist doch kein Brötchen.› Da hat's ihn vor Lachen fast zerrissen.»

So weit die Geschichte. Folgende Aspekte sind mir dabei wichtig:

» Sexualaufklärung funktioniert nicht allein über Sprache, ist nicht allein eine Frage der präzisen Information. Vertrauen und Beziehung sind die Voraussetzung für eine Aufklärung, die sich am Kind orientiert. Das Kind braucht das Gefühl des Angenommen-Seins, das Gefühl, verstanden zu werden.

» Die Erzieherin hat an der spezifischen Entwicklungsphase des Kindes angesetzt, den Erfahrungen des Kindes. Und da Jan-Peter und Thomas ganz spezifische Erfahrungen besitzen, hat sie entsprechend gehandelt.
» Die Erzieherin hat ihrem Gefühl vertraut. Und sie hat den Kindern *vertraut*. Wenn Kinder nicht mit den Antworten auf ihre Fragen einverstanden sind, dann insistieren sie weiter, dann fordern sie Erwachsene weiter heraus. Und umgekehrt gilt auch dies: Wenn Kinder sich von Antworten überfordert fühlen, dann ziehen sie sich häufig zurück, dann schweigen sie.
» Die Erzieherin hat den Erkenntnisstand beider Kinder berücksichtigt, sie hat beide für sich angenommen: Jan-Peter in seiner noch magischen Betrachtung von Wirklichkeit, Thomas in seinem schon authentisch-realistischen Herangehen.
» Die Erzieherin hatte den Mut zum Fragmentarischen. Als die unterschiedlichen Erfahrungen von Thomas und Jan-Peter aufeinanderprallten, konnte sie beiden nicht zugleich gerecht werden. Sie hat sich in einem ersten Schritt für Jan-Peter entschieden, Thomas' Hinweis zunächst überhört. Dieses Überhören betraf Thomas' Einwand, als Person hat sie ihn wahrgenommen. Es war deshalb wichtig, dass sie später Kontakt zu Thomas aufgenommen hat. Noch wichtiger: Die Erzieherin besaß den Mut, Jan-Peters magische Deutung von Realität stehenzulassen. Sie fühlte, diese Sichtweise passe *momentan* für ihn. Und noch wichtiger: Die magische Deutung wurde dem Kind nicht von außen auferlegt. Es war Jan-Peters ganz eigene Erklärung. Sie hatte für ihn im Augenblick alle Gültigkeit.
» Die Erzieherin vertraute auf Jan-Peters Entwicklung, darauf, dass er zu ihr kommen würde, wenn es weitere Fragen, Probleme und Unsicherheiten geben sollte. Dies trat ein. Elisa-

beth blieb konsequent im Hier und Jetzt, orientierte sich am Hintersinn kindlicher Fragen – und nicht daran, was sie alles wusste, oder gar daran, was man zu dieser Frage alles sagen könnte. «Aber, ehrlich gesagt, damit bin ich auch ganz schön ins Schwitzen gekommen. Also das mit den Erdbeeren – mein lieber Gott, wo ich doch gar keine mag, schon gar nicht da!»

» Schließlich hatte sie den Mut zu einem für Jan-Peter überraschenden Satz: «Aber Papas Pippi ist doch kein Brötchen!» Diesen Satz konnte sie nur formulieren, diese Formulierung vermochte Jan-Peter nur anzunehmen, weil die Vertrauensbasis, die emotionale Beziehung zwischen beiden Beteiligten gegeben war.

MAGISCHE LÖSUNGEN

Marc und Jakob, beide knapp über sechs Jahre alt, treten mit ihrer Erzieherin, Stefanie Schrader, über sexuell gefärbte Annäherungsversuche in einen Machtkampf: Mal beißen sie in ihre Bluse, mal versuchen sie, diese zu öffnen, oder sie schleudern ihr den Turnbeutel zwischen die Beine. Stefanie mahnt, droht – vergeblich. Auch als sie deutlich ihre Grenzen formuliert, ihr Recht auf körperliche Unversehrtheit einfordert, hören die Jungen nicht mit ihren Aktionen auf, selbst dann nicht, als sie Strafen androht. Im Gegenteil: Die Machtkämpfe nehmen an Intensität zu.

Eines Tages – als eine ganze Gruppe von Kindern wieder um Stefanie herumsteht – springt Marc plötzlich auf sie zu, zieht sich ein kleines Stückchen an ihr hoch, ertastet ihre Brust, nimmt sie vorsichtig in die Hand, beißt dann jedoch durch den dünnen Pullover kurz, aber heftig, vor allem sehr schmerzhaft zu. Stefanie ist von der Aktion völlig überrascht. Aber sie wirkt nur kurz geschockt. Reflexartig beugt sie sich zu Marc, packt ihn schnell, nimmt ihn auf den Arm und setzt ihm schmatzend einen Kuss auf seine Wange.

«Ich musste sofort handeln», erinnert sie sich im Rückblick. «Meine Worte, meine sprachlichen Grenzen reichten offensichtlich nicht mehr aus. Marc machte ja ständig weiter.

Meine Beziehung zu Marc stimmte. Das spürte ich. Aber es musste etwas passieren. Er war ein absolutes Schmusekind, das wusste ich. Nur vor der Gruppe, da spielte er den starken Macho … den Unberührbaren. Irgendwie war's ein Reflex von mir. Ich wollte ihm zeigen: Du tust mir weh. Ich musste ihm das begreiflich machen. Da hab ich aus dem Gefühl heraus etwas gemacht, was er auch nicht mochte. Pädagogisch war das natürlich nicht richtig. Das weiß ich. Aber er hat mich verstanden. Für den Tag hatte ich meine Ruhe.»

Sie erzählt weiter: «Marc zog sich zurück, beobachtete mich. Der Abschied war völlig normal.» Der nächste Morgen. Marc kommt ganz selbstbewusst auf seine Erzieherin zu. Er gibt ihr die Hand. Er lächelt. «Na», fragt Stefanie, «willst du wieder beißen?» Marc, ganz bestimmt: «Nee, ich bin giftig.» Daraufhin zieht er seinen Pulloverärmel hoch. Auf dem Arm hatte er sich mit Farbe eine grelle Schlange «eintätowiert», eine Schlange, die keinesfalls bedrohlich aussah: «Siehst du, ich bin giftig. Ich darf dich nicht mehr beißen.»

Seine schmerzhaften und sexuell überformten Annäherungsversuche hatten ein Ende. Auch an dieser Situation lassen sich weitere Aspekte herausarbeiten, die für sexualerzieherische Vorgehensweisen verallgemeinerbar sind:

» Zwar erfahre ich zunehmend von Heranwachsenden, die keinen Respekt vor der physischen Unversehrtheit ihrer Eltern, Lehrerinnen und Erzieherinnen haben. Und auch umgekehrt gilt: Manche Erwachsene nutzen schamlos ihre Vertrauensposition aus, um Kinder körperlich und sexuell zu missbrauchen. *Davon handelt diese Geschichte jedoch nicht*, vielmehr von der Vielfalt, den Unvorhersehbarkeiten in Erwachsenen-Kind-Beziehungen.

Stefanie hat zu Recht auf ihrer körperlichen Integrität beharrt, sie hat – wenn auch mit Verzögerung – darauf bestanden, dass Grenzen eingehalten werden müssen, um sich gegenseitig Respekt zuzugestehen. Doch bei allem Verständnis für kindliches Verhalten ist es unabdingbar, Kindern dann Grenzen zu setzen, wenn sie die körperliche Unversehrtheit der Erziehenden verletzen. Wenn Worte nicht ausreichen, um Grenzen zu ziehen, ist es wichtig zu handeln.

» Das Handeln der Erzieherin stellte sich für Marc äußerst paradox dar. Diese Reaktion hatte er nicht erwartet. Die Erzieherin hat ihm durch eine konkrete und für ihn nachvollziehbare Aktion gezeigt: «Ich fühle mich durch dich verletzt und angegriffen.» Marc konnte ihren pädagogischen Eingriff deshalb annehmen, weil die emotionale Beziehung zwischen ihm und Stefanie stabil war: Er mochte Stefanie, sie konnte Marc annehmen. Es ging der Erzieherin nicht darum, Marc bloßzustellen, sondern ihn vielmehr *ein einziges Mal* eine für ihn unangenehme Erfahrung spüren zu lassen. Kinder lernen aus Erfahrung – nicht aus Worten.

» Kindliche Entwicklung vollzieht sich in Beziehungen, für die Ausbildung einer eigenen Identität sind Orientierung und Halt wichtig. Doch kindliche Entwicklung spielt sich auch im Inneren des Heranwachsenden ab. Diese innere Wirklichkeit eines Kindes spiegelt sich in Mythen, in Phantasien, in Symbolen und Geschichten. Marcs Handeln verdeutlicht dies auf eine ebenso reale wie magische Weise. Zweifelsohne sind ihm die Gründe, das «Warum» seines Verhaltens, seiner

Störungen, seiner Machtkämpfe nicht bewusst. Er sieht nur das Ergebnis, den unbestreitbaren «Erfolg», den er mit seinen Taten hat. Deshalb *kann* er auch nicht darüber reden, deshalb war es konsequent, dass Stefanie gehandelt und nicht weiter geredet hat. Marc wiederum hat für sich eine Lösung gefunden – eine gleichsam magisch-wundersame. Indem er sich in eine Schlange verwandelt, schützt er sich und Stefanie: Einerseits dient das Symbol als Schutz davor, nicht weiter zu «beißen» – «Ich bin giftig. Ich höre jetzt auf!» –, andererseits dient die Schlange dem Selbstschutz – «Wenn du mich küsst, vergifte ich dich!»

Hier zeigt sich die Bedeutung, die Kinder Monstern, gefährlichen Tieren oder Gespenstern zuweisen, sehr konkret: Die Symbole ängstigen, aber sie dienen zugleich der Bewältigung von Angst. Giftschlangen sind gefährlich. Man hat Angst vor ihnen. Deshalb ist Distanz ratsam. Ist man bzw. spielt man jedoch selbst eine Giftschlange, dann ist man stark, kann sich selber schützen und behaupten. Solche Symbole mahnen an die Einhaltung von Regeln, sie erinnern daran, vereinbarte Rituale einzuhalten.

» Die Situation verdeutlicht auf eine konkrete Weise ein lösungsorientiertes Vorgehen bei Störungen. Es wird nicht nach Ursachen gesucht – «Warum handelt Marc so?» –, vielmehr danach, wie das störende Verhalten auf eine für alle Beteiligten akzeptable und nachvollziehbare Weise zu verändern ist. Störungen werden dann nicht als Niederlagen empfunden, wenn den Beteiligten Wege aufgezeigt werden, mit Konflikten und Machtkämpfen konstruktiv umzugehen.

Stefanies und Marcs Geschichten verdeutlichen einen Aspekt, der in der Sexualerziehung – aber nicht allein dort – häufig ausgeblendet bleibt: Kinder entwickeln eigene magische Konfliktlösungen, Kinder weisen ihnen eine wichtige Bedeutung zu.

Magie und Symbole – wie in diesem Fall die Schlange oder auch Jan-Peters Phantasie von der Funktion des Erdbeerkondoms – dienen der Bearbeitung innerer Wirklichkeiten. Magie und Symbole sind – wie das Spiel – Instrumente zur Bewältigung von inneren Konflikten: Sie benennen Ängste und Unsicherheiten in symbolischer Weise. An Symbolen kann sich das Kind reiben und abarbeiten, es kann seine Ängste darin binden. Das Kind ist seinen Ängsten und Unsicherheiten nicht mehr völlig ausgeliefert. Es hat selbstbestimmte Techniken zur Hand, mit inneren Konflikten umzugehen.

KINDERFRAGEN

Volker Apel, Vater der sechsjährigen Jessica, ist fast froh, als sie fragt, woher denn Kinder kommen. Er hatte sich schon seine Gedanken gemacht, warum sie niemals fragte, wo doch alle anderen Kinder ihre Eltern mit ihrem Wissensdurst nervten: «Hab ich was falsch gemacht? Waren wir zu prüde?» Dabei hatte er – wie beiläufig – Kinderbücher zum Thema Aufklärung «in der Wohnung herumliegen lassen». Jessica ignorierte diese, schien anders zu sein als jene Kinder, die in der Ratgeberliteratur vorkommen und Fragen formulieren, auf die die dort vorgestellten Eltern nur richtige Antworten haben.

Nun war die Gelegenheit da. Volker Apel antwortete nicht auf Jessicas Fragen – er referierte über den Zeugungsakt, der natürlich kein technischer Vorgang sei, sondern ein Akt der Liebe, er dozierte über Lust, über seinen Penis, die Feuchtigkeit der Mutter, seinen Samenerguss, über das Einnisten des Eis in der Gebärmutter. Er bemühte sich um eine kindgerechte Sprache. Doch bei allem Bemühen übersah er Jessica, die voller

Erstaunen dasaß, den Redeschwall ihres Vaters nicht stoppen konnte, so sehr brach es aus ihm heraus – nach den vielen Seminaren zur Sexualaufklärung, den langen Seiten in Aufklärungsbroschüren. Volker Apel redete und redete, erzählte vom Fötus, ja, er gebrauchte dieses Wort, verbesserte sich dann, sprach vom kleinen Kind, das im Bauch wächst, davon, dass die Mutter dicker und dicker werde, dass sie ihr Kind spürt – bis es eines Tages, nein: nicht eines Tages, vielmehr nach neun Monaten, manchmal früher, manchmal später, das Licht der Welt erblickte.

«Tut das weh?»

«Was?»

«Wenn das Kind gemacht wird?»

«Was?»

«Wenn der Pippi in Mama steckt?»

Diese Frage hatte er nicht erwartet, seine Tochter war noch bei der Zeugung, er schon bei der Geburt. Er wirkte irritiert: «Ich glaub nicht, wenn es feucht ist …»

«Wie wird es feucht?»

Volker Apel referierte von Drüsen und Hormonen, von Lust und Empfindung – alles in einer «kindgerechten» Sprache, versteht sich. Als er am Ende war, nicht mehr weiterwusste, unterbrach Jessica ihren Vater, offenbar einen weiteren Referatsschwall befürchtend. Nun wisse sie es, meinte sie ganz bestimmt, sie wolle keine Kinder haben, weil alles nur wehtue – am Anfang, wenn keine Feuchtigkeit da sei, und am Ende bei der Geburt.

Nein, Jessica war sich da sicher, mit ihr seien keine Kinder zu machen. Sie stand auf, streichelte ihren Vater flüchtig und ließ ihn mit der Erkenntnis zurück: «Wie man's macht, macht man's verkehrt. Nie wieder Aufklärung!»

Kinderfragen nach Sexualität können sich aus verschiedenen Motiven ergeben:

» Bei Kindern um das vierte/fünfte Lebensjahr herum kann Wissensdurst ein zentrales Motiv sein. Das Kind hat Erfahrungen gemacht, es kommt mit dem vorhandenen Wissen nicht mehr aus. Es will veränderte Informationen neu einordnen.
» Das Kind hat auf seine bisherigen Fragen Antworten bekommen, die seinem Altersstand entsprachen, sich aber nun als unzureichend erweisen. Vielleicht haben Erwachsene nicht aktiv genug zugehört, haben die Bedeutung, die hinter den Kinderfragen stand, nicht erkannt oder fehlinterpretiert.
» Missverständnisse ergeben sich für Kinder häufig daraus, dass Erwachsene sehr intellektuell-rationalistisch antworten, sich nicht auf die Wahrnehmungs- und Erlebnisbesonderheiten von Kindern einlassen können. Nicht die richtige ist die passende Antwort, vielmehr eine wahrhaftige, die sich an den Vorstellungen und Phantasien von Kindern orientiert.

Aus diesen Anmerkungen lassen sich einige Grundsätze ableiten, die bei der Beantwortung von Kinderfragen zur Sexualität von Eltern zu beachten sind:

1. Es ist wichtig, den Sinn einer Frage zu erkennen. Kinder fragen in der Regel nicht abstrakt, sie fragen nicht wissenschaftlich, sie sind als Menschen am Menschen interessiert. Deshalb muss auf kindliche Fragen kein sexualwissenschaftlicher Vortrag erfolgen. Zwar ist es wichtig, dass Eltern – wollen sie kompetent antworten – Bescheid über das wissen, was sie vermitteln wollen. Aber nicht alles das, was sie beherrschen, müssen sie in ihren Antworten unterbringen. Sonst beherrscht man mit seiner Antwort das Kind. Ein langatmiger

Wortschwall verkennt nicht nur den Sinn der Kinderfrage, er geht meist auch am Erkenntnisstand des Kindes vorbei.

2. Je kleiner das Kind, umso konkreter, klarer, knapper und anschaulicher können die Antworten sein. So wichtig es ist, Sachverhalte nicht zu verfälschen, so bedeutsam ist der Mut zum Fragmentarischen.
3. Durch diesen Mut können weitere Fragen der Kinder angeregt werden. Dies ist umso wahrscheinlicher, je intensiver sich ein Kind durch die Antworten angesprochen *fühlt*. Antworten haben deshalb die Empfindung des Kindes zu berücksichtigen.
4. In elterlichen Antworten können Rückfragen an Kinder enthalten sein – z.B. «Wie stellst du dir das vor?»
   Rückfragen können zu Assoziationen und Phantasien führen, die dem Erwachsenen zeigen, wo das Kind intellektuell und emotional steht. Jedes Kind hat Vorstellungen, Meinungen, Haltungen, an denen sich Erwachsene orientieren sollten. Antworten, die nicht am Hier und Jetzt des Kindes anknüpfen, überfordern es.
5. Schließlich: Eine Sexualerziehung, die sich nicht als Prozess versteht, überfordert alle Beteiligten und bleibt letztlich unbefriedigend. Befriedigende sexuelle Beziehungen, eine erfüllte Sexualität zu leben, ist eine lebenslange Aufgabe.

Kapitel 15
Missbrauchte Grenzen

Der sexuelle Missbrauch von Kindern hat die Diskussionen um kindliche Sexualität nachhaltig geprägt. Diese Debatte war ebenso notwendig wie hilfreich, verschaffte sie doch einem lange tabuisierten Thema nicht nur jene Aufmerksamkeit, die es verdient hat. Es ermutigte die Opfer des Missbrauchs, über erlittene Qualen zu reden, Geheimnisse, die keine sind, zu entschleiern, sich vom Druck, von Alpträumen zu befreien.

Allerdings – und dies ist die Kehrseite der Publizität – blieb die andere Seite der Sexualität, die Freude am Körper und an Berührungen, zuweilen auf der Strecke. Normale Ausdrucksformen kindlicher Sexualität – z. B. sexuelle Spiele, die Onanie – betrachtete man vorschnell und einseitig unter dem Gesichtspunkt des Missbrauchs. Will sagen: Manche Veröffentlichung, manche Vorträge und Seminare zu diesem Thema waren von Vereinfachungen gekennzeichnet – nicht die ganze Palette kindlicher Ausdrucksformen von Sexualität kam ins Blickfeld, vielmehr reduzierte man diese auf den Missbrauch.

Aufklärung darüber macht Sinn, wenn sie Eltern und andere pädagogisch Handelnde sensibilisiert, sexuelle Aktivitäten und Handlungsmuster *auch*, aber nicht ausschließlich und zuvorderst unter dem Gesichtspunkt des Missbrauchs zu betrachten.

Diese hier gewünschte Sensibilität ging mir in der öffentlichen wie pädagogischen Diskussion unter, ja manchmal gewann ich den Eindruck, als würden Seminare, Fortbildungen und Veranstaltungen nicht einer differenzierten Aufklärung, der Schärfung und Erweiterung des Blickwinkels, mithin der Kompetenzerweiterung dienen, als vielmehr der Ausbildung von Detektiven, die befähigt werden sollten, Missbrauch nicht nur zu erkennen, sondern gar noch zu therapieren.

Mögen die entsprechenden Maßnahmen vom Willen zur Aufklärung getragen sein, von der Überzeugung, «nur das Beste zu wollen», mancher «gute Wille» endete in Oberflächlichkeit, Maßnahmen erwiesen sich als kontraproduktiv.

Hinzu kommt die andere, schon angedeutete Kehrseite der öffentlichen Debatte. So wie im Zusammenhang mit der Aids-Diskussion manche überwunden geglaubte, jedoch offensichtlich nur verdrängte Lust- und Sexualfeindlichkeit an Boden gewann, so konnte man Ähnliches im Zuge der sexuellen Missbrauchsdebatte beobachten. Manchmal hatte ich den Eindruck, als könnten Vertreter und Vertreterinnen einer restriktiven Sexualmoral die Diskussionen über den sexuellen Missbrauch für sich funktionalisieren, um einer neuen Sinnenfeindlichkeit das Feld zu bereiten. Das ist kein Vorwurf an jene, die sich engagiert um die Opfer des sexuellen Missbrauchs kümmern – gleichwohl verlaufen Diskussionen über Sexualität *nicht* in einem gesellschaftsfernen Raum. Diskussionen sind eingebunden in sozialpsychologische und soziokulturelle Rahmenbedingungen. Dieser Rahmen war und ist in Deutschland – auch bezüglich der Sexualität – mehr geprägt von Verleugnung, Verdrängung und Heimlichkeit als von Klarheit. Und deshalb darf das, was die siebziger und achtziger Jahre an positiven Aufbrüchen – und wenn sie nur Spurenelemente wären – mit sich brachten, z.B. im Hinblick auf mehr Emotionalität in zwischenmenschlichen Beziehungen, nicht verlorengehen.

«Ich hab gelernt, einem Schüler auch mal auf die Schulter zu klopfen, ihm übers Haar zu streicheln – natürlich nur, wenn er wollte. Und nun soll ich wieder umdenken. Ich komm mir gefühlsamputiert vor», berichtet Josef Alberts, ein Grundschullehrer. «Aber diese gefühlsmäßige Basis hat mir, den Schülern gutgetan. Und ich mache so weiter. Und wenn ein Schüler auf den Schoß kommt, weil er traurig ist oder Nähe will, dann kriegt er Zuwendung. Ich lass mich nicht verrückt machen!»

Roswitha Schneider arbeitet als Erzieherin in einer Krippe, sie hat mit Kindern bis zum dritten Lebensjahr zu tun: «Wenn ich nun Kinder wasche, wickeln muss, diese kleinen knackigen Hintern der Jungen sehe, dann schau ich da gerne hin. Ja, ich hab gute Gefühle dabei.» Sie sieht mich an, ob ich das wohl richtig verstanden hätte. «Aber ich käme doch nie auf die Idee, solch ein Kind zu missbrauchen oder an ihm zu manipulieren.» Sie stockt: «Es darf doch nicht sein, dass die Perversen die Messlatte für den normalen Umgang mit Sexualität legen.»

Restriktive Sexualmoral ist der Nährboden, auf dem Missbrauch gedeiht. Je stärker verdrängt, je geheimnisumwitterter sich Sexualität gibt, desto schneller ist Missbrauch möglich. Die eine, puristische Heimlichkeit zieht die andere – die brutale, Kinder missachtende, ihre Seele zerstörende – Heimlichkeit nach sich.

Es gibt keinen wirkungsvollen Schutz vor Missbrauch, aber es gibt Erziehungsziele, es gibt Erziehungsbeziehungen, die den Schutz begünstigen. Zunächst gilt: Kinder müssen in die Lage versetzt werden, *sich selbst zu schützen.* Unselbständige Kinder, Kinder mit mangelndem Selbstbewusstsein und fehlendem Körpergefühl, Kinder, die nicht gelernt haben, «Nein!» zu sagen, bzw. von ihren Eltern nicht darin ermutigt wurden, können häufiger in die Position des Opfers geraten als Selbstbewusstsein und Eigenständigkeit ausstrahlende Kinder. Körperbewusstsein – «Ich mag mich!», «Ich nehme mich an!», «Ich habe einen schönen Körper!», «Wer meinen Körper berühren darf, das bestimme ich!» – sowie sexuelles Selbstbewusstsein – z.B. zärtlich zu sich und anderen zu sein, einen liebevollen Umgang im zwischenmenschlichen Bereich zu pflegen – sind wirksame Schutzmechanismen vor Missbrauch.

FEHLENDER RESPEKT

Anna-Lena, knapp zwei Jahre, steht im langen Flur der elterlichen Wohnung. Es klingelt. Die Mutter öffnet die Tür, Anna-Lena wartet ein paar Schritte hinter ihr. Als sie die Oma entdeckt, die Anna-Lena seit einigen Monaten nicht gesehen hat, wohnt die Oma doch in einer entfernten Stadt, versteckt sich das Mädchen instinktiv hinter der Mutter, hält sich an einem Bein fest. Anna-Lena sucht Schutz hinter dem Rücken der Mutter. Es folgt eine kurze, herzliche Begrüßung zwischen den Erwachsenen.

Die Großmutter, ganz freundlich-gelassen: «Na, wo ist denn Anna-Lena?» Die hält sich krampfhaft hinter der Mutter verborgen, nicht bereit, sich auf die Lockungen der Oma einzulassen. Als diese einen Schritt vortritt, um ihre Enkelin zu erspähen, läuft Anna-Lena ein paar Schritte in den Flur hinein. In sicherer Entfernung stoppt sie, dreht sich um, schaut ihre Oma unsicher an.

«Na, komm, Anna-Lena!» Die Stimme der Großmutter klingt weiter freundlich, nicht drängelnd. Aber Anna-Lena bleibt stur. Sie lässt sich auf nichts ein – die Zeit ist noch nicht reif für Annäherungen. Nun bekommt die Stimme der Großmutter einen ungeduldigen Klang, und sie breitet ihre Arme aus, streckt sie in Richtung ihrer Enkelin aus – so als solle diese sich freudig in ihre Arme stürzen.

Doch Anna-Lena tut ihr den Gefallen nicht: Je vehementer die Bemühungen der Großmutter, die Enkelin anzulocken, umso mehr versteift diese sich, die Arme abwehrend ineinander verschränkt. Die aufeinandergepressten Lippen verraten Ablehnung, so als wolle sie sagen: «Nein, ich komme nicht!»

Die Mutter geht zwei Schritte in Richtung auf Anna-Lena zu, die – froh um den vertrauten Halt – sich in den Rock ihrer

Mutter verkrallt: «Was ist denn, Anna-Lena? Kennst du Oma nicht mehr?»

Anna-Lena schüttelt den Kopf. Sie kann sich beim besten Willen nicht an die liebenswürdige Person erinnern, die da in einiger Entfernung steht. Wie denn auch? Sind seit ihrem letzten Besuch doch Monate vergangen.

«Na, nun geh zu Oma!», meint die Mutter etwas genervt. Anna-Lena bleibt stocksteif, bewegt sich keinen Millimeter vorwärts. Die Großmutter nestelt an der abgestellten Reisetasche, holt Schokolade hervor, von der sie weiß, da «schmilzt meine Enkelin hin», wedelt damit in der Luft: «Guck mal, Anna-Lena, die magst du doch. Hat Oma dir mitgebracht!»

Anna-Lena schaut neugierig an ihrer Mutter hoch. Tatsächlich – Oma hat ihre Lieblingsschokolade mitgebracht.

«Na, nun geh mal.» Die Mutter versucht, ihrer Tochter einen kleinen Stups zu geben. Noch hat Anna-Lena auf «Nein» geschaltet. Sie bewegt sich nicht – nur ihr Kopf dreht sich neugierig in Richtung der Großmutter.

«Na, komm, Anna-Lena!» Die Stimme der Mutter wird lauter: «Oma hat dich so lange nicht gesehen. Die ist ganz traurig, wenn du nicht gehst.»

Dieses Mal klappt es: Langsam, ganz langsam löst sich Anna-Lena aus der Verbindung zu ihrer Mutter, geht vorsichtig, Schrittchen für Schrittchen, tastend auf die Großmutter zu, die sie in ihre Arme zieht. Und es kommt, wie es kommen musste: Die Großmutter hält Anna-Lena – aus ihrer Sicht verständlich – klammernd in ihren Armen. Anna-Lena lässt alles über sich ergehen. Sie spürt nicht die Umarmungen, die – herzlich gemeinten – Küsse, Anna-Lenas Augen sind auf die Schokolade gerichtet, und ein hilfloser Blick geht in Richtung Mutter, so als wolle sie sagen: «Ich hab Oma ja lieb. Aber muss es immer so schnell gehen!»

Die psychischen wie emotionalen Bedingungen, die sexuellen Missbrauch befördern können, fangen früh an bzw. werden durch unüberlegte Handlungsmuster von Erwachsenen, die sich der Konsequenz ihres Tuns nicht bewusst sind, begünstigt. Kleine Kinder entwickeln ab dem sechsten Lebensmonat, dem sogenannten Fremdel-Alter, hervorgerufen durch eine Verfeinerung ihrer Sinneswahrnehmung – z.B. der visuellen Kompetenzen – die Fähigkeit, zwischen vertrauten und unvertrauten Personen zu unterscheiden. Vertraute Menschen, die das Kind täglich oder ganz regelmäßig erlebt, geben Halt, Orientierung und Verlässlichkeit. Auf diese Personen bezieht sich das Kind, ihnen vertraut es bedingungslos.

Den unbekannten Personen steht es zunächst skeptisch, «fremdelnd» gegenüber. Es betrachtet unvertraute Menschen aus einer Distanz. Diese Distanz verschafft dem Kind Sicherheit. Ein Erwachsener kann diese Distanz aushalten, denn sie hat nichts mit fehlender Liebe oder Emotionalität seitens der Kinder zu tun. Das *kleine* Kind – aber nicht nur das kleine – braucht viel mehr Selbstvertrauen zu sich, um Kontakt zu dem ihm unbekannten Menschen – und sei es die Großmutter – aufzunehmen. Das Kind setzt – wie Anna-Lena – eine Grenze. Aus der Sicht des Erwachsenen mag dies einigermaßen befremdlich wirken. Aber eine durch das Kind in dieser Weise gezogene Grenze bietet Schutz, sie verschafft ihm Sicherheit. Nur im Wissen und im Vertrauen darauf vermag sich das Kind in einer ihm unvertrauten Situation zurechtzufinden. Das Kind spürt instinktiv, ohne diese Grenze bin ich überfordert, würde ich mich emotional ausliefern. Hat das Kind die unbekannte Person lang genug aus sicherer Distanz erlebt und eingeschätzt, beginnt es, sich sicherer zu fühlen, nimmt es – wenn auch zunächst nur zögernd und vorsichtig – Kontakt auf. Das kann über Blickkontakt gehen, über kleine Spielchen, die Annäherung signalisieren. Wichtig: Die Regeln dieser Spiele bestimmt das Kind.

Werden die von Kindern aufgebauten Grenzen wie bei Anna-Lena nicht respektiert, werden sie durch Bestechung, z.B. Spielzeug, Süßigkeiten oder emotionale Nötigung («Oma ist ganz traurig!»), niedergerissen, *können* Verhaltensunsicherheiten die Folge sein. Wohlgemerkt: Sie müssen nicht auftreten! Verhaltensunsicherheiten ergeben sich vielmehr aus der Häufigkeit, mit der Kindern dieser Erziehungsstil aufgebürdet wird. Für das Kind stellt sich solches Verhalten der Eltern als Zwickmühle dar: Da ist einerseits das eigene Gefühl, dass mein «Nein!» stimmt, dass mein Körper «Halte Distanz!» signalisiert; da sind andererseits vertraute Erwachsene, die einen auffordern, gegen das eigene innere Gespür zu handeln.

Wer Kinder in diesem Lebensabschnitt nicht darin bestärkt, zu eigenen Gefühlen zu stehen, macht sie handlungsunsicher, entzieht ihnen Schutzmechanismen, die sich in anderen Situationen – z.B. wenn Eltern oder andere Bezugspersonen nicht anwesend sind – als hilfreich und lebenserhaltend erweisen.

Deshalb: Bestärken Sie Ihr Kind in seinem «Nein!», auch wenn das anderen Personen wehtut! Akzeptieren Sie Grenzen, die das Kind setzt! Ihr Kind erfährt: Meine körperliche Unversehrtheit wird von jenen Personen, zu denen ich Vertrauen habe, höher bewertet als irgendwelches «gute Benehmen», das die Umwelt von mir erwartet. Und das Kind verinnerlicht ein wichtiges Modell: Erwachsene haben Respekt, haben Achtung vor meinem Körper! Und umgekehrt: Erwachsene, die meinen Körper nicht respektieren, werden auf Distanz gehalten.

Kinder, deren «Nein!», deren Wünsche nach Distanz von Erwachsenen ständig missachtet werden, handeln nicht allein unsicherer, misstrauischer oder ängstlicher gegenüber eigenen

Gefühlen; sie werden *auch distanzlos*, da sie keine Beziehung zu festen Bezugspersonen aufbauen bzw. nicht lernen konnten, zwischen bekannten Personen, denen man vertrauen kann, und unbekannten Personen, denen man abwartend gegenübersteht, zu unterscheiden.

Für diese Kinder sind *alle* Menschen gleich fern bzw. gleich nah. Da Kinder ohne Bindung nicht leben können, vielmehr gefühlsmäßig verwahrlosen würden, gehen sie ohne Distanz auf jeden Erwachsenen – aber auch auf Kinder – zu. Sie werfen sich ihnen – im wahrsten Sinne des Wortes – an den Hals, kriechen auf ihre Schöße, klammern sich an jeden Rock- und Hosenzipfel, den sie fassen können. Und werden sie von einer Person abgewiesen, dann steht schon die nächste als Klammerobjekt bereit.

Diesen Kindern fehlt es meist an Selbstwertgefühl. Sie verfügen zudem über kein körperliches oder sexuelles Selbstbewusstsein, sind mithin in erheblichem Maße missbrauchsgefährdet, können ihre Anlehnungs- und Sicherheitsbedürfnisse doch jederzeit zum körperlichen und seelischen Schaden des Kindes ausgenutzt werden.

Distanzlosigkeit ist nun nicht allein Folge eines Erziehungsstils; Distanzlosigkeit kann sich auch aus ungünstigen Lebensumständen während des ersten Lebensjahres ergeben: z.B. eine krankheitsbedingte längere Abwesenheit des Kindes von der Familie; Tod und Trennung von der Mutter; ständig wechselnde Bezugspersonen etc. Bauen Kinder in den ersten Lebensmonaten keine feste Bindung auf, sind sie nicht eingebunden in ein verlässliches Koordinatensystem, dann *können* Distanzlosigkeit und fehlendes Körperbewusstsein die Folge sein.

ERLEBTER MISSBRAUCH

Björn, fünf Jahre, fällt seinen Erzieherinnen im Kindergarten während der letzten Wochen auf: An bestimmten Tagen kotet er ein, setzt seine «Häufchen» so gezielt in den Sandkasten oder die Spielwiese, dass sie nicht zu übersehen sind. Danach geht er in den Waschraum, zieht sich Jeans und Unterhose aus, stellt sich in die Dusche, nimmt eine Handdusche zur Hand, spült sich damit seinen Po ab. Zwei- bis dreimal am Tag geht er zudem in die Puppenecke, nimmt sich eine Puppe, setzt sie sich auf den Bauch, ahmt einen Geschlechtsakt nach, den er lautstark kommentiert: «Ich fick dich! Ich fick dich!» Manchmal ergänzt er: «Ich fick dich tot!» Auch wenn er dieses Spiel beendet hat, geht er mit seiner Puppe zum Waschbecken, säubert sie zwischen den Beinen, trocknet sie dann zärtlich ab, legt sie in die Ecke zurück.

Die Erzieherinnen finden zunächst keinen Zugang zu Björn, obgleich sie sein Einkoten als ernsten Hilfeschrei deuten. Ähnliches gilt für sein Spiel in der Puppenecke oder sein Waschritual. Das Kindergartenteam lädt mich gemeinsam mit einer Kollegin sowie Björns Mutter zu einem Gespräch ein. Die Erzieherinnen fühlen sich mit der Gesamtsituation überfordert. Auch der Mann ist eingeladen, er bleibt der Unterredung allerdings fern.

Die Mutter, Paula Schmitz, 35 Jahre, wirkt unscheinbar: Die Haare fallen strähnig, ungewaschen über ihr Gesicht, die Augen sind dunkel umrandet, liegen tief in den Höhlen. Sie trägt Jeans, darüber einen langen Pullover, der bis zu den Knien fällt, keine Konturen ihres Körpers sichtbar werden lässt. Breitbeinig, erschöpft sitzt sie im Sessel. Die Hände zittern, als sie eine Tasse mit heißem Kaffee anfasst. Sie sieht elend aus, Kummer, Leid und Unglück stehen ihr im Gesicht geschrieben.

Die Erzieherinnen erzählen sehr genau von ihren Beobachtungen, versuchen, Paula Schmitz zu einer Stellungnahme zu bewegen.

Nachdem sie anfänglich den Gesprächsverlauf blockiert hat: «Ich weiß auch nicht, woher das kommt!», erzählt sie, sie habe «das mit der Puppe zu Hause schon mal gesehen. Das war aber sein Teddy». Sie denkt nach: «Aber er kann's nicht sehen!»

«Was nicht sehen ...», fragt meine Kollegin.

«Wenn mein Mann über mich herfällt.»

Und dann erzählt sie, wie ihr Mann sie jeden Tag zwinge, mit ihm zu schlafen.

«Ich lass das geschehen. Ich denke an was anderes. Wenn er auf mir liegt. Der stöhnt nur und stößt zu. Ich denke einfach an was anderes ... Und dann ist der auch schnell fertig!»

«Und wo ist Björn?»

«In seinem Zimmer. Dort ist er eingesperrt, oder wir schicken ihn solange nach unten!»

«... hört er oder sieht Björn etwas ...», will ich wissen.

«Ich weiß es nicht. Vielleicht. Vielleicht auch nicht?» Sie überlegt. «Hinterher, ja, da bekommt er schon was mit. Wenn mein Mann fertig ist, geht er runter, will sein Essen. Beschimpft mich, dass ich nicht mitmache im Bett. Ich geh dann erst mal aufs Klo, stell mich in die Badewanne und lass lange heißes Wasser zwischen meine Schenkel laufen. Ich will sauber werden. So ist's immer: Mein Mann nimmt mich, wirft sich auf mich rauf, dann geht er. Ich spüre nichts. Gut, dann geh ich eben aufs Klo und wasch mich. So kann ich's aushalten!»

Das Team wirkt erschüttert. Eine Erzieherin verlässt den Raum, Tränen in den Augen, sie würgt, hält die Spannung nicht mehr aus.

«Wenn ich nackt unter der Dusche stehe, schaue ich meinen Körper an. Ich frage mich dann, warum mein Mann eigentlich noch Lust auf mich hat!»

Paula Schmitz wirkt apathisch, ohne Schmerz, ohne Tränen. Ein geschundener Körper, dessen Seele, um zu überleben, sich ins ganz Innere zurückgezogen hat.

«Ich glaube, irgendwas bekommt Björn natürlich mit: ‹Warum duschst du so häufig›, fragt er.

‹Ich mach mich sauber.› Was soll ich auch sonst sagen?»

«Haben Sie den Eindruck», fragt meine Kollegin, «Björn bekommt mit, was Ihr Mann mit Ihnen macht?»

Sie sieht uns beide an: «Am Anfang hab ich noch gesagt, schick Björn raus … Aber», sie stockt, «… aber ich hab einfach nicht mehr die Kraft dazu. Er wirft mich ja auch auf den Boden … er schmeißt Björn schon raus … aber …» Sie zuckt resignierend mit den Schultern: «Was soll's. Ich hab einfach nicht die Kraft … Und ich denk, er kriegt schon was mit.»

Als Paula Schmitz nach dem Gespräch den Kindergarten verlässt, wird sie von ihrem Mann zu Hause erwartet. Er schlägt sie zusammen, vergewaltigt sie. Als ihr Mann dann einschläft, flieht sie in den Kindergarten. Meine Kollegin besorgt ihr einen Platz in einem Frauenhaus der nächsten Stadt. Björn kommt mit. Seine Waschrituale halten noch über einen Monat an. Erst als sich die gesamte Situation der Mutter stabilisiert, hört Björn mit dem Einkoten und seinen Ritualen auf.

Diese Situation macht einen anderen Aspekt deutlich, der im Zusammenhang mit dem sexuellen Missbrauch zu wenig Beachtung gefunden hat. Kinder sind nicht nur unmittelbare Opfer des Missbrauchs, viele Kinder werden zu Augen- und Ohrenzeugen und damit indirekt zu Opfern sexueller Gewaltakte. Dies gilt nicht nur für Kinder aus den Krisengebieten der Welt, wo sie Vergewaltigung und sexuelle Nötigung ihrer Mütter aus nächster Nähe miterleben. Dies trifft auf Kinder im mitteleuropäischen Alltag zu, in denen sie den Missbrauch durch den Vater oder den Lebensgefährten der Mutter miterleben. Das Kind macht nicht nur eine unfassbare, brutale Erfahrung, es erlebt sich auch in einer absoluten Hilflosigkeit, einer Handlungsunfähigkeit, die in zerstörerische Aggressivität umschlagen kann.

Niko, elf Jahre, erzählt: «Einmal als mein Vater auf meiner Mutter lag … da hab ich sie schreien hören, ganz laut … und dann hat sie nur noch gewimmert.» Er stockt: «Dann hab ich 'ne Schere genommen und bin ins Wohnzimmer und hab voll in seinen Arsch gestochen.» Niko grinst verzweifelt: «Er ist aufgesprungen. ‹Gib mir die Schere›, hat er geschrien, ‹oder ich schlag deine Mutter tot.› Ich hab sie ihm gegeben.

Da hat er mir mit der Schere die Haare abgeschnitten.»

Niko zeigt mir einige Stellen an seinem Kopf, an denen noch die Spuren des väterlichen Gewaltakts sichtbar werden.

Aus solchen Erfahrungen, wie sie Björn oder Niko erlebt haben, können sich vielfältige emotionale Konsequenzen ergeben.

» Die Mutter lebt ihren Kindern ein unterentwickeltes Körperbewusstsein vor. Sie hat zudem – aufgrund ihrer Lebensgeschichte – kein sexuelles Selbstbewusstsein ausgebildet. Und da es an lebbaren Alternativen fehlt, hat das Modell für die Kinder Gültigkeit. Diese Kinder können potenzielle Opfer von körperlichem wie seelischem Missbrauch werden – oder sie werden aus einem Gefühl ohnmächtiger Wut heraus selber zum Täter.
» Es kann bei Kindern zu Verhaltensregressionen kommen, d.h., sie fallen in frühkindliche Handlungsmuster zurück: Einkoten, Einnässen, Flucht in Krankheit und Schmerz … Zudem sind Minderwertigkeitsgefühle sichtbar, die Kinder wirken entmutigt, kapseln sich ab. Fehlendes Körperbewusstsein kann sich in übertriebenen Berührungsängsten zeigen.

» Verhaltensregressionen können – im wahrsten Sinne des Wortes – in zerstörerische Aggressionen umschlagen. Da Kindern wie Björn oder Niko in körperlicher Hinsicht kein Respekt entgegengebracht wird, ihr Wunsch nach körperlicher Unversehrtheit kaum erfüllt ist, entwickelt sich in den Kindern auch keine Achtung vor der körperlichen Unversehrtheit anderer Menschen.

Kapitel 16
Kind, Tod und Trauer

Marlene, fünf Jahre, kommt ins Wohnzimmer, setzt sich nahe ihrer Mutter aufs Sofa. Marlene sieht ihre Mutter, Friederike Ammon, an:

«Kannst du sterben, Mama?»

Die Mutter schluckt, denkt: «Jetzt geht's auch bei mir mit diesen Fragen los.» Dann dreht sie sich langsam zu ihrer Tochter, nimmt deren Hand und nimmt sich vor: «Friederike, jetzt laber nicht!» Mit fester Stimme antwortet sie auf Marlenes Frage: «Ja!»

Die Mutter wirkt unsicher. Was ihre Antwort bei der Tochter wohl auslösen wird?

Marlene lächelt, ihre Stimme klingt bestimmt: «Aber noch lange nicht!»

Die Mutter nickt: «Ich glaube, ich lebe noch lange!»

Marlene streichelt ihre Mutter: «Wir wollen doch noch häufig in den Urlaub fahren, nicht?»

«Noch ganz häufig!» Marlene überlegt.

«Mama?»

«Ja, Marlene!»

«Vorher sterben noch Oma und Opa, nicht?»

«Marlene, du kannst fragen!» Jetzt ist Friederike Ammon unsicher. «Wie kommst du darauf?»

«Oma und Opa sind doch alt. Die haben ganz graue Haare.»

«Oma und Opa können sterben. Aber noch leben sie ja.»

Marlene nickt, steht auf. Ihre Fragen scheinen – vorerst jedenfalls – beantwortet.

Eine andere Situation. Margret, sieben Jahre, hat von einem Flugzeugunglück in der Zeitung gelesen. Viele Menschen waren dabei ums Leben gekommen. Margret wusste: «In ein paar Wochen fliegen wir nach Griechenland.» Sie nimmt die Zeitung, die ein Bild mit rauchenden Flugzeugtrümmern zeigt, hilflosen Helfern, die vergeblich nach Überlebenden suchen, mit zu ihrer Mutter.

«Und was ist, wenn wir abstürzen?» Mit dieser Frage eröffnet sie das Gespräch.

«Wir stürzen nicht ab.» Irene Mahler ist sich absolut sicher. So hört es sich jedenfalls an.

«Aber wenn …» Margret lässt sich nicht abschütteln. «Es kann doch sein …»

«Margret …», Frau Mahler schüttelt den Kopf. «Komm her, Margret!»

Margret nähert sich, setzt sich auf ihren Schoß. Die Mutter drückt sie fest, streichelt ihre Wange.

«Mama, es kann doch passieren …»

«Nein …»

«Schau mal, da ist doch auch was explodiert.»

Margret zeigt auf das Bild: «Ob die auch in Urlaub wollten?»

Irene Mahler gibt sich einen Ruck: «Ja, es kann passieren.»

Margret sieht ihre Mutter an: «Siehst du … hab ich doch gesagt … Und dann?»

Die Mutter zuckt die Schultern: «Weiß nicht!»

«Sind wir dann tot?» Margrets Stimme klingt irritiert.

«Ich bin bei dir!» Irene Mahlers Antwort kommt ganz spontan. Sie zieht ihre Tochter noch fester zu sich: «Ich bin bei dir!»

Das klingt fast wie eine Beschwörung. «Wirklich?»

Margret blickt skeptisch drein.

«Aber klar!» Die Mutter bekräftigt: «Na klar, Margret!»

Margret lässt nicht locker, sie bleibt hartnäckig: «Und dann?»

Sie lacht ihre Mutter vielsagend an. Diese scheint ratlos, ihr Kopf verschwindet fast in den hochgezogenen Schultern.

«Tja? Und dann?» Sie weiß keine Antwort.

«Ich weiß es», ruft Margret schnell. «Ich weiß, Mama. Dann fliegen wir zusammen in den Himmel.»

Margret entzieht sich dem Zugriff ihrer Mutter, springt auf, schmunzelt: «Dann fliegen wir zusammen in den Himmel.» Mit diesen Worten verlässt sie den Raum.

FRAGEN NACH DEM TOD

Je älter Kinder werden, umso häufiger kommen entsprechende Fragen – unabhängig davon, ob ein aktueller Todesfall in der unmittelbaren Umgebung des Kindes passiert ist. Tod, das bedeutet für Kinder bis etwa zum Beginn der Grundschulzeit nicht das absolute Ende. Nach dem Tod fragen Kinder zunächst ohne Angst. Aber nicht selten blicken sie dann in unsicher wirkende Erwachsenengesichter, erhalten sie angstbesetzte Antworten.

Tod bedeutet Leid und Trauer, Schmerz und Verzweiflung, aber jüngere Kinder begreifen nicht das ganze Ausmaß des Todes. Fragen nach dem Tod weisen den Erwachsenen auf Entwicklungsschritte des Kindes hin: Es fängt an, über das «Woher kommt man» und «Wohin geht man» nachzudenken. Der Tod wird – aus der Sicht von Kindern – in Zusammenhang gebracht mit hohem Alter, mit Gefühlen des Alleinseins, aber auch mit dem Schlafzustand.

Bis etwa zum sechsten Lebensjahr gilt der Tod für Kinder als ein umkehrbares, nur vorübergehendes Ereignis. Die Endgültigkeit des Todes begreifen Kinder dann nur schwer. Deshalb sind aggressiven Aktionen von Kindern in dieser Altersstufe, die auf eine Verletzung, gar Schädigung anderer Kinder z.B. während des Spiels hinauslaufen, mit aller Festigkeit Grenzen zu setzen. Ansonsten sind ernste Gefährdungen der Gesundheit nicht auszuschließen. Dies gilt insbesondere dann, wenn Kinder über emotionale Störungen oder ein nur unzureichend ausgebildetes Körpergefühl verfügen, für sie mithin nicht begreiflich ist, was sie mit ihrem Tun bewirken können.

Bis zum sechsten Lebensjahr binden Kinder ihre Vorstellungen über den Tod an bestimmte Symbole, an spezifische Situationen, an eigene Erlebnisse: den schwarzen Mann, die Dunkelheit, die Nacht, die Krankheit, die Verletzung oder den Schmerz. Erst mit Beginn des Schulalters kommt die Endgültigkeit des Todes ins Blickfeld kindlicher Betrachtungsweise.

Fragen nach Tod und Trauer, nach Gott und Himmel sind für Kinder mithin normal. Erwachsene sind mit den Antworten deshalb häufig überfordert, weil solche Fragen an Verdrängtes, Verleugnetes rühren. Je mehr aber der Tod aus dem Alltag, dem Leben von Erwachsenen ausgeblendet bleibt, je mehr Erwachsene sich diesen Grenzerfahrungen hilflos ausgeliefert fühlen, umso mehr spüren Kinder, wie sie von engsten Bezugspersonen bei sie bedrückenden Erlebnissen alleingelassen werden. Kinder empfinden sich dann als halt- und orientierungslos. Darüber hinaus sind Fragen der Kinder nach dem Tod nicht nur Fragen nach dem Ende. In ihren Fragen sind zugleich Wünsche enthalten; es sind Wünsche nach Auskunft über zentrale Sinnfragen des Lebens.

Der Tod als *Symbol* ist schon früh Bestandteil kindlicher Entwicklung. Diese ist ohne Autonomie nicht denkbar, und Eigenständigkeit ist ohne den Abschied von vertrauten Situationen und Personen nicht vorstellbar. Sich zu trennen aus der symbiotischen Einheit mit der Mutter, aus der Geborgenheit der

Familie, der Vertrautheit des Freundeskreises gehört zu den existenziellen Erfahrungen der Kinder.

Tod hat mit Trennung, hat mit Abschiednehmen zu tun. In Trennung und Abschied sind Momente der Endgültigkeit des Todes enthalten. Die Entwicklung des Kindes hin zur Selbstwerdung und zu Selbstbewusstheit, zum Gefühl des «Ich kann allein» und zu Grenzerfahrungen wie «Ich brauch meine Eltern nicht mehr» ist gebunden an Abschied und Trennung.

Ein Leben, das nicht Bilder und Symbole des Todes beinhaltet, ist ein armseliges und unvollständiges Leben. Kinder spüren das. Sie erleben Wirklichkeit in Polaritäten – und damit in ihrer Ganzheitlichkeit. Zum Leben gehört der Tod; die Gesundheit erhält ihren unbezahlbaren Wert durch die Krankheit, das Glück ist ohne Trauer undenkbar, erst in der Niederlage zeigen sich die intensiven Momente des Siegens, das innig erlebte Gefühl des festlichen Rituals wäre ohne die Mühen der Ebene nicht zu spüren, zur Nacht gehört der Tag, zum Tag die Nacht; Mond und Sonne sind untrennbar miteinander verbunden, genauso wie der Konflikt zur Versöhnung gehört. Der Tod, das ahnen Kinder, ist nicht das Ende.

Meine Überlegungen über «Kind, Tod und Trauer» gehen nur auf einige Alltagssituationen ein, an denen sich Grenzerfahrungen des Todes zeigen. Wer sich genauer und intensiver mit diesem aus vielen Eltern-Kind-Beziehungen verdrängten Thema beschäftigen möchte, sei auf die Publikationen von Kübler-Ross, Brocher, Leist und Tausch-Flammer/Bickel (vgl. Literaturverzeichnis Seite 317 ff.) verwiesen.

Die eingangs angeführten Situationen zeigen – trotz aller widersprüchlichen Gefühle, die die Erwachsenen dabei an den Tag legen – eine konstruktive Perspektive auf, wie man auf kindliche Fragen nach Tod und Trauer eingehen kann:

» Fragen nach dem Tod sind altersbedingt – unabhängig von aktuellen Ereignissen wie z.B. Tod in der Familie oder der Verwandtschaft. Das Kind wird größer, es bildet ein Körpergefühl aus. Das Kind wird sich zunehmend seiner körperlichen Macht und Kraft bewusst. Zugleich wirkt es gegenüber Erwachsenen noch sehr klein und verwundbar. Daraus ergeben sich Vernichtungsängste, die das Kind – ganz in einem animistisch-symbolischen Denken verfangen – an Monster, Gespenster, Einbrecher, Räuber, aber auch an wilde Tiere bindet. Solche Symbole sind aus der Sicht von Kindern doppeldeutig: Die «guten» Tiere oder Monster repräsentieren die Anlehnungsbedürfnisse, die Wünsche nach Zärtlichkeit; die «bösen» Elemente symbolisieren die zerstörerisch-aggressiven Phantasien des Kindes. Allmählich entwickeln sich beim Kind Formen des Zeitbewusstseins, Vorstellungen über das Woher und Wohin. Diese Spannung bedeutet für das Kind Unsicherheit, fördert aber auch seinen Wissensdurst. Fragen nach dem Tod in der Folge einer normalen emotionalen wie kognitiven Entwicklung sind deshalb Zeichen für Reife. Das Interessenspektrum des Kindes weitet sich – und damit reichen das bisherige Wissen, die bisher gestellten Fragen nicht mehr aus. Das Kind spürt: Veränderte Situationen erfordern andere Fragen, einen veränderten Zugriff auf Realität.

Das Kind will neue, gleichwohl feste und verlässliche Sicherheiten. Die Kinderfragen stehen für Sinnsuche – aber sie beinhalten zugleich den Wunsch nach Halt und Bindung. Nur auf dieser Basis sind Kinder aufgeschlossen für neue, bisher ungewohnte Erfahrungen.

» Kinder werden früh in vielerlei gesellschaftliche, soziale und ökonomische Probleme wie Krisen eingebunden. Die multimediale Darstellung und Inszenierung von Katastrophen bedeutet für das Kind, dass es auf eine abstrakte, wenig greifbar-begriffliche Weise mit Situationen konfrontiert wird, die Vernichtungs-, vor allem Trennungsängste zurücklassen. «Das kann uns nicht passieren!», «Du brauchst keine Angst davor zu haben!», «Nun stell dich nicht so an»: Solche Antworten helfen wenig und signalisieren dem Kind lediglich elterliche Hilflosigkeit. Und das Kind *fühlt* sich alleingelassen.

Weil Kinder bis zum achten/neunten Lebensjahr Katastrophen und Unglücke als die Aktualisierung von (vorhandenen) Vernichtungs- und Trennungsängsten erleben, ist neben einer möglichst ehrlichen Antwort der persönliche Halt wichtig: «Es kann passieren! Aber wenn es passiert, bin ich bei dir!» Erzählungen aus dem Zweiten Weltkrieg während der Bombennächte untermauern diese Feststellung: Kinder, die während der Bombardierung nahe bei ihrer Mutter waren, denen die Mutter emotionale Nähe geben konnte, haben in der Regel weniger traumatische Erinnerungen als Kinder, die diese schreckliche Situation von ihren Müttern getrennt erleben mussten.

» Generell gilt: Das Thema Tod ist erst dann von Eltern und Pädagogen aufzugreifen, wenn Kinder danach fragen. Würden sie von außen in das Kind hineingelegt, hätte das in der Regel eine gefühlsmäßige Überforderung zur Folge. Wenn Fragen gestellt werden, sollen Erwachsene genau zuhören, auf das achten, was das Kind wissen will. Fühlt man sich unsicher, sind geschickte und einfache Rückfragen angezeigt.

«Was ist, wenn ich tot bin? Krieg ich dann eine schöne Beerdigung?», fragt die siebenjährige Sibylle. Der Vater nähert sich ihr, lächelt: «Ich denke, du lebst noch lange. Noch ganz lange.» Kurze Pause: «Aber wie möchtest du, dass deine Beerdigung aussieht?»

Eine andere Situation: «Wenn Oma jetzt im Himmel ist, wie sieht es wohl dort aus?», will Johannes, sechs Jahre, wissen.

«Was meinst du, wie sieht es dort wohl aus?», gibt die Mutter die Frage zurück. Johannes überlegt kurz, erzählt dann von seinen Phantasien. Rückfragen knüpfen an Vorstellungen und Phantasien der Kinder an. Das Kind kann sich im Hier und Jetzt angenommen fühlen. Es erfährt: «Meine Frage nimmt man ernst. Ich bin nicht hilflos oder zu klein für diese Fragen!»

Nun gibt es Situationen, in denen Antworten nicht möglich sind. Es gibt persönliche Tagesformen, die keine passende Antwort erwarten lassen; ja manchmal benötigt man Bedenkzeit, weil man selber vom Tod eines Menschen tief getroffen ist oder von der Kinderfrage überrascht wurde. Wer sich in der Situation überfordert – nach dem Motto: «Ich muss jetzt aber richtig handeln!» –, gibt, ohne es zu merken, die Überforderung an die Kinder weiter. Angemessener sind Antworten wie: «Ich kann das jetzt nicht beantworten, aber nachher habe ich Zeit für dich, und dann komme ich!» Es braucht wohl nicht betont zu werden, dass man später von sich aus auf das Kind zugeht und sein Versprechen einhält.

» Während einige Eltern und Pädagogen sich den Kinderfragen nach dem Tod entziehen, meinen es andere besonders gut. Sie geben eine Menge an Information, die das Kind möglicherweise gar nicht hören will, weil es diese noch nicht verarbeiten kann. Solche Schilderungen können Bilder und Phantasien beim Kind hervorrufen, auf die es emotional nicht vorbereitet ist. Und Eltern sollten bedenken: Das Kind im Hier und Jetzt anzunehmen bedeutet, darauf zu vertrauen, dass das Kind wieder zu den Eltern kommen kann, wenn es sich als notwendig erweist, weitere Nachfragen zu stellen.

So kann die elterliche Antwort auf eine Frage des Kindes mit dem Satz schließen: «Falls du mehr wissen willst, kannst du jederzeit kommen.» Klare und wahrhaftige Auskünfte sind notwendig. Doch genauso bedeutsam ist die emotionale und körperliche Nähe, in der diese Gespräche stattfinden. Kinder brauchen verlässlichen Halt – dann können sie mit den Antworten ihrer Eltern und anderer Erwachsenen umgehen.

BEISETZUNG

Anita Bach, Mutter der fünfjährigen Barbara, ist unsicher. Ihr Vater sei gestorben, erzählt sie, und nun überlege sie, ob Barbara Abschied vom Opa nehmen könne. Dieser sei in der Wohnung ihrer Schwiegereltern im Nachbarhaus aufgebahrt.

Barbara hatte eine sehr intensive Beziehung zu ihrem Großvater. Sie hatte den Wunsch, sich persönlich von ihm zu verabschieden.

Der Tod des Großvaters kam für alle überraschend, es herrschte große Trauer. Anita Bach fand den Wunsch ihrer Tochter selbstverständlich. Ich kannte Barbara aus einem Elternseminar.

«Will Barbara freiwillig mitgehen?», frage ich.

«Ja», antwortet die Mutter sehr schnell. «Die fragt und fragt. Ich glaube, es ist besser, sie sieht ihren Opa. Der sieht so friedlich aus!»

«Können Sie Ihrer Tochter beim Abschied eine Hilfe sein? Können Sie Halt geben?»

«Ich denke, schon.» Sie stockt. «Ja! Ich kann das! Ich hab ja schon von ihm Abschied genommen. Ich denke, ich bin vorbereitet!»

Als Anita Bach am folgenden Tag das Zimmer mit dem aufgebahrten Großvater betreten will, kommen zwei Verwandte hinzu.

«Was willst du denn da, Anita?» Sie weisen mit den Köpfen

in Richtung von Barbara, die unschlüssig-unsicher an der Hand ihrer Mutter verharrt. Die Mutter, ganz forsch: «Ich will zu Großvater. Und Barbara soll mit. Die möchte Abschied nehmen.»

Das Selbstbewusstsein der Mutter bekommt durch das Auftreten der beiden Verwandten Kratzer. Zweifel kommen in ihr hoch.

«Das kannst du doch nicht machen!», entrüstet sich eine Großtante. «Das Kind kriegt einen Schock fürs Leben!» Und der dabeistehende Großonkel fügt ganz gebieterisch hinzu: «Spinnst du denn völlig!»

Die eben so von sich überzeugte Anita Bach kommt ins Grübeln: Hatten die Verwandten nicht doch recht? Überfordert ein toter Mensch nicht meine Tochter? Barbara kuschelt sich näher an ihre Mutter, sie blickt verstohlen-ängstlich auf die Tür, hinter der ihr Großvater aufgebahrt ist.

Die Mutter wirkt mutlos, dreht ab, ihre Tochter an der Hand haltend.

«Komm, Babs, lass uns gehen.»

In den kommenden Stunden hört die Mutter von den Verwandten viele Vorwürfe, sie bekommt kaum Unterstützung. Auch die geplante Teilnahme Barbaras an der Beisetzung fällt ins Wasser. Der emotionale Druck von außen erweist sich als zu stark.

Einen Tag nach der Beerdigung geht die Mutter mit Barbara zum Friedhof, steht vor dem Grab, das mit Blumen und Kränzen überhäuft ist.

«Was steht da?» Barbara weist auf eine weiße Schleife mit schwarzem Rand und einem Kreuz.

«Ruhe in Frieden!», liest die Mutter langsam.

Barbara stockt, wirkt nachdenklich. Dann sieht sie an der Mutter hoch.

«Schläft Opa hier?»

«Schon.» Anita Bach scheint unsicher. Dann fängt sie sich: «Ja, Opa liegt hier. Aber nur seine Schale. Seine Seele ist in den Himmel geflogen.»

Barbara schaut aufs Grab, dann in den Himmel. So geht das einige Male: «Du, Mama!»

«Ja!»

«Du, Mama! Sag mal, wie kommt Opa von hier in den Himmel, wo doch auf seinem Sarg so viel Erde liegt?»

Die Mutter ist sprachlos. Barbara insistiert nicht weiter. Als sie vom Grab weggehen, winkt sie zaghaft, blickt zum Himmel, schüttelt – ganz in sich gekehrt – ihren Kopf.

In den Monaten danach hat Barbara ein Lieblingsspiel: Sie inszeniert in der Sandkiste hinter dem Haus Beerdigung. Sie gräbt eine Puppe in den Sand, buddelt sie dann wieder aus und schmeißt sie hoch: «Jetzt kommst du in den Himmel!» Barbara fragt ihre Mutter nicht, will nichts von Erwachsenen wissen – sie spielt das, was sie nicht verstanden hat, was für sie offen war und ist. Barbaras Spiel nimmt zwar im Laufe der Zeit an Intensität ab. Anita Bach bemerkt jedoch: Die Geschichte mit der Beerdigung, dem Himmel, dem nicht vollzogenen Abschied ist für ihre Tochter weiter ein Problem.

Zwei Jahre später. Barbara ist sieben, und ihre Oma stirbt ebenso plötzlich wie der Opa: Auch sie wird im Hause aufgebahrt. Dieses Mal ist die Mutter intuitiv, «aus dem Bauch heraus», entschlossen, so zu handeln, wie sie meint, dass es richtig sei.

Nachdem die älteren Familienmitglieder Abschied genommen haben, verbittet sich die Mutter jegliches Eingreifen von anderen Erwachsenen. Auch Barbara will Abschied nehmen: «Ich will sie sehen! Und sie soll Opa dann noch sagen: Ich hab ihn liebgehabt!»

Anita Bach steht mit ihrer Tochter vor dem Totenzimmer. Die Mutter ist nervös, Barbara freudig aufgeregt.

«Du musst aber leise sein. Oma schläft!» Barbara nickt zum Einverständnis. Die Mutter öffnet die Tür, beide betreten den Raum. Er ist abgedunkelt, Kerzen brennen, zwei Lampen hüllen den Raum in ein Dämmerlicht. Das Dunkle schreckt Barbara ein wenig, instinktiv sucht sie die Hand der Mutter. Als sie sich an das Dämmerlicht gewöhnt hat, zieht sie ihre Hand zurück.

Die Mutter faltet die Hände zum Gebet. Barbara tut es ihr nach.

«Was machst du?»

«Ich bete!»

«Ich auch!» Barbara senkt den Kopf, wie es die Mutter tut. Dann gehen beide um die aufgebahrte Oma herum.

«Oma sieht schön aus!» Barbara lächelt.

«Pst!» Der Zeigefinger der Mutter geht zum Mund.

«Tag, Oma!» Barbaras Stimme ist klar und fest. Sie sieht ihre Oma an: «Oma, ich will ade sagen!» Barbara schaut ihre Mutter noch fester an. Es scheint fast, als ob sie eine Antwort erwarte.

«Ach, Oma!» Barbaras Ton klingt fast entschuldigend. «Du kannst ja nicht mehr reden!»

Sie betrachtet ihre Oma intensiv, wird nachdenklich. Es folgt eine lange Pause des Schweigens, der Ruhe, ja, es scheint fast, als denke Barbara über alles intensiv nach, was die Oma ihr bedeutet hat. Dann kommt sie aus ihren Gedanken zurück, zupft am Ärmel der Mutter: «Mama, ist Omas Seele auch im Himmel?»

«Ich glaub, schon!» Anita Bach umfasst die Schulter ihrer Tochter: «Babs, wir müssen jetzt gehen.»

«Kann ich Oma einen Kuss geben?», fragt Barbara. Die Mutter wirkt völlig überrascht. Diese Frage, sagt sie später, habe sie nicht erwartet. «Wirre Gedanken rasten durch den Kopf. Die Leiche ist kalt. Leichengift und diese ganzen Phantasien.» Die Mutter findet schnell ihre Fassung und ihre Worte wieder: «Gut, aber vorsichtig. Und nur auf die Stirn.»

Sie hebt ihre Tochter hoch, ihre Lippen suchen die Stirn der Großmutter. Barbara haucht einen flüchtigen Kuss, streichelt den von Stoff bedeckten Arm. Als sie wieder auf dem Boden steht, sieht sie die Oma an: «Ade, Oma. Und sag Opa, ich durfte nicht ade sagen. Er soll nicht traurig sein.»

Beide gehen aus dem Raum, Barbara läuft zur Sandkiste, spielt ein weiteres Mal die Beerdigung des Großvaters nach. Anita Bach läuft ins Schlafzimmer, schließt sich ein und «heult», wie sie mir sagte, «vor Erleichterung. Zwei Jahre Spannung mussten raus.

Ich hab 'ne halbe Stunde geweint, dann war's gut».

An einigen Aspekten dieser Situation, die mir Frau Bach in einem Elternseminar schilderte, lässt sich zeigen, unter welchen Bedingungen Kinder Tod als eine belastende bzw. als eine zumutbare Erfahrung erleben:

1. Den Tod mit Schlaf zu vergleichen *kann* für jüngere Kinder zu einer realen Angst vor dem Einschlafen führen, es kann Angstträume, einen unruhigen Schlaf ebenso mit sich bringen wie die ständige Versicherung, ob die Eltern oder Geschwister noch da seien, eben leben würden. So kommen Kinder u.a. deshalb ins Bett ihrer schlafenden Eltern, streicheln, kneifen oder zwicken sie, um anhand der elterlichen Reaktion zu spüren: Meine Eltern leben noch.

Ähnliches gilt für eine andere Verhaltensweise: Viele Eltern und Pädagogen mögen sich nicht an den Schießspielen ihrer Kinder beteiligen. Andere drohen: Wenn ihr richtig schießt, dann kann ich tot sein. Was für Kinder eine symbolische Funktion besitzt, hat für Erwachsene – aufgrund anderer Erfahrungen – einen realen Kern. Dies versuchen manche Erwachsene den Kindern auf eine drastische Art und Weise zu vermitteln.

Jochen schießt mit einer selbstgebastelten Holzpistole wild

um sich, zielt auch auf seinen Vater. Josef Meixner fällt sofort «getroffen» um. Jochen rennt zu ihm, rüttelt an ihm, zieht und zerrt an seinem Arm: «Steh auf! Das war nur ein Spiel», schreit Jochen seinen Vater an, der weiter regungslos am Boden liegt.

Er rührt sich nicht, er atmet – für Jochen – kaum spürbar.

Jochen schubst weiter seinen Vater, der ohne Regung daliegt.

Das Kind gerät in Panik: «Papa! Wach auf! Papa, wach auf!»

Endlich – für Jochen nach einer schier unvorstellbar langen Zeitspanne – öffnet der Vater die Augen, kommt langsam mit seinem Oberkörper hoch: «So ist es, wenn du andere totschießt.»

«Aber ich hab doch nicht wirklich geschossen», beharrt Jochen. «Das war nur ein Spiel!» Er ist nach wie vor völlig aufgelöst.

Der Vater hat die selbstbestimmten Spielregeln seines Sohnes verletzt. Aus der für Jochen symbolischen wurde eine für ihn nicht vorhersehbare äußere Wirklichkeit. Die überforderte ihn intellektuell wie gefühlsmäßig. Übrig blieb Jochens Angst: freilich keine Angst vor dem weiteren Schießen als vielmehr eine Angst vor dem Tod des Vaters, an dem Jochen sich einen Teil Schuld gibt. So können wirkliche Schuldgefühle entstehen, eine starke emotionale Betroffenheit, die hilflos machen kann.

Eine Ein- und Begrenzung von Jochens Spiel durch nachvollziehbare Regeln und Rituale mag durchaus notwendig und richtig sein. Die drastische Methode von Jochens Vater bewirkt aber nur Panik und Handlungsunsicherheiten aufseiten des Kindes, ein starkes Gefühls-Erleben, das es klein hält und unselbständig machen *kann.*

Ebenso verhängnisvoll, weil angsterzeugend können bestimmte Formulierungen sein, z.B.: «Du bringst mich noch ins Grab!» Oder: «Damit bringst du mich nochmal um. Das wirst du schon sehen!»

2. Kinder verarbeiten Un-Begriffenes im Spiel. Barbara hatte – nachdem sie keinen wirklichen Abschied vom Großvater nehmen durfte – nur die Möglichkeit des Spiels, um unverarbeitete Trennungsgefühle auf eine für sie nachvollziehbare Weise zu inszenieren. Als sie am Tage nach der Beisetzung das Friedhofsgrab sah, konnte sie sich nicht vorstellen, wie der Großvater von dort in den Himmel gekommen war. Das Nachspiel war ihr selbstbestimmter und selbstgestalteter Versuch, zu einer ganz eigenen Lösung zu kommen.

Antworten auf Kinderfragen nach Sterben, Tod und Begräbnis können deshalb mit Mythos, Magie und Symbol arbeiten. Sie brauchen nicht *völlig* richtig, sie müssen freilich wahrhaftig sein, dann kann das Kind sich mit seinen Phantasien und Vorstellungen in den Antworten der Eltern wiederfinden.

«Muss ich», fragt die sechsjährige Cornelia, «in der Erde liegen, wenn ich tot bin?»

«Nun», die Mutter streichelt Cornelias Haar, «was da liegt, ist eine Hülle wie bei den Erbsen. Du fliegst ganz woandershin.»

«Wohin, Mama?»

«Weit weg!»

«Kann ich dich dann noch sehen ... und Philipp und Papa ...»

«Was meinst du, kannst du uns noch sehen?»

«Ich kann dich noch sehen. Ich kann alle sehen.» Cornelias Stimme klingt selbstsicher.

«Das denk ich auch!», unterstützt die Mutter Cornelia.

«Und wie ist das, wenn du stirbst, Mama?»

«Noch leb ich ja. Und ich will noch ein bisschen leben.» Die Mutter grinst.

«Aber wenn! Mama!» Cornelias Stimme klingt energisch. Sie dringt auf eine Antwort.

«Dann ist's wie bei dir.»

3. Kinder können an Begräbnissen teilnehmen, wenn sie es wünschen. Kein Kind sollte gezwungen werden. Freiwilligkeit ist die wichtigste Vorgabe. Freiwilligkeit schützt ein Kind: Es weiß am besten, wie weit es sich selbst emotional belasten kann. Aber da sich Kinder auch gefühlsmäßig überfordern können, ist persönlicher Beistand während des Begräbnisses wichtig. Kinder brauchen einen Halt, auf den sie sich verlassen können. Dies bietet ihnen zusätzlich Schutz.

Hilfreich ist eine Vorbereitung auf den Gottesdienst. Man kann Kindern die Abläufe erklären, ihnen Rituale erläutern. Gerade ältere Kinder sind daran besonders interessiert.

Generell gilt: Je intensiver Kinder sich angenommen fühlen, umso produktiver erweist sich die Grenzerfahrung von Trauer und Tod für die Persönlichkeitsentwicklung. Dies schließt Tränen, Wut, Zorn, dies schließt Verhaltensregressionen, z.B. Einnässen, Rückfall in eine Babysprache, übertriebene Kuschelbedürfnisse, Angst vor Dunkelheit, nicht aus. Aber in der selbstbestimmten Konfrontation mit Trauer und Tod erlebt das Kind, dass es in dieser Situation nicht allein ist, es vielmehr Wege gibt, auf denen es eigenständig laufen kann.

ABSCHIED INSZENIEREN

Simon, fast fünf Jahre, besuchte den Kindergarten. Er war dort beliebt, viele mochten ihn besonders, wenn er den Räuber Hotzenplotz spielte. Und das machte er häufig, weil doch niemand ein «so schöner Räuberhauptmann ist wie du», wie sich seine Erzieherinnen erinnerten. Eines Morgens kam Simon nicht in die Einrichtung, dafür kam der Anruf der Mutter, Simon sei am Tag zuvor bei einem Verkehrsunfall ums Leben gekommen.

Das Team war geschockt. An diesem Tage fragte – welch Zufall, aber Zufälle gibt es wohl nicht! – kein Kind nach Simon. Dies verschaffte den Erzieherinnen Zeit zur Reflexion. Die Meinungen, wie man den Kindern Simons Tod mitteilen könnte, waren geteilt: Einige wollten auf Zeit spielen, weil sie sich schlicht überfordert fühlten; andere wollten Ehrlichkeit, Aufrichtigkeit gegenüber den Kindern. Man entschloss sich, die Kinder am nächsten Tag über Simons Tod zu unterrichten. Und das war gut, hatte sich sein Unfall doch schnell herumgesprochen.

Der nächste Morgen: Es war ein Stuhlkreis gestellt, in der Mitte stand ein Bild von Simon, es brannten zwei Kerzen, und es lagen Dinge herum, die Simon gebastelt hatte.

Christiane Berger, die Gruppenleiterin, erzählte dann, dass Simon nicht mehr wiederkommen würde. Er sei bei einem Unfall tödlich verunglückt.

«Kommt der nie mehr?», «Was ist Tod?», «Was macht Simon nun?» Die Fragen überschlugen sich. Einige Kinder erzählten spontan vom Tod ihrer Großeltern, andere vom Ableben ihres Hamsters oder Meerschweinchens, wieder andere von Beerdigungen, an denen sie schon teilgenommen hatten.

«Wo ist Simon wohl jetzt?», fragte Annabelle ihre Erzieherin.

«Was meint ihr, wo er wohl ist?»

«Im Himmel!»

«In den Wolken!»

«Bei Jesus!»

«Vor der Himmelspforte, aber die nehmen keine Räuberhauptleute auf!»

Auch hier gab es viele Antworten.

«Wie sieht es im Himmel aus?», will Elisabeth wissen.

«Was meinst du, wie es da wohl aussieht?» Christiane Berger gibt die Frage zurück.

Elisabeth überlegt und schildert den Himmel als eine Form des Schlaraffenlands: «Da kann Simon immer Hotzenplotz spielen.»

Auch andere Kinder berichten so intensiv über den Himmel, als seien sie schon einmal da gewesen.

«Jeder erzählt Simon jetzt eine Geschichte», schlägt die Erzieherin vor, «euer schönstes Erlebnis, das ihr mit Simon hattet. Und dabei schaut, wenn es geht, das Bild in der Mitte an.»

Und die Kinder hatten viel zu erzählen: von Abenteuern, von Streit, von lustigen Begebenheiten und von Konflikten. Simon wurde dabei nicht – ganz wörtlich genommen – in den Himmel gehoben. Er war präsent – fast schien es, als befinde er sich unter ihnen, wenn auch unsichtbar. Die Kinder lauschten andächtig ihren Geschichten. Es war eine fast geheimnisvolle Ruhe, eine ganz intensive Besinnung.

Simons Mutter hatte dem Team vorgeschlagen: Wer zu der Beisetzung Simons kommen wollte, sollte das tun. Fast alle Kinder nahmen teil. Während des Gottesdienstes saßen die Kinder um den kleinen Sarg herum. Vorher hatte jeder eine Blume hingelegt. Und jedes Kind hatte ein Bild gemalt, etwas gebastelt, geknetet, konstruiert: Die witzigsten und seltsamsten Dinge lagen um den Sarg herum, ließen durch die Trauer hindurch Funken der Hoffnung, des Zukünftigen durchscheinen. Die Kinder hatten das Lied vom Räuber Hotzenplotz eingeübt und sangen es während der Trauerfeier voller Inbrunst, lauthals, mit viel Mitgefühl. Die Trauergäste schwankten zwischen Schmunzeln und Weinen.

Simons Mutter meinte später: «Für mich war das eine ungeheure Kraft, die ich spürte, Simon war da. Es war eine Trauer, die mir viel gab!» Und dann fügte sie nach kurzer Bedenkzeit hinzu: «Vielleicht war Simon auf der Welt, um mir zu zeigen, wie stark Trauer machen kann!»

Nach Rücksprache mit der Mutter verzichtete man auf den Gang zum Grab, weil sich dort starke Gefühlsausbrüche zeigen würden, die einige Kinder möglicherweise überfordert hätten.

Stattdessen ging man zurück in den Kindergarten. Simons Mutter hatte Kuchen gebacken, Süßigkeiten, Kakao und Saft bereitgestellt. Es ging fröhlich zu. Simons Mutter kam im Anschluss an die Beisetzung hinzu, hatte aufgeblasene, bunte Luftballons mitgebracht. Jedes Kind durfte einen Gruß an Simon sagen. Die Erwachsenen schrieben diesen auf kleine Karten, die man an die Luftballons heftete. Als das Fest vorbei war, gingen die Kinder mit ihren Luftballons in den Garten hinaus, ließen sie los – «ein Gruß für Simon im Himmel!» Rote, blaue, grüne, gelbe Luftballons stiegen hoch, die Kinder schauten ihnen unendlich lange nach. «Ob Simon sich wohl freut?», fragte sich Elisabeth. Aber sie war sich sicher: «Der freut sich. Denn auf meiner Karte steht: ‹Du bist *mein* Räuberhauptmann!›»

Simons Foto stand auf dem Schreibtisch der Gruppenleiterin.

Und Simon war weiter ein Thema. Es kamen Fragen nach Himmel und Tod, nach dem Wohlergehen von Simon. Die Kinder waren traurig, dass Simon nicht mehr da war. Aber die Kinder hatten Abschied genommen. Und wenn sie Sehnsucht nach ihm hatten, konnten sie zum Bild gehen. Fast schien es: Je mehr er Platz in ihren Herzen genommen hatte, umso unwichtiger wurde das Foto, umso mehr verschwand er aus den Gesprächen.

Fast ein Jahr später. Christian sitzt in der Spielecke, spielt mit einigen Puppen «Räuber und Gendarm», als er mit einem

Male laut schreit: «Simon, jetzt reicht's aber! Es wird Zeit, dass du wiederkommst. Jetzt reicht's wirklich!» Er springt auf, mit Tränen in den Augen rennt er zum Foto, flucht: «Simon, komm endlich zurück!»

Christine Berger tritt hinzu, drückt ihn ganz fest: «Christian, das geht nicht!»

«Warum nicht?» Er ist verzweifelt: «Ohne ihn ist der Hotzenplotz so langweilig!»

Die Erzieherin ist sprachlos: «Aber er ist doch in unseren Herzen!»

«Aber», beharrt Christian, «das ist es ja gerade. Im Herzen ist Hotzenplotz doch so langweilig und gar nicht spannend!»

Die vorstehende Situation zeigt, wie wenig Rationalisierungen, wie wenig «gutgemeinte» Worte Kindern bis zum achten/neunten Lebensjahr bei der Bewältigung von Trauer helfen. Auch eine Mitleidshaltung schwächt Kinder, wie das destruktive Handeln von Konstantin (s. Seite 82ff.) zeigt: Er fühlt sich in seinem Schmerz, seiner Wut, seiner Ohnmacht alleingelassen. Er wollte Halt, er wollte Klarheit. Und als sich der «Mitleids-Ton» der Erwachsenen fortsetzte, schlug seine Ohnmacht in eine zerstörerische Energie um, die ihm letztendlich die Aufmerksamkeit brachte, die er wollte.

So wie das Kind ein Schmuseobjekt benötigt, das ihm die Trennung von geliebten Personen erleichtert – der Teddy macht, vielleicht, das Alleinsein im eigenen Bett erträglich; das Schnuffeltuch, das nach der Mutter riecht, erleichtert den Abschied für die Zeit im Kindergarten –, so kann das Aufstellen eines Erinnerungsbildes oder das Gespräch über einen toten Menschen Trauer und Trennung erträglicher gestalten. Das bedeutet nicht, etwas zu verdrängen; es meint vielmehr: Rituale geben Halt, weisen Wege aus der Hilflosigkeit.

Der Abschied von Simon war eingebunden in nachvollziehbare, ergreifend-greifbare Rituale. Diese gaben der Beerdigung nicht nur einen würdigen Rahmen; sie boten den Kindern auch Orientierung. Ähnliches gilt für die gesamte Situation: Die Kinder erfuhren Beistand und Zuwendung, ihnen wurde mit Geduld begegnet.

Den Tod als Teil des Alltags zu inszenieren macht nicht mutlos, sondern lässt die Kinder lebenstüchtig werden: Jeden Tag mit vollem Bewusstsein zu genießen, Glücksmomente zu erleben, sich in seiner Kraft zu spüren, so als sei es das letzte Mal – dies macht den Sinn des Lebens aus. Je mehr Tod und Abschied eingebunden sind in Rituale, die Freude machen und Schmerz erträglich halten, umso ausgefüllter können die Tage erlebt werden.

Trotz aller Bemühungen sollten Eltern daran denken: Kinder haben das Recht auf Zorn und Wut angesichts des Todes, sie reagieren mit Schmerz und Krankheit, manchmal mit zerstörerischen Aggressionen und Depressionen. Manche Kinder verleugnen zunächst das Ereignis des Todes, andere verhandeln mit dem Tod, um den geliebten Menschen, das geliebte Tier zurückzubekommen. Wieder andere Kinder regredieren, d.h., sie fallen in frühere Verhaltensweisen zurück, stagnieren in ihrer Entwicklung. Wo das eigene Tun nicht hilft, keine Prozesse in Gang setzt, da ist professionelle Hilfe vonnöten.

Erwachsene können bei der Bewältigung von Trauer und Tod helfen, wenn sie sich auf die Vorstellungen und Phantasien ihrer Kinder einlassen können. Dies macht die Geschichte von Jan und Trinchen deutlich, die mir ein Vater anlässlich eines Seminars über Kind und Tod erzählte, eine Geschichte, die vor vierzig Jahren spielte und deren positive Folgen bis in die Gegenwart reichen.

JAN UND TRINCHEN

Jan, gerade sieben Jahre, läuft in den Garten, der sich hinter dem Wohnhaus aus Backsteinen erstreckt, ein Bauerngarten mit Bäumen, Blumenstauden und Gemüsebeeten. Jan trifft dort Trinchen, seine Uroma, von ihm kurz Omama genannt. Trinchen ist knapp neunzig Jahre alt. Es ist Sommer. Ein strahlend blauer Himmel, kein Wölkchen ist zu sehen. Trinchen hängt frischgewaschene Bettbezüge über die Leine. Jan freut sich, er hat gerade erfahren, dass er dieses Jahr mit seinen Eltern nach Dänemark zum Segeln fährt. Es ist Jans erster Urlaub. Und es wird die erste längere Trennung von zu Hause werden.

Jan springt auf seine Uroma zu, keucht etwas außer Atem: «Ich fahr nach Dänemark. Weit weg von dir.» Trinchen nimmt ihren Urenkel in den Arm, lächelt: «Schön, da war ich auch schon mal. Aber das ist lange her!»

Jan schaut seine Uroma nachdenklich an: «Als du so klein warst wie ich, Omama?»

Sie schmunzelt: «Ja. Ich war wohl so alt wie du. Ich war da mit meinen Eltern. Auf einem ganz alten Segelschiff!»

Während Trinchen weiter mit ihrer Arbeit fortfährt, schaut Jan ihr zu. Er wirkt sehr nachdenklich. Dann geht er näher zu ihr, zupft an ihrer Schürze: «Omama!»

Sie lässt sich nicht stören.

«Omama!» Jan zupft stärker.

«Was ist mit dir?», meint sie.

«Omama!» Jans Stimme hört sich ernst an. Sie sieht nicht zu ihrem Enkel hinunter.

«Omama!», setzt er nochmals an. Jetzt hat Trinchen für ihn Zeit.

«Omama, was ist, wenn ich wiederkomme und du bist tot?»

Trinchen lässt ein Bettlaken zurück in die Wanne gleiten,

nimmt seinen Kopf in ihre Hände. Ihre Blicke gehen in die Ferne, suchen einen Punkt am Horizont. Dann meint sie ruhig, ihre Hände fahren tröstend durch seine Haare.

«Das kann sein, Jan!»

Jan entzieht sich, blickt zu ihr hoch.

«Aber komm mal mit!» Trinchen fasst ihn um die Schulter, beide gehen zu einer Bank, die unter einem Apfelbaum steht. Trinchen setzt sich, nimmt Jan auf ihren Schoß.

«Omama, kannst du wirklich sterben?», fragt Jan.

«Ja, mein Junge!»

«Und was ist, wenn ich dann nicht da bin, wenn du stirbst?»

«Dann bin ich auf einer Wolke wie der da.» Sie schaut nach oben, und am eben noch wolkenlosen Himmel zieht eine wunderschöne weiße Kumuluswolke auf – wandert von einem leichten Nordwestwind getragen über beide hinweg.

«Aber dann kann ich dich doch nicht sehen!» Jan blinzelt Trinchen unsicher an.

«Pass auf, Jan! Ich sing dir jetzt ein Lied. Das hab ich gesungen, als ich als Kind in Dänemark war.»

Jan schaut seine Uroma interessiert an, streichelt flüchtig ihr Haar, und dann fängt Trinchen an, ganz leise das Lied von der Reise nach Seeland zu singen. Den Refrain hat Jan schnell verstanden. Er singt laut mit. Und so singen beide gemeinsam das Lied. Jan ist ausgelassen und fröhlich.

Trinchen hört plötzlich mit dem Singen auf, umfasst seine Schultern: «Wenn du wiederkommst, Jan, und ich bin tot, dann gehst du in den Garten und singst ganz laut das Lied. Und dann hör ich das auf der Wolke und schau 'runter und sag ‹tschüs!›.» Jan sieht Trinchen zweifelnd an: «Bestimmt, Omama?»

Sie gibt ihm einen Kuss: «Versprochen!»

«Lass uns das Lied nochmal singen. Ich will's nicht vergessen!»

Ganz ernsthaft, ganz inbrünstig schmettert Jan das Lied von der Reise nach Seeland.

Er segelt vierzehn Tage auf der Ostsee und genießt den Urlaub.

Er freut sich über die fremden Häfen, die ihm unbekannten Menschen. Als er mit seinen Eltern den ersten Hafen auf Seeland anläuft, geht er allein an den Strand und singt leise sein Lied. Er denkt an Trinchen – zum ersten Mal während des Urlaubs. Er lernt so viel Neues kennen; und seine Uroma ist so weit weg.

Jan kommt zwei Wochen später von der Reise nach Hause. Trinchen ist gestorben, zwei Tage vor Jans Rückkehr. Er reagiert schockiert; geht in sein Zimmer, weint bittere Tränen. Der Trost der Eltern, Oma sei doch alt gewesen und jetzt im Himmel, lindert seinen Schmerz kaum. Vor lauter Erschöpfung schläft Jan irgendwann ein.

Es ist schon später Nachmittag, als er wieder aufwacht. Jan springt auf, rennt an den Trauergästen vorbei, die im Wohnzimmer sitzen, läuft in den Garten. Er setzt sich auf die Bank unter dem Apfelbaum, auf der er mit Trinchen sein Lied einstudiert hat. Jan schaut zum Himmel, azurblau, keine Wolke, kein Lüftchen – ein Tag wie damals, als er seine Uroma nach dem Tod fragte. Jan fängt zu singen an – erst leise, den Refrain fast summend, dann lauter und lauter werdend. Es scheint, als würde er zunächst nur für sich singen.

Allmählich geht sein Blick zum Himmel. Doch da ist nichts zu sehen. Sein Gesang von der Reise nach Seeland wird ständig lauter und intensiver. Als er wohl eine Viertelstunde – wenn nicht gar länger – das Lied geschmettert hat, kommen Trauergäste in den Garten gerannt.

«Jan, was ist mit dir?»

Jan hört nicht, er singt weiter.

Die Mutter rüttelt an seinen Schultern: «Jan, komm zu dir!»

Jans Großtante, die hinterhergerannt ist, meint mitleidig: «Das hat ihn alles völlig durcheinandergebracht. Der arme Kerl!»

Andere Erwachsene kommen hinzu. Sie wirken hilflos, während Jan ununterbrochen singt. Er gönnt sich keine Atempause, aber er blickt häufig und zunehmend verzweifelt zum Himmel.

«Der arme Kerl!» Die Großtante wirkt mitleidig, so als breche auch sie gleich in Tränen aus: «Wir hätten's ihm nicht so drastisch sagen sollen.»

«Ach was!» Jans Mutter wird ärgerlich. Dann zu ihrem Sohn gewandt: «So, Jan, jetzt kommst du rein. Ich mach dir 'n Baldriantee.»

Sie will ihn nehmen.

«Lass mich. Ich sing, bis Oma auf der Wolke kommt.»

«Der arme Kerl», die Großtante bekommt feuchte Augen.

«Ich hab's Oma versprochen, ihr ein Lied zu singen, wenn sie tot ist.»

«Aber doch nicht so lange. Du wirst verrückt.» Jans Mutter will ihn aus dem Garten wegziehen.

«Lass mich! Ich warte auf eine Wolke!» Und Jan singt weiter sein Lied von der Reise nach Seeland, zunehmend heiser, doch sehnsüchtig zum Himmel schauend. Jans Mutter zieht sich mit den anderen Trauergästen ins Haus zurück. Und die Großtante meint im Weggehen, ob man nicht doch einen Arzt holen müsse. Jans Zustand mache ihr Sorgen.

Jan kommen erste leise Zweifel, ob Omama das damals nur so gesagt habe, um ihn zu beruhigen. Vielleicht aber auch deshalb, weil sie eine tolle Märchenerzählerin war. Vielleicht war alles ein Märchen? Jans Zweifel wachsen: «Singe ich das Lied richtig? Ist der Text auch richtig?»

Erschöpfung macht sich in seiner Stimme breit, er faltet seine Hände, hört mit dem Singen auf, fleht zum Himmel: «Omama!

Bitte komm! Bitte komm doch!» Tränen füllen seine Augen: «Omama, ich will dir doch nur ‹tschüs› sagen.» Dann atmet er tief durch, singt mit der letzten Kraft, die er noch hat, singt voller Inbrunst.

Und dann mit einem Mal – er wagt kaum seinen Augen zu trauen.

Vom Horizont in nordwestlicher Richtung steigt eine Wolke auf.

Er schaut zwei-, dreimal hin, ja, da ist eine Wolke, noch klein, aber größer und größer werdend, ein richtig weißes Wolkengebilde schiebt sich heran, es sieht aus wie ein riesiges Segel, das von einer leichten Sommerbrise aufgebläht wird.

Jans Hände werden feucht, sein Gesicht, schon rot vom Singen, wird noch glänzender, Hitze steigt in ihm auf.

«Omama!», schreit er, als die Wolke über ihm ist, «Omama! Ich singe dein Lied!» Und er singt es lauthals. Er sieht zur Wolke hinauf, kneift die Augen zusammen, damit er besser, damit er alles sehen kann. Und als er beim Refrain ist, beim Wörtchen «Seeland», da sieht er sie; ja er meint sogar, ihre blassblaue Kittelschürze zu erkennen, die sie im Sommer häufig trug. Jan betrachtet das faltig-freundliche Gesicht seiner Uroma, ihre blauen Augen, ihren friedlichen Mund, ihr schlohweißes Haar.

Er hüpft aufgeregt hin und her, er springt vor Freude auf, winkt zum Himmel und bildet sich ein, sie würde zurückwinken.

Nein, das war keine Einbildung. Trinchen lächelt, sie winkt, so wie sie es immer tat.

«Tschüs, Omama!», schreit er. «Tschüs, Omama!» Nun treten Freudentränen in seine Augen.

«Mach's gut, Oma!»

Dann ist er still. Er horcht. Da ist Autolärm, da ist Vogelgezwitscher, und da ist … ja da ist ihre zarte Stimme, so als klinge sie aus großer Ferne: «Tschüs, Jan!», hört er, «tschüs, Jan! Danke für das Lied!»

Jan summt das Lied nur noch, er sieht der Wolke nach. «Da drinnen wohnt Uroma nun», denkt er, als die große weiße Wolke hinter den Dächern einiger Häuser im Südosten verschwindet.

«Tschüs, Oma!» Erleichterung ist in seiner Stimme. Jan atmet tief durch, er geht fröhlich ins Haus und wischt sich dabei die Tränen weg.

Als er das Wohnzimmer betritt, starren ihn alle an. Er spürt ihre mitleidigen Blicke. Er lächelt die Trauergäste an: «Ich hab Omama gesehen. In den Wolken. Sie hat ‹tschüs› gesagt.»

Jans Mutter steht auf: «Schön, Jan! Ich mach dir einen Tee. Das war heute sehr viel für dich.»

Viele Jahre später, Jan war längst erwachsen. Er war häufig mit dem Flugzeug unterwegs. Und manchmal, wenn sie durch Wolken flogen, meinte er, Trinchen zu sehen – mit ihrem schlohweißen Haar, ihrem freundlichen Mund, ihren blauen Augen, in seinem Ohr das Lied von der Reise nach Seeland.

Je weniger Tod und Trauer aus dem Alltag ausgegrenzt sind, je weniger der Umgang damit tabuisiert wird, umso weniger ängstlich, umso selbstbewusster und eigenständiger können Kinder mit diesen Erfahrungen umgehen. Um Kinder in ihrer Trauerarbeit zu unterstützen, bedarf es nicht des Mitleids, nicht der Rationalisierung, es bedarf einer Begrifflichkeit, mit der Kinder etwas anfangen können: das Spiel, um Un-Begriffenes zu verarbeiten, die Nähe von vertrauten Personen, die Halt gibt, und ein Ritual, in dem Kinder sich mit ihren Gefühlen und Gedanken aufgehoben fühlen. Abschied gehört zum Leben. Nur wer Abschied nimmt, ist frei für Neues, kann ankommen, kann etwas Neues beginnen. Und Abschied zu nehmen heißt, nicht die Toten zu vergessen, mahnt vielmehr daran, sie im Herzen, sie in der Erinnerung und in Gedanken fortleben zu lassen, das aufzuheben, was man an ihnen mochte und akzeptieren konnte. So ist man nicht ohnmächtig Gefühlen ausgeliefert; man gewinnt Handlungsfähigkeit zurück – und dies in einem Gefühlsbereich, den manche so gerne aus ihrem Leben ausklammern.

NACHWORT
RITUALE GEBEN HALT

Björn, 16 Jahre, ist ein Fußballrowdy, freilich kein rechtsradikaler Skinhead oder ein sozial benachteiligter Jugendlicher. Björn hat alles, er ist gut angezogen, wirkt auf Fremde lieb und höflich. Das ist die eine Seite von Björn, aber da ist eine andere, weniger angenehme Seite. Björn ist Mitglied einer Hooligan-Gruppe. Sie besteht aus acht Jugendlichen, Björn ist der «Youngster». Die Mutter kommt zu mir in die Beratungsstunde, weil Björn «schwere Sachschäden angerichtet hat». Sie berichtet weiter:

«Er hat drei Busse beschädigt, eine Imbissbude geplündert und angesteckt.» Björns Mutter ist verzweifelt: «Ich versteh das nicht, der hat alles, aber auch alles. Jeglichen Wunsch hab ich von seinen Augen abgelesen. Der hat's so gut wie kein anderer in seinem Alter.»

«Was wollen Sie machen?», frage ich.

«Er bekommt einen guten Anwalt. Dann mach ich den Schaden wieder gut. Mein Mann hat schon mit der Versicherung geredet und das veranlasst. Und dann denk ich mir, fahren wir drei Wochen in einen schönen Urlaub, damit er auf andere Gedanken kommt.»

Björn ist mit zur Beratung gekommen. Ich frage ihn:

«Was meinst du, was deine Eltern jetzt wohl machen werden?»

«Einen guten Anwalt, Geld und Bestechung in Form von Urlaub.»

«Was willst du?»

«Was in die Fresse!», ruft er spontan aus.

«Wie meinst du das?»

Es bricht aus ihm heraus, Tränen sind in seinen Augen zu sehen: «Ich will endlich mal was spüren. Weißt du, wann die mich das letzte Mal gestreichelt haben. Kann mich nicht erinnern! Ich bin für die wie ein Stück Investition, das sich irgendwie rentieren muss. Immer mehr reinpumpen, damit viel rauskommt. Aber damit ist jetzt Sense. Ich mach so viel Scheiß, das versprech ich, bis die mich endlich ernst nehmen!» Und nach einer kurzen Pause fügt er hinzu:

«Ich konnte doch machen, was ich wollte, jeden Mist. Dann waren meine Eltern nur kurz sauer, aber dann war das auch schnell vorbei.»

In dieser Situation sind einige wichtige Aspekte enthalten, die für chaotische Strukturen in den Erziehungsbeziehungen zwischen Eltern und Kindern kennzeichnend sind:

» Autonomie als Erziehung zur Selbstverantwortung und Eigenständigkeit von Kindern ist nur auf der Basis von gegenseitigem Respekt, einer gegenseitigen Achtung möglich. Autonomie als Erziehungsziel bildet sich nicht durch «Laberei» heraus, sie muss von Erwachsenen dem Heranwachsenden als klares und authentisches Modell vorgelebt werden.
» Nur ein «Urvertrauen» gibt Heranwachsenden Verlässlichkeit, nur der Glaube an Bezugspersonen hilft Kindern, sich in einer unübersichtlichen Welt zurechtzufinden. Urvertrauen ist nicht anzuerziehen, Urvertrauen entwickelt sich aus festen Beziehungen heraus. Ein nicht entwickeltes Vertrauen, ein Misstrauen macht Kinder ängstlich und unsicher, macht sie haltlos. Kinder empfinden sich als nicht zugehörig, bindungslos. Dies lässt sie «blind» um sich schlagen, so lange, bis sie Halt – meist über negative Zuwendung – gefunden haben.

» Heranwachsende wünschen Kontrolle. Starke äußere Lenkung engt Selbständigkeit, Phantasie und Bereitschaft des Kindes, Verantwortung zu übernehmen, ein. Aber fehlende Lenkung und Nachgiebigkeit gefährden die Entwicklung des Kindes ebenso, sie fördern aggressives Verhalten. Nachgiebigkeit und autoritär-hierarchischer Druck sind zwei Seiten *einer* Medaille, die zerstörerisches Handeln begünstigen und selbstverantwortliche Aktivitäten verhindern.

Ich besuche eine Unterrichtseinheit über Drogen in einer sechsten Hauptschulklasse. Es ist ein erstklassiges Projekt, das der Lehrer Heiner Jansen durchgeführt hat. Die Schüler und Schülerinnen haben großen Spaß, sind sehr engagiert. Es ist die letzte Stunde dieses Projekts. Christoph meldet sich:

«Was ist Ihre Meinung zu den Drogen, Herr Jansen?», will er wissen. Heiner Jansen steht im Klassenraum, geht zum Pult, setzt sich hinauf, schlägt die Beine übereinander. Fast scheint es, als habe er diese Frage erwartet: Dann fängt er an zu dozieren, wägt vorsichtig Vor- und Nachteile von Drogen ab.

Alles hört sich wie ein ausgewogener Kommentar an. Nachdem Heiner Jansen etwa vier Minuten referiert hat, unterbricht ihn Christoph:

«Verdammte Scheiße! Ich will Ihre Meinung hören. Mensch, lass die Laberei!»

Heiner Jansen wirkt schockiert, steht auf, sieht mich, der in der Ecke des Klassenraums sitzt, an:

«So ist's immer! Da gibt man sich Mühe. Und dann zum Schluss dies!»

«Scheiße», schreit Christoph, nein, er schreit nicht, es klingt vielmehr flehend, «ich will doch nur Ihre Meinung hören, nicht diesen wohltemperierten Mist, den ich überall lese. Ich möchte Sie so gern ernst nehmen!»

Ein eigener Standpunkt, ja Autonomie und Selbständigkeit generell sind nur über Auseinandersetzungen, die manchmal sehr schmerzhaft sein können, mit elterlichen Normen und Werten möglich. Kinder brauchen eine Zeitlang Geleit, ein Geleit, das ihnen verlässliche Normen und Werte bieten. Aber irgendwann haben Kinder genug vom Geleit, dann wollen sie den Alleingang wagen.

Autonomie ist ohne gegenseitige Achtung nicht möglich. So wichtig es ist, Kinder als eigenständige Persönlichkeiten zu respektieren, so wichtig ist es, ihnen auch Respekt abzufordern. Anders formuliert: Kinder respektieren nur jene Erwachsene, die sich selbst respektieren; Kinder erfahren den Wert des Respekts nur dadurch, wenn ihnen Erwachsene diesen Respekt vorleben. Einseitige Achtung der Eltern durch das Kind – «Du sollst Vater und Mutter ehren …!» –, die in der Vergangenheit verlangt wurde, erzeugt schnell Ohnmacht, Unterwürfigkeit, Angepasstheit und graue Mäuse. Doch gegenwärtig wird das Gegenteil sichtbar: Alles ordnet sich den Kindern unter. Bedingungslose Kindorientierung ist angesagt – man demonstriert für saubere Umwelt, für verträgliche Lebensmittel, gegen Kriege, gegen Gewalt im Namen der Kinder, die Zukünftiges repräsentieren. Eltern, vor allem Mütter, gehen in der Erziehung auf – wie Hefe im Kuchen, die nicht mehr sichtbar ist. Kinder sind «mein Ein und Alles», man selber ordnet sich unter. Wo bleiben die Eltern, die Erwachsenen mit ihren eigenen Bedürfnissen?

Das Fehlen von Grenzen gefährdet kindliche Entwicklung ebenso wie die ständige Reflexion des eigenen Erziehungsstils. Mehr denn je ist die Kombination eines reflexionsoffenen Erziehungsstils mit elterlicher Unterstützung gefordert. Autonomie des Kindes entwickelt sich nur auf der Basis einer gefühlsmäßigen Erziehungsbeziehung, die von einem unterstützendbegleitenden Rahmen umgeben ist. Nur Wachsen-Lassen macht orientierungslos, das bloße Einlassen auf kindliche Bedürfnisse führt zur Haltlosigkeit des Kindes. Kinder brauchen wertende Feststellungen, um sich normativ orientieren zu können.

Ein selbständiges, sinnerfülltes Leben ist nur auf der Grundlage eines inneren Halts möglich, aber der innere Halt bedarf des äußeren Halts. Gefühlsbindungen sind nicht nur wichtig für die Suche nach Orientierung, sie sind die Basis für Erziehungsbeziehungen, die auch manche Auseinandersetzung und Reibung mit sich bringt. Heute scheint vielen Kindern äußerer Halt zu fehlen, das Gefühl, angenommen zu sein. Fehlender Halt hat zu tun mit fehlenden Ritualen. Erwachsene haben Schwierigkeiten mit Ritualen, die sie mit Erstarrung, mit Machtausübung, mit Inhaltsleere und mit Zwang gleichsetzen. Viele haben erprobte Rituale im Erziehungsalltag über Bord geworfen, um nur nicht wie die Eltern von einst zu erscheinen. Tatsächlich können Rituale einengen, Luft zum Atmen nehmen, die emotionale Entwicklung von Kindern behindern, dies vor allem dann, wenn mit der Durchführung von Ritualen die Durchsetzung von Hierarchien und Machtausübung verbunden ist.

Aber anstatt jegliche Rituale über Bord zu werfen, ihre Bedeutung zu verleugnen, sollte man sich fragen: Welche Rituale hat man in der eigenen Kindheit als bedeutsam erlebt, sodass man sie an die eigenen Kinder weitergeben möchte? Welche Rituale hat man als einengend erlebt, sodass man sie aufgeben kann, weil sie inhaltsleer geworden sind? Rituale können mehrdeutig und widersprüchlich sein. Ihre fraglose Normalität, mit der sie den Menschen in seinem Tages- und Wochenlauf, den Jahreszeiten, ja dem Lebenslauf begleiten, lässt sie ja erst haltlos erscheinen. Rituale braucht man nicht zu erfinden, sie sind «da» – und zugleich kann man neue Rituale schaffen, um dem Ungewohnten den Mantel des Gewöhnlichen umzuhängen.

Die Entritualisierung des Erziehungsalltags dagegen hat Orientierungslosigkeit, ja Chaos und Anarchie bewirkt:

» Kinder, die nicht mit einem Abschiedsritual in Kindergarten und Schule abgegeben werden, sind ziellos, ständig in Bewegung. Wer nicht Abschied genommen hat, kommt nicht an, kann sich nicht auf neue Erfahrungen einlassen.
» Da werden Klagen geäußert, Kinder würden in Tagesstätten ihre Erzieherinnen ständig nerven, sie wüssten nach einer vollbrachten Aufgabe nicht, was nun zu tun sei. Solche Kinder stehen nicht selten ständig unter Spannung, weil sie keine Zeit zur Entspannung haben, genauer: keine Fähigkeiten ausgebildet haben, Zeit der Muße, Phasen der Besinnung zu genießen. Bilden Kinder keine Entspannungsrituale aus, sind ungestüm-chaotische Ausbrüche oder mangelnde Frustrationstoleranz die Folge.
» Ähnliches gilt für Kinder, die mehr oder minder sich selbst überlassen sind, die keinerlei Strukturierung ihrer Zeit kennen, sich deshalb in der Zeit verlieren. Auch sie besitzen keine Fähigkeiten, sich zu orientieren. Sie rennen atemlos von Aktivität zu Aktivität, von Ort zu Ort, um – vergeblich – Befriedigung zu finden. Solchen Kindern fehlen zeitliche wie räumliche Rituale, die ihnen Halt bieten.
» Das Kind, das neue Räume betritt – sei es in Schule oder Kindergarten –, braucht Festigkeit, braucht Standpunkte. Kinder suchen sich diese instinktiv: sei es der Sitzplatz, das Spielzeug, der vertrauter werdende Lehrer, die Zeiteinteilung in Unterricht und Pause. Häufig halten Pädagogen und Pädagoginnen die langsame Suche der Kinder nach Halt nicht aus, sie verkennen deren Wünsche nach Festigkeit. Wenn dann Kinder zu lange an einem Ort sitzen, mit nur einem Gegenstand spielen, werden sie weggelockt, ihnen werden andere Spiele angeboten.

Ein solches Vorgehen verwirrt Kinder. Neue Situationen und wechselnde Einflüsse verlangen nach Einfachheit, nach Reduktion der Eindrücke. Dies bieten die Rituale, sie sind eine Kraft, um sich als eigenständige Persönlichkeit inmitten des Chaos zu behaupten.

» Aggressionen, die nicht durch Rituale gebunden sind, verkommen zu blinder Zerstörungswut. Viele Kinderspiele sind stark ritualisiert. Sie sind voller Symbolik, die die innere Realität der Kinder widerspiegelt. Symbolik und Ritual können Aggressionen in konstruktive Bahnen lenken. Regeln zeigen an, was möglich ist, Regeln dokumentieren, was nicht gewünscht wird. Da Aggressionen als Bestandteil des Lebens nicht aus dem Alltag auszublenden sind, bleiben Rituale und Symbole, über die ein gekonnter Umgang mit Aggressionen möglich ist. Rituale haben deshalb konfliktreduzierende Bedeutung.

Die Vielfältigkeit von Ritualen macht eine weitere Situation deutlich. Melanie ist knapp vier Jahre, sie besucht neuerdings den Kindergarten. Am ersten Tag erscheint sie als Vampir verkleidet: Das Gesicht leicht weiß geschminkt, einen «Vampi»-Umhang über die Schultern gehängt. Melanies Mutter bittet die Erzieherin um Entschuldigung, diese findet das eher lustig, den anderen Kindern ist's egal. Auch in den folgenden Tagen erscheint Melanie als Vampir verkleidet. Auffällig: Nur wenn sie in den Kindergarten geht, inszeniert sie dieses Ritual. Ansonsten geht sie fröhlich und aufgeweckt als Melanie durch den Alltag.

Nach dem Aufstehen und dem Frühstück betritt sie das Badezimmer, schminkt sich sorgfältig ihr Gesicht, wirft sich den selbstgenähten «Vampi»-Umhang um, schmiert sich etwas Gel ins Haar, überprüft vor dem Spiegel, ob alles passend ist, verlässt dann selbstbewusst das Zimmer und geht zum Kindergarten.

Nach etwa zwei Wochen fängt Melanies Mutter an, sich zu beunruhigen, will ihre Tochter von der Inszenierung abhalten – vergeblich. Melanie droht, dann nicht mehr den Kindergarten zu besuchen. Dies beunruhigt nun die Erzieherinnen, die Melanies Auftritt mit dem pädagogischen Konzept des Kindergartens in Zusammenhang bringen. Die Kinder nehmen an Melanie keinen Anstoß, sie empfinden alles als selbstverständlich und normal.

Melanie ist trotz ihres Alters als starke Persönlichkeit anerkannt, die über viele kreative und soziale Fähigkeiten verfügt.

Da ich im Kindergarten beratend tätig bin, bittet die Mutter, nachdem nochmals sechs Wochen verstrichen waren und Melanies «Vampi»-Ritual anhielt, mich um ein Beratungsgespräch. Sie mache sich Sorgen, ihr sei das alles nicht geheuer – vor allem deshalb, weil die Leute anfingen, über Melanie zu reden:

«Ich will mir nicht vorwerfen lassen, nichts unternommen zu haben.» Melanies Vater, der beim Gespräch dabei ist, sieht «das lockerer. Das vergeht irgendwann. Ich hab mich früher als Indianer verkleidet». Mit dieser Argumentation ist die Mutter überhaupt nicht einverstanden, sie bezichtigt ihn der Verharmlosung, sie meint, er würde den Kopf in den Sand stecken.

Nachdem die Eltern den Raum verlassen haben, kommt Melanie hinzu. Ich kenne sie aus meinen Beobachtungen im Kindergarten. Melanie hat sich für das Gespräch nicht als Vampir verkleidet: «So kenne ich dich gar nicht», eröffne ich das Gespräch. Sie lacht:

«Ich hab ‹Vampi› zu Hause gelassen. Die schläft. Muss sich ausruhen.»

Man nannte Melanie im Kindergarten «Vampi». Dann erzählt sie mir, wie sehr sie Vampire möge. Die «helfen mir. Das ist gut. Ich hab ganz viele Bücher darüber». Und dann berichtet sie mir, was sie alles über Vampire weiß. Sie besitzt ein ungeheures Wissen, ich staune, erfahre manches mir Unbekannte über Vampire. Ihr gefällt, dass ich sie mit ihrem Wissen, ihrer Kompetenz ernst nehme.

«Du magst Vampire?», frage ich. Sie nickt:

«Ja, das sind meine Freunde. Die sind immer da und helfen mir.»

«Was meinst du, Melanie, wie lange wirst du sie noch brauchen?»

Sie stutzt, schaut mich an, dann meint sie ganz spontan und selbstsicher:

«Bis ich groß bin!»

«Wann bist du denn groß?» Sie ist irritiert, wirkt sprachlos. Ich lache sie an: «Wenn du fünf bist, sechs oder sieben Jahre?»

Ohne lange zu überlegen, antwortet sie mir nun:

«Wenn ich fünf bin, bin ich groß. Hat Mama auch gesagt. Dann kann ich mich alleine wehren!»

«Kann es sein, dass du das mit ‹Vampi› abgesprochen hast?» Sie lächelt spontan, nickt bestätigend mit dem Kopf:

«Hat ‹Vampi› mir versprochen! Wenn ich groß bin, kann ich alleine!»

Als ich die Mutter später auf diese Informationen hin ansprach, wusste sie nichts damit anzufangen. Sie überlegte hin und her, suchte nach Erklärungen.

«Kann es sein, dass ein Satz gefallen ist wie ‹Wenn du in den Kindergarten kommst, dann musst du aufpassen, da geht's manchmal grob zu!›?» Sie, ganz spontan:

«Verdammt, ja. Aber nur so beiläufig, als sie mal wieder frech war, hab ich gesagt: ‹Wenn du im Kindergarten bist, schimpfen die Kinder mit dir und sind dann auch böse mit dir.› Sie hat kurz nachgedacht: ‹Dann hol ich meine Freunde.› Ich hab darüber nicht weiter nachgedacht. Aber hängt das damit zusammen?»

«Es kann sein. Ich vermute es. Melanie hat ein Ritual entwickelt, mit dem sie ihre Ängste auffängt. So fühlt sie sich sicher.» Sie sieht mich fragend an:

«Und wie lange wird das wohl noch gehen?»

«Bis zum fünften Geburtstag!»

«Wie lange?» Ihre Stimme bekommt einen lauten Klang: «Noch so lange! Aber warum denn bis zum fünften Geburtstag?»

«Sie haben Melanie mal gesagt, mit fünf Jahren sei sie groß!»

«Stimmt! Neulich erst mal wieder! So lange muss ich das noch aushalten? Ich werd verrückt! Nein, das geht nicht! Da muss jetzt was Richtiges her. Diese Tour läuft nicht mehr!» Sie redet sich in Rage, macht ein ärgerliches Gesicht:

«Sie haben zu viel Verständnis für meine Tochter!»

Während Melanie ihre Rituale selbstbewusst fortsetzte, selbstsicherer und eigenständiger wurde, rannte die Mutter von Arzt zu Therapeut, von Homöopath zu Beratungsstellen, erhielt dort die unterschiedlichsten Informationen: Die einen dramatisierten ihrem Gefühl nach, redeten davon, Melanie bearbeite dadurch frühkindliche Probleme, die anderen bagatellisierten ihr zu sehr, das würde schon mal wieder vergehen. Die Erzieherinnen konnten Melanies Rituale in der Zwischenzeit mit Gelassenheit annehmen.

Die Kinder taten es ohnehin die ganze Zeit.

Der fünfte Geburtstag nahte, das Team wollte Melanie eine Freude machen. Man verwandelte den Gruppenraum in eine «Vampir»-Höhle, kreierte Vampir-Getränke, ein Vampir-Kuchen wurde gebacken, alle – die Kinder wie die Pädagogen – verkleideten sich als Vampire, um, wie es eine Erzieherin ausdrückte, «Melanie eine Freude zu machen. Wir waren irgendwie stolz auf sie. Sie ging ihren Weg so ganz selbstbewusst. Das fanden wir toll». Melanie durfte an diesem Tag etwas später kommen, schließlich wollte man sie gebührend empfangen. Alles war gerichtet, die Vampire standen bereit, Melanie zu begrüßen.

Melanie wusste von nichts, die ganze Sache wurde als Geheimnis behandelt. Die Tür des Kindergartens ging auf, Melanie trat ein – mit Jeans und Pullover bekleidet. Sie schaute verdutzt drein, die anderen Kinder, die Erzieherinnen noch mehr. «Melanie ist normal», rief ein Kind. «Das gibt's doch gar nicht!», meinte die Gruppenleiterin spontan. Melanie zuckte nur die Schultern: «Ich bin groß», sagte sie. «Ich bin groß, nun bin ich kein ‹Vampi› mehr. Ich bin doch fünf.»

Kinder erfinden Rituale, in und mit denen sie sich unsichere Lebenssituationen begreiflich machen, sie auf eine anschauliche Weise bewältigen. Rituale bieten Halt und Orientierung. Selbstgeschaffene Rituale zeichnen sich durch fünf Bestandteile aus:

» Das Ritual hebt sich vom Alltag ab. Das Ritual lebt durch seine Stilisierung – z.B. den Vampir – und die bewusst gestaltete Inszenierung – z.B. das morgendliche Schminken, die Verkleidung. Vor allem die Wiederholung, mit der das Ritual vollzogen wird, gibt dem Kind Sicherheit, bietet ihm Verlässlichkeit. Daraus entwickelt sich eine Kraft, die dem Kind Selbstvertrauen gibt.
» Das Ritual lebt durch das Handeln. Begreifen geht über das Greifen – dieser Grundsatz, der den Entwicklungsprozess von Kindern kennzeichnet, ist im Ritual auf eine ebenso konstruktive wie phantasievolle Weise aufgehoben. Das Ritual ist eingebunden in eine sinnliche Inszenierung, das Kind nimmt sich und das Ritual ganzheitlich wahr.
» Das Ritual hat einen Anfang und ein Ende: Melanie praktizierte dies jeden Tag auf ihre Weise. Sie verwandelte sich für

eine bestimmte Zeit in einen Vampir, der ihr Kraft gab, eine für sie unbestimmte Lebenssituation zu bestehen.

Durch das Ritual kann das Ungewohnte – z.B. Melanies Gang in den Kindergarten – gewöhnlich, alltäglich und normal werden.

Das Ritual bewahrt nicht nur auf, es schafft neue Gewohnheiten, es ermutigt, macht Lust, Räume jenseits gewohnter Grenzen kennenzulernen.

Will ein Ritual nicht zur formalen Inszenierung erstarren, ist es selbst der Veränderung, ja einem Ende unterworfen. Als Melanie selbstsicher genug ist, braucht sie ihre Inszenierung nicht mehr, sie hat andere Fähigkeiten und Möglichkeiten gefunden, ihren Weg zu gehen. Jeder Schritt, den sie nun macht, ist Teil dieses Weges. Melanie wird – falls ihr andere Widrigkeiten begegnen – sich auf die positive Kraft besinnen, die ihr das Ritual einst gegeben hat. Sie wird neue Rituale entwickeln, um ungewohnte Situationen selbstbewusst zu bestehen.

Wenn der Weg das Ziel ist, Wege erst im Gehen entstehen, dann sind Rituale wie Geländer, Stützen, die am Rande stehen, die Halt bieten. Manche Stützen begleiten den Menschen viele Jahre, andere werden zurückgelassen oder ausgetauscht.

Rituale geben äußeren Halt, Rituale tragen zur Überschaubarkeit des Lebensweges bei. Manche Rituale sind da, sie sind fraglos, zeitlos, gebunden an Jahreszeiten und Feste, müssen nicht ständig neu erfunden werden; andere gewinnen ihren Wert aus aktuellen Krisensituationen, wie Melanies Inszenierung beweist.

Der äußere Halt, den Rituale bieten, ist wichtig für das innere Wachstum nicht nur der Kinder. Die zunehmende Entritualisierung des Alltags, des Lebens schlechthin, hat eine Unübersichtlichkeit mit sich gebracht, ein schwarzes Loch, das viele Menschen verunsichert. Während «leere» Rituale erstarren, irgendwann keine Bedeutung mehr haben, deshalb gemieden werden, geben klare und offene Rituale, die eingebunden sind in den Prozess von Entwicklung und Leben, Kraft; Rituale geben Auskunft, wie man Leben sinnvoll und inhaltsreich inszenieren kann. Vor allem Kinder spüren die hohe Bedeutungsdichte, die Rituale und die damit einhergehenden Symbole haben. Rituale geben Vertrautheit und Halt, sie geben Mittel an die Hand, um Erfahrungen zu bestehen, sie fangen Gefühle auf, binden Ängste, reduzieren Konflikte.

Die vielen Geschichten des Buches zeigen die Bedeutung von Ritualen, sie verdeutlichen, dass diese nichts mit Erstarrung, mit unkritischer Haltung, mit Stillstand oder gar reaktionärem Gedankengang zu tun haben. Rituale in den Erziehungsbeziehungen zwischen Eltern und Kindern sind symbolische Handlungen, die nicht allein verstanden, die vielmehr gefühlt werden. Rituale geben Halt, sie liefern nicht aus. Und da Kinder Rituale selber schaffen können, haben sie ein selbstbestimmtes Mittel in der Hand, ihre innere und äußere Wirklichkeit zu gestalten. Rituale sind notwendig, den eigenen Weg zu suchen und geprägt von selbstverantwortlichem Handeln auch zu gehen. Kinder sind nicht Opfer, Kinder sind Gestalter, sie sind Subjekte, die selbstbewusst und voller Vertrauen ihren Weg gehen können. Dazu brauchen sie elterliche Ermutigung und Zauberkräfte, die im Ritual aufgehoben sind.

LITERATUR

Ich habe auf einen wissenschaftlichen Anmerkungsapparat verzichtet. Es gab Publikationen, die mir Mut gemacht haben, das Thema zu bearbeiten, und die mir bei meiner Arbeit mit Eltern und Kindern sehr geholfen haben. Die mir wichtigen Publikationen habe ich mit einem Sternchen ⋆ gekennzeichnet.

Connirae und Steve Andreas: Mit Herz und Verstand. Paderborn 1992
George R. Bach/Herb Goldberg: Keine Angst vor Aggression. Frankfurt/M. 1981
⋆ *Richard Bandler/John Grinder/Virginia Satir:* Mit Familien reden. München 1987
⋆ *Richard Bandler/John Grinder:* Neue Wege der Kurzzeittherapie. Paderborn 1981
Manfred Berger: Sexualerziehung im Kindergarten. Frankfurt/M. 1988
⋆ *Bruno Bettelheim:* Ein Leben für Kinder. Stuttgart 1987
⋆ *T. Barry Brazelton:* Mein Kind verstehen. München 1988
⋆ *Tobias Brocher:* Wenn Kinder trauern. Reinbek 1985
⋆ *Christian Büttner:* Mit aggressiven Kindern leben. Weinheim 1988
⋆ *Christian Büttner (Hg.):* Zauber, Magie und Rituale. München 1985
Nancy Chodorow: Das Erbe der Mütter. München 1985
William Damon: Die soziale Entwicklung des Kindes. Stuttgart 1989
Françoise Dolto: Die ersten fünf Jahre. München 1992
⋆ *Rudolf Dreikurs/Loren Grey:* Kinder lernen aus Folgen. Freiburg 1973
⋆ *Rudolf Dreikurs/Vicki Soltz:* Kinder fordern uns heraus. Stuttgart 1988
David Elkind: Wenn Eltern zu viel fordern. Hamburg 1989
Albert Ellis: Die rational-emotive Therapie. München 1977
⋆ *Magret Erni:* Grenzen erfahren. Düsseldorf 1989
Sabine Friedrich/Volker Friebel: Einschlafen. Durchschlafen. Ausschlafen. Reinbek 1993
Hans Geißlinger: Die Imagination der Wirklichkeit. Frankfurt/M. 1992

* *Helga Gürtler:* Kinderärger. Elternsorgen. Ravensburg 1989
Evelyn Heinemann/Udo Rauchfleisch/Tilo Grüttner: Gewalttätige Kinder. Frankfurt/M. 1992
* *Martin Herbert:* Disziplin. Bern 1991
Klaus W Hoffmann/Heidi Kaiser: Spiele und Lieder zum Kuscheln und Kosen. Reinbek 1995
Evan Imber-Black/Janine Roberts/Richard A. Whiting: Rituale. Heidelberg 1993
* *Helmut Jaschke:* Grenzen finden in der Erziehung. Mainz 1992
Sandy Jones: Schreiende Babys. Schlaflose Nächte. Ravensburg 1988
Jürgen Junker-Rösch: Gemeinsam spielen. Reinbek 1996
* *Helmut Kentler:* Eltern lernen Sexualerziehung. Reinbek 1981
* *Linde von Keyserlingk:* Wer träumt, hat mehr vom Leben. Düsseldorf 1992
* *Elisabeth Kübler-Ross:* Kinder und Tod. Zürich 1984
Carol H. Lankton/Stephen R. Lankton: Geschichten mit Zauberkraft. München 1991
Marielene Leist: Kinder begegnen dem Tod. Gütersloh 1979
Thomas Lickona: Wie man gute Kinder erzieht! München 1989
* *Bettina Mähler:* Geschwister. Reinbek 1992
* *Margarete Mitscherlich:* Die friedfertige Frau. Frankfurt/M. 1987
* *Marcel Müller-Wieland:* Der innere Weg. Mut zur Erziehung. Zürich 1982
Rosemarie Nave-Hertz: Familie heute. Darmstadt 1994
* *Gertrud Nunner-Winkler (Hg.):* Weibliche Moral. Frankfurt/New York 1991
Rolf Oerter/Leo Montada: Entwicklungspsychologie. München/Weinheim 1987
Christiane Olivier: Jokastes Kinder. München 1991
Emmi Pikler: Lasst mir Zeit. München 1988
Fritz Redl/David Wineman: Steuerung des aggressiven Verhaltens beim Kind. München 1976
* *Hartwig Röhm:* Kindliche Aggressivität. Frankfurt/M. 1976
Jan-Uwe Rogge: Kinder können fernsehen. Reinbek 1990
Jan-Uwe Rogge: Kinder brauchen Grenzen. Reinbek 1993
Heinz Rothbucher/Franz Wurst/Rosemarie Donnenberg: Grenzen erfahren. Räume schaffen. Salzburg 1994
* *Udo Schmälzle:* Mit Gewalt leben. Frankfurt/M. 1993
Carola Schuster-Brink: Kinderfragen kennen kein Tabu. Ravensburg 1991

* *Steve de Shazer:* Wege der erfolgreichen Kurztherapie. Stuttgart 1989
  Steve de Shazer: Der Dreh. Heidelberg 1988
* *Verena Sommerfeld:* Krieg und Frieden im Kinderzimmer. Reinbek 1991
* *Otto Speck:* Chaos und Autonomie in der Erziehung. München 1991
* *Arnd Stein:* Wenn Kinder aggressiv sind. München 1983
  Daniela Tausch-Flammer/Lis Bickel: Wenn Kinder nach dem Sterben fragen. Freiburg 1994
  Michael Titze: Lebensziel und Lebensstil. München 1979
  Renate Valtin: Mit den Augen der Kinder. Reinbek 1991
  Sonia Wagenmann/Rainer Schönhammer: Mädchen und Pferde. Berlin 1994
  Paul Watzlawick (Hg.): Die erfundene Wirklichkeit. München 1981
  D. W. Winnicott: Aggression. Stuttgart 1988
* *Katharina Zimmer:* Versteh mich doch bitte. München 1992

BÜCHER VON JAN-UWE ROGGE

Der Erziehungstest – 111 Fragen und Antworten
Das neue Kinder brauchen Grenzen (rororo 62402)
Wenn Kinder trotzen (rororo 61659)
Kinder dürfen aggressiv sein (rororo 61981)
Ohne Chaos geht es nicht: 13 Überlebenstipps für Familien (rororo 60975)
Der große Erziehungsberater (rororo 61621)
Irgendwie anders: Kinder, die den Rahmen sprengen … und wie man mit ihnen umgeht (rororo 60966)
Ängste machen Kinder stark (rororo 60640)
Von wegen aufgeklärt! Sexualität bei Kindern und Jugendlichen (rororo 62141)